Eckhard Graf

Lexikon des Tarot

sowie der

Orakel- und Selbsterfahrungsspiele

edition hannemann

VERLAG STEPHANIE NAGLSCHMID STUTTGART

Danksagung

Autor und Verlag bedanken sich sehr herzlich bei Eberhard Hock, der mit kunstgeschichtlichem Sachverstand die Arbeit an diesem Buch unterstützte, bei Carolin Bahr, die bei den Übersetzungen aus dem Italienischen eine große Hilfe war, sowie bei Christian Leeb für die großzügigen Leihgaben der Firma MGM Joker.

Umschlagmotiv: Grafische Darstellung der mythischen Herkunft des «Buches Thot» durch Étteilla; aus [9].

CIP Titelaufnahme der Deutschen Bibliothek

Graf, Eckhard:

Lexikon des Tarot sowie der Orakel- und Selbsterfahrungsspiele Stuttgart: Naglschmid 1991
ISBN 3-927913-03-0

Copyright 1991

Verlag Stephanie Naglschmid,
Rotebühlstraße 87 A, D-7000 Stuttgart.

Printed in Germany.
Satz: Verlagsservice Koch, Rittmarshausen
Druck: Alfa-Druck, Göttingen

Inhaltsverzeichnis

Benutzungshinweise

Jedes Spiel ist unter einer laufenden Nummer in eines der beiden Verzeichnisse *Tarock und Tarot* sowie *Orakel- und Selbsterfahrungsspiele* aufgenommen.

Die Anordnung der Spiele in jedem Verzeichnis erfolgt in alphabetischer Reihenfolge. Der dafür maßgebliche Buchstabe im Titel des Spiels ist unterstrichen, wenn er nicht der erste Buchstabe des Titels ist. Beispiel: Tarot Azteque.

Am Anfang der Besprechung jedes Spiels steht eine standardisierte Informationseinheit:

Das genannte Datum ist das Datum der Erstveröffentlichung. Danach wird als erster Name der des Urhebers bzw. der Urheberin der Gesamtkonzeption, als zweiter Name der des gestaltenden Künstlers bzw. der gestaltenden Künstlerin angeführt. Es gehört zu den Eigentümlichkeiten mancher Veröffentlichung, daß die betreffenden Personen im Hintergrund bleiben bzw. nicht verläßlich zu bestimmen ist, wer für welchen Teil der Gesamtproduktion verantwortlich ist.

Bei Neuausgaben historischer Spiele wird zwischen Faksimile-Ausgabe, Nachdruck und Neubearbeitung unterschieden. Unter einem Faksimile wird die möglichst originalgetreue Wiedergabe eines historischen Spiels verstanden, d. h. nicht nur vom Druck her, sondern einschließlich eines dem Original ähnlichen Materials (derber, unlackierter Karton) sowie des Formats (ungerundete Ecken) und der Verpackung (z. B. Buchdeckeleinband). Als Nachdruck gilt eine drucktechnisch originalgetreue Wiedergabe, jedoch auf modernem Material (lackierter Spielkartenkarton), in zeitgemäßem Format (gerundete Ecken) und handelsüblicher Verpackung (Schachtel, Schuber). Als Neubearbeitung wird die künstlerische Bearbeitung einer historischen Vorlage bezeichnet.

Bei den Angaben zur Ausstattung des Spiels werden die Abkürzungen »KT« für »Kartentitel« und »BT« für »Begleittext« verwendet. Sprachbezeichnungen wurden in allgemein üblicher Form abgekürzt.

Alle drei Teile des Buches sind durch Verweise miteinander verschränkt. Dadurch kann der Leser das Werk gezielt nach Informationen absuchen, die er zu erhalten wünscht:

Wird auf ein Spiel oder ein Stichwort in einem der beiden Verzeichnisse verwiesen, so ist dieses **fett** gedruckt.

Wird auf ein Stichwort im *Wegweiser* verwiesen, wird dies durch ein *Sternchen vor dem betreffenden Wort angezeigt.

Zitate werden durch eine in [eckige Klammer] gestellte Zahl nachgewiesen. Unter dieser laufenden Nummer wird das zitierte Werk im Literaturverzeichnis am Ende des Buches angeführt.

Bei der Erfassung der Daten des Lexikons des Tarot wurde auf größtmögliche Sorgfalt Wert gelegt. Autor und Verlag bitten um Verständnis für mögliche Unvollkommenheiten und auch dafür, daß für deren eventuelle Folgen weder Verantwortung noch Haftung übernommen werden kann.

Verzeichnis 1
Tarock und Tarot

1
Der Ägyptische Tarot

1988 Bernd A. Mertz und Kamilla Szij
Verlag: Hermann Bauer
22 Blatt schwarzweiß. KT dt., kein BT; ergänzende Literatur von B. A. Mertz: Der
Ägyptische Tarot, Freiburg 1987 (mit Karten als Beilage).

Es geschah im Jahre 1781 in einem mondänen Pariser Salon. Antoine
*Court de Gébelin schaute am Spieltisch den Damen und Herren beim
Kartenspiel *Tarock zu. In den Anblick der teils frommen, teils frivolen
Bilder dieser Karten vertieft, kam ihm eine wunderbare Eingebung: »Ich
erblickte in diesem Spiel etwas, das niemand je darin gesehen hatte ... und
im Laufe einer Viertelstunde war es enträtselt, als ägyptisch erkannt.« ([6]
S. 367) Was Court de Gébelin seinen staunenden Zuhörern offenbarte,
war nicht nur der erste, es war wohl auch der bisher immer noch gehalt-
vollste Vortrag zum Thema des *»ägyptischen« Tarot. Auch der *Ägyptische Tarot* von B. A. Mertz wäre ohne Court de Gébelin und die Früchte
von 200 Jahren Tarot-Esoterik völlig undenkbar. Doch zweifellos versteht
es Mertz, ein Ex-Journalist, in seinem Buch Altbekanntes auf zeitgemäße
Weise darzubieten. Wie schon beim **Ansata Tarot** (Nr. 8) legte er die
künstlerische Seite der Angelegenheit in fähige Hände. Die 22 Bilder sind
ausdrucksvoll und klar gestaltet. Sie passen sich im spartanischen Zeichenstil der Tradition »ägyptischer« Tarots von Falconnier (Nr. 24 und 48)
bis zu Kier (Nr. 47) an. Doch legte die Grafikerin Wert auf elegante
Konturierung der Gestalten. So nahm sie auf wohltuende Weise der
ägyptischen Götterwelt etwas von ihrer unnahbaren Strenge. Apart auch
der diskrete Luxus des Golddrucks, auf wenige bedeutsame Details des
schwarzweißen Bildes verteilt.

2
Tarot of the Ages

1988 Mario Garizio
Verlag: U. S. Games
78 Blatt. KT u. BT engl.

Atlantis, die sagenumwobene Insel und mythische »Mutter der Zivilisa-
tionen«, soll Mario Garizio zu seinem *Tarot der Zeitalter* inspiriert haben.
Man mag das glauben oder nicht; seine Illustrationen jedenfalls künden
von einer Zeit, die der unseren weit näher ist als das versunkene Atlantis.
Die Rollen in diesem Spiel sind mit Vertretern geschichtlicher Hochkulturen besetzt. Sie alle sind mit den Insignien magischer Macht ausgestattet
und fein säuberlich in die Weltordnung des Tarot eingereiht. Die Ägypter,

so erfahren wir im Begleitheft von Patrizia d'Agostini, hätten der Menschheit die okkulten Traditionen von Atlantis bewahrt. Deshalb nehmen sie ihre Plätze auf den Großen *Arcana ein. Jede der vier Spielfarben der Kleinen Arcana zeigt eine weitere Kultur: Wikinger, Schwarzafrikaner, Indianer und Inder. Deren Vertreter sind mit fotografischem Realismus gemalt, ebenso wie die mystischen Szenarien, in denen sie vorgestellt werden. All das erinnert ein wenig an belehrende Kartenspiele früherer Jahrhunderte, als *Geographie und Völkerkunde noch nicht in der Schule unterrichtet wurden. Dabei wird viel nackte Haut gezeigt. Ein Traum vom natürlichen Leben in ferner Vergangenheit? Auffällig ist, daß alle Menschen die Körper von Pin-Up-Models des 20. Jahrhunderts haben. Aber auch dies ist in modernen Tarot-Spielen zumindest nicht unbekannt (vgl. Nr. 26 und 186). Patrizia d'Agostini bleibt jedoch dabei: Der *Tarot of the Ages* ist von der »heiligsten und okkultesten Tradition von Atlantis« inspiriert.

3
I 55 Tarocchi di Alan
1983 Mauro Boldi (»Alan«), Ivana Garibaldi, Ermindo Gabbrielli
Verlag: Modiano
55 Blatt. KT u. BT ital.

Zwar war die erste Berühmtheit des Kartenlegens ein Mann (*Étteilla), danach traten jedoch in der Regel Frauen als Spitzenkräfte auf diesem Gebiet hervor (*Lenormand u. Nr. 55). Aber da ist ja auch der Italiener Mauro Boldi, bekannt unter dem Künstlernamen Alan. Mit der phantasievollen Umdeutung eines Jugendstil-Tarocks zu einem esoterischen *Tarot (Nr. 4) hatte sich Alan bereits empfohlen. Den *Tarocchi di Alan* ist der Stempel des Auguren von der Apenninhalbinsel noch deutlicher aufgeprägt. Die Großen Arcana zeigen eingängige Bilder, die Charaktere und schicksalhafte Vorkommnisse verständlich darstellen. Auch die übrigen Karten sind auf diese Weise gestaltet, wobei sich Boldi nicht scheute, es bei insgesamt 55 Blatt zu belassen, anstatt durch Verwässerung seiner Einfälle die traditionelle Anzahl von 78 Blatt zu erzwingen. Alle Motive sind in verspielt-märchenhaftem Stil gemalt. Wiederum schildert Boldi Legemethoden, die man nicht in jedem Begleitheft findet.

4
Alan's Tarot Cards
Original um 1910 Argio Orell; Nachdruck 1981
Verlag: Modiano
78 Blatt. Keine KT, BT engl.

Gerade weniger bekannte Tarots haben manches aus der Geschichte von
*Tarock und *Tarot zu erzählen. Um die Jahrhundertwende hatte das
Kartenspiel Tarock noch zahlreiche Anhänger in Mittel- und Südeuropa.
Deshalb kam das Kontor einer österreichischen Reederei auf den Gedanken, Tarock-Karten als Werbeträger zu nutzen. Als Designer verpflichtete
man den italienischen Maler Argio Orell (1884-1942). Er hatte das in
Auftrag gegebene Kartenspiel ganz darauf einzurichten, die Reiselust
seiner Zeitgenossen zu wecken. Also zeigte er ihnen auf den 22 Trumpfkarten exotische Sehenswürdigkeiten aus Übersee, in elegantem Jugendstil ausgeführte kleine Gemälde mit Genreszenen aus Asien, Afrika und
Spanien. Natürlich durften auch Ansichten von Luxusdampfern der betreffenden Reederei nicht fehlen. Obwohl ausgesprochen dekorativ, gerieten Orells Karten in Vergessenheit, nachdem sie ihren Werbeauftrag
erfüllt hatten. Eine Wiedergeburt erlebten sie erst, als das Interesse des
großen Publikums sich vom Kartenspiel Tarock auf den esoterischen
Tarot verlegt hatte. Der Astrologe und Kartenleger Mauro Boldi (s. Nr.
3) entwickelte eine mystische Interpretation der Karten Orells. Im Begleitheft gibt er in seine originelle Legetechnik einen Einblick.

5
I Tarocchi dell'Alba Dorata
1990 Giacinto Gaudenzi
Verlag: Lo Scarabeo
22 Blatt. KT u. BT ital.

Der *Tarot des Goldenen Sonnenaufgangs* behandelt die Wintersonnen-
wende, einen Zeitpunkt des Jahreslaufs, der in der Mythologie der Völker
einen Ehrenplatz hat. Giacinto Gaudenzi (s. auch Nr. 44) läßt eine
romantische Phantasiewelt erstehen, in der sich Menschen und Geister,
Riesen und Gnome, Elfen und Faune ein Stelldichein geben. Eine Sphäre
mysteriöser Kräfte und Erscheinungen öffnet ihre Pforten. Alten Überlieferungen zufolge ist dies das Herrschaftsgebiet scheuer Zwischenwe-
sen, die Menschen in die Wälder locken und entweder verrückt machen
oder vor Schreck sterben lassen, wenn sie sich ihnen zeigen. Doch Gaudenzi will niemanden erschrecken. Seine Zwerge sind nicht maliziös, die
Riesin zu reizvoll, um bedrohlich zu wirken, und die geflügelten Fabelwe-

sen erinnern ein wenig an Illustrationen zu *Alice in Wonderland*. Das Ensemble der Motive wird im Begleittext von Giordano Berti einer Analyse vor dem Hintergrund angeblicher literarischer Vorbilder wie Shakespeare, Spencer und Tolkien unterzogen. Auch die keltische Folklore soll der Künstler studiert haben, um uns dieses Werk zu schenken. Doch vielleicht sollte man die Kirche im Dorf lassen und schlicht feststellen, daß dies ein wundervoll illustriertes Tarot-Spiel ist.

6
The Alchemical Tarot Deck
1989 Rafal T. Prinke, Edward J. O'Donelly und Witta Margaritta Kiessling-Jensen

Verlag: Ouroboros

22 Blatt. KT lat., BT engl.; limitierte, handkolorierte Aufl. v. 100 Ex.

Die *Alchemie wurde erst spät als einziges Thema für ein Tarot-Spiel entdeckt, und bemerkenswerterweise ist der erste »alchemistische« Tarot das Ergebnis ernsthafter geistiger Bemühungen. Konzipiert von dem Polen Rafal T. Prinke, gezeichnet von dem Schotten Edward J. O'Donelly, koloriert von der Dänin W. M. Kiessling-Jensen, wurde dieses Projekt offenbar erst durch das Organisationstalent K. Frank Jensens (*Spilkammeret) möglich. Prinke deutet den Tarot im Licht seiner persönlichen Erfahrungen mit der Alchemie. Er räumt ein, daß die Verbindung zwischen Tarot und Alchemie historisch nicht belegbar ist. Aber, so bemerkt er, wenn Tarot »das Abbild einer Entwicklung hin zur Vervollkommnung (des Selbst) ist, und (auch) die Alchemie ein System zur Erlangung von Selbsterkenntnis und der Beherrschung von Naturvorgängen ist, dann können beide miteinander verbunden werden, und es sollte möglich sein, das eine mit dem anderen zu erklären.« Es zeichnet Prinkes Konzeption aus, daß sie die Allegorik, in der die Alchemisten ihre Lehre verschlüsselten, nicht einfach rigoros als Steinbruch der Motive für den *Alchemical Tarot* ausbeutet. Die Karten beschränken sich auf wenige zentrale Themen. Der handgemachte, lebendige Charakter dieser Edition trägt zum mystischen Flair bei. Die Motive wurden mit leuchtenden Farben sehr sorgfältig aquarelliert und vor tiefschwarzem Hintergrund in einem Rahmen untergebracht, der die Form einer Phiole (alchemistisches Reagenzglas) hat.

Ancien Tarot de Marseille
S. Nr. 105.

Angel Tarot
S. Nr. 108.

7

Tarocco degli Animali

1979 Osvaldo Menegazzi
Verlag: Il Meneghello
78 Blatt im Buchdeckeleinband. KT ital., ohne BT; limitierte u. numerierte Aufl. v. 1100 Ex.

Einmal angenommen, die Schöpfer berühmter Tarot-Spiele würden in die Figuren ihrer eigenen Kartenspiele schlüpfen. Wo würden wir wohl Osvaldo *Menegazzi wiederfinden, wenn nicht in der Rolle des Narren? Mit liebenswürdiger Verrücktheit verzaubert er die Tarot-Motive in immer neue Gestaltungen. Hier scheint er seine Anregungen einem Bildlexikon der Tierarten zu verdanken. Unversehens ist der HERRSCHER in einen Löwen, der EREMIT in eine Katze und die KÖNIGIN DER SCHWER-TER in eine Libelle verwünscht. Der TOD lauert im Schilf, geduldig und in Gestalt eines Krokodils. Der TURM wird nicht während, sondern nach dem Blitzschlag gezeigt, und unvermutet lernen wir eine Überlebende der Katastrophe kennen: eine Maus. Wie so oft bei Menegazzi, ist nicht alles ernst gemeint. Es ist nicht seine Sache, das Geheimnis des Tarot in einen Nebel von Weihrauch zu hüllen. Doch hat er ein feinfühliges Verständnis für die Gedankenformen, die sich hinter jeder Karte verbergen, und er beherrscht die Kunst, ihren Inhalt in seine ureigene Bildsprache zu übersetzen. Mal gerät etwas zum Bilderrätsel, mal zur Karikatur, mal sitzt ihm einfach nur der Schalk im Nacken.

8

Ansata Tarot

1981 Bernd A. Mertz und Paul Struck
Verlag: Ansata
22 Blatt. KT u. BT dt.; ergänzende Literatur von Bernd A. Mertz und Paul Struck: Astrologie und Tarot (Ansata).

Die Karten von Paul Struck und das Buch von Bernd A. Mertz und Paul Struck sind im Zusammenhang zu sehen, da sie sich in der Behandlung eines anspruchsvollen Themas gegenseitig ergänzen sollen. Das Anliegen von Maler und Autor ist es, den Tarot, die Astrologie und die Archetypenlehre Carl Gustav *Jungs miteinander in Einklang zu bringen. Dazu gab Paul Struck den 22 Großen Arcana ein ganz neues, spektakuläres Gesicht. Den gedanklichen Überbau errichtete Bernd A. Mertz (s. auch

Nr. 1). Er stellt eine Menge Gedankenmaterial des französischen Neo-Okkultismus (*Lévi, *Papus) bereit, jedoch erstaunlich wenig aus der Individuationspsychologie C. G. Jungs. Die Kartenbilder Strucks sollen nichtsdestoweniger »das älteste archetypische Erbgut in uns und damit die unsere Seele prägenden Ur-Erfahrungen« darstellen. Ein seelisches Feedback mit ihnen ist aber wohl nur nach eingehendem Studium der Gedankenwelt von B. A. Mertz möglich. Diese Bilder sind vielschichtig, sie enthalten eine kunstvolle Allegorik, aber sie repräsentieren nicht jenes einfache und archaische Bildmaterial, von dem Jung im Hinblick auf das kollektive Unterbewußtsein spricht. Der *Ansata Tarot* bietet eher ein Sammelsurium von Versatzstücken aus der Mythologie der Völker, surreales Formengut sowie recht direkte Anleihen bei Werken von Hieronymus Bosch und Salvador Dali. Sein besonderer Wert, insbesondere in Verbindung mit dem Gedankensystem von Bernd A. Mertz, liegt auf einem ausgesprochenen Spezialgebiet: Wer die Horoskopie mit dem Kartenlegen verbinden will (*Astrologie), dem wird im Zusammenwirken von Karten und Buch hier einiges geboten.

Antico Tarocco Ligure Piemontese
S. Nr. 141.

9
Aquarian Tarot
1970 David Palladini
Verlag: U. S. Games
78 Blatt. KT u. BT engl.; ergänzende Literatur von Craig Junjulas: Psychic Tarot (1985).
Im Jahre 1962 hat nach den Berechnungen von Arnold Graf Keyserling, des Nestors zeitgenössischer Esoterik, das Zeitalter des Wassermann (Aquarius) begonnen. Die damit verbundenen Sehnsüchte und Erwartungen trägt der *Aquarian Tarot* im Namen. Sein Schöpfer gehörte in den sechziger Jahren zum New Yorker Underground, der sich seine geistige Heimat irgendwo zwischen Maharishi, Timothy Leary und John Lennon suchte. Damals wurde Tarot zum Symbol des Bestrebens, in einer vom Verstandesdenken beherrschten Welt wieder Mystik erfahrbar zu machen. Bereits 1967 hatte Palladini den *Linweave Tarot* mitgestaltet, ein exemplarisches Beispiel der amerikanischen Pop Art. Für den *Aquarian Tarot* malte er plakative wie tiefgründige Bilder. Die nostalgische Kostümierung der Figuren trifft selbst heute noch den Geschmack der *New-Age-people*. Doch anstatt euphorisch eine glänzende Zukunft zu bejubeln, ist diese Kunst von den Geburtswehen der neuen Zeit gezeichnet. Die

starren Gesichter der Gestalten, kalkigen Totenmasken gleich, scheinen eher die Apokalypse als eine Epoche universeller Harmonie anzukündigen. Skepsis und Melancholie sind die Begleiter der Hoffnung auf eine bessere Welt. Palladini verliert bei allem Pathos nicht die Bodenhaftung. Eine besondere psychologische Pointe liegt darin, daß er gerade in der szenischen Ausgestaltung der Spielfarbe Schwerter eine große Eindringlichkeit des Ausdrucks erzielt.
Vgl. Nr. 130, 154, 185, 187.

22 Arcanos Mayores
S. Nr. 112.

10
Arcus Arcanum Tarot
1986 Günter Hager und Hansrudi Wäscher
Verlag: AG Müller
78 Blatt. KT u. BT dt.; auch im Set mit Begleitbuch von G. Hager: Tarot — Wege zum Leben (Urania).

Nachdem Tarot längst im Lande der Pyramiden, ja selbst bei den Mayas und gar im legendären Atlantis eine Heimat gefunden hatte, öffneten auch die deutschen Gaue ihre Pforten. Der *Arcus Arcanum Tarot* lädt zur Traumreise durch eine Epoche ein, die nur Ewig-Jetzige noch als »finsteres« Mittelalter bezeichnen. Auf stolzen Burgen, in lauschigen Hainen und immer an der frischen Luft zelebrieren überwiegend blonde, blauäugige Menschen die Mysterien des Tarot. Prinz Eisenherz stand dem MAGIER, Dornröschen der HERRSCHERIN Pate. Die LIEBENDEN finden sich im Märchenwald, und der NARR schickt die Leichtgläubigen als Till Eulenspiegel in den April. Konzipiert wurde der *Arcus Arcanum Tarot* von Günter Hager, einem deutschen Tarot-Esoteriker (s. auch Nr. 17). Gestaltet hat ihn Hansrudi Wäscher, der Vater der *Sigurd*- und *Falk*-Comics, die von deutschen Jungen in den fünfziger und sechziger Jahren verschlungen wurden. Eines muß klargestellt werden: Im Gegensatz zum **Deutschen Tarot** (Nr. 42) von A. F. Glahn aus dem Jahre 1924 ist die »Aufnordung« hier nur ästhetischer, nicht etwa jedoch ideologischer Art. Nach vielen Anleihen in exotischen Fremdwelten lag die Verarbeitung eines so romantischen Stücks bodenständiger Kulturgeschichte doch nahe.
Vgl. Nr. 116 u. 133.

11
Tarot Arista
1964
Verlag: Grimaud
78 Blatt. KT u. BT frz.

Tarots für *Einsteiger werden immer beliebter. Ihr Prototyp ist der *Tarot Arista*, dessen Schöpfer eine alte Idee ausgruben: Schon *Étteilla ließ nämlich auf jede Karte seines Wahrsageblatts auch Informationen über ihren Symbolgehalt aufdrucken. Durch solche Hilfen können auch Anfänger das umständliche, beim Zeremoniell der *Divination störende Nachschlagen in einer Anleitung weitgehend vermeiden. Der *Tarot Arista* bietet auf jeder Karte fast schon einen ganzen Bedeutungskatalog. Demgegenüber treten die Bilder, einfache Umrißzeichnungen des *Ancien Tarot de Marseille* (Nr. 115), optisch zurück. Auch der Kartenrand wurde mit astrologischen Zeichen, numerologischen Codes und zusätzlichen Kartentiteln versehen. Außerdem weist jedes Blatt eine bestimmte Grundfarbe auf, die ebenso eine Bedeutung haben soll. Dieser ganze Symbolapparat ist jedoch offenbar nur dekoratives Beiwerk, wird er doch in der Anleitung mit keinem Wort erläutert. Stattdessen findet sich dort, neben verschiedenen Legemethoden, eine in blumigen Worten vorgetragene Würdigung der angeblich jahrtausendealten Wurzeln des Tarot.

12
Art Nouveau Tarot
1989 Matt Myers
Verlag: U. S. Games
78 Blatt. KT u. BT engl.

Nicht erst seit gestern regt der *Jugendstil (nach der in Frankreich gebräuchlichen Bezeichnung auch im Englischen *Art nouveau* genannt) die Gestaltung von Tarot-Karten an. Ein früher Berührungspunkt zwischen dieser Stilrichtung und Tarot ist der **Waite Tarot** aus dem Jahre 1909. Heute ist es vor allem Amerigo *Folchi, der ihr in seinen Kartenspielen Ausdruck verleiht, aber auch eine ganze Reihe anderer Tarot- und Orakelspiele sind von ihr beeinflußt worden. Jetzt gibt es sogar einen regelrechten Jugendstil-Tarot, »ausgeführt im Stil der Art nouveau«, wie die Verlagsinformation lautet. »Jugendstil-angelehnt« trifft die Sache wohl eher. Teilweise ließ der Künstler die entsprechenden stilistischen Grundlagen doch recht deutlich hinter sich (vor allem in den plastisch modellierten, fast statuarisch wirkenden Körpern einiger Personen). Doch dies geschah offenbar bewußt, denn er beherrscht ohne Zweifel die

Stilmittel dieser Kunstrichtung. Auf jeder seiner Karten treten uns edle Märchengestalten und jugendliche Schönheitssucher gegenüber: träumend und hoffend, entsagungs- und geheimnisvoll. Fließende Gewänder und frühlingshafte Ornamente bilden in ihrer Gegenwart eine sanfte, leise Begleitmelodie. Alles ist so schön, so rätselhaft, so entrückt, daß man gar nicht danach fragen mag, was denn der gedankliche Inhalt, geschweige denn das »esoterische Programm« dieses Tarot sei. Doch das ist eben Jugendstil: Die Vollendung liegt in der Form, und das ist sein wichtigster Inhalt.

13
Das Astrologische Mandala Tarot

1987 A. T. Mann
Verlag: Interbook
78 Blatt. KT dt.; im Set m. Begleitbuch von A. T. Mann: Das Astrologische Mandala Tarot.
Bis heute lockt und reizt das unerschöpfliche Reservoir der Riten und Symbole, das die Kultgemeinschaft des *Golden Dawn hinterließ. Auch dem *Astrologischen Mandala Tarot* einschließlich des aufwendig gestalteten Begleitbuches liegt das Gedankengerüst des »Golden Dawn Tarot« zugrunde. A. T. Mann zog es aber vor, die Quelle seiner Inspiration gar nicht erst beim Namen zu nennen. Stattdessen bettet er seine Karten in eine Tarot-Mythologie ein, die vollmundig den Bogen von den altägyptischen Mysterien bis hin zu C. G. *Jung spannt. Eigenständigkeit demonstrieren soll wohl die erklärte Absicht, Tarot-Karten als Mandalas zu konzipieren. Dazu wären reizvolle Möglichkeiten denkbar, zumal der einzige nennenswerte Versuch in diese Richtung (Nr. 87) zwar beachtliche Resultate erbrachte, das Thema der Mandalas im eigentlichen Sinn aber verfehlte. Doch auch A. T. Mann scheint es entweder nicht recht klar gewesen zu sein, was Mandalas sind, oder er suchte lediglich nach einer zugkräftigen *Headline* für »das interessanteste neue Tarot-Kartenspiel der letzten vierzig Jahre« (Verlagsinformation zum Set). Außer daß die Karten geometrische Formen zeigen, die mit Zeichen und Symbolen angereichert sind, haben sie mit Mandalas nichts gemeinsam. Kennzeichnend für den systematischen Geist dieses Spiels ist die Idee, jeder Karte nicht nur eine doppelte, sondern sogar eine vierfache Bedeutung zu geben, je nachdem wie sie beim Kartenlegen »fällt«. Deswegen haben die Karten keine rechteckige, sondern eine quadratische Form.

Tarot Azteque
S. Nr. 193.

14
Balbi Tarot
1976 Domenico Balbi
Verlag: Fournier
78 Blatt. KT u. BT engl./span.

Domenico Balbi (s. auch Nr. 144) ließ sich schon durch Tarot inspirieren, lange bevor es andere überhaupt für möglich hielten, an diesen Karten könnte etwas Besonderes sein. Bereits 1961, also um Jahre bevor in den USA die *»Tarot-Renaissance« einsetzte, stellte er in der Stadtbibliothek von Mailand Gemälde mit Tarot-Motiven aus. Heute gilt der *Balbi Tarot* als ein Insider-Tip für alle, die schon so manches Tarot-Blatt ausprobiert und doch irgendwann wieder weggelegt haben. Ohne anmaßende Behauptungen verkörpern diese Karten Substanz und Kern der Tarot-Esoterik. Dabei entbehrt ihr Erscheinungsbild jeglicher okkultistischer Koketterie: das erste Ansehen vermittelt den Eindruck von unkomplizierter Freundlichkeit. Ein modernes Stilempfinden und klare Strukturen herrschen vor; alle Figuren und Gegenstände sind einfach, aber gehaltvoll gestaltet. Ähnlich wie beim **Waite Tarot** bestimmen leuchtkräftige, helle Töne das Gesamtbild. Die Charaktere, mit denen Balbi seinen Tarot illustriert, scheinen gelöste Heiterkeit zu empfinden. Bei genauerem Hinsehen wird klar, daß dies auch ein Spiel ist, in dem eine Fülle von theoretischen Informationen steckt. Balbis Auffassung vom Tarot ist sogar ausgesprochen »geheimwissenschaftlich«. Dabei sind astrologische Zeichen, kabbalistische Kürzel und numerologische Codes harmonisch in jedes Bild verwoben. In dieser wohldurchdachten Verbindung von Magie und Ästhetik, von Symbolik und Spontaneität ist Domenico Balbi ein seltenes Kunststück geglückt: nämlich die grüblerische und die verspielte Seite des Tarot gleichermaßen zur Geltung zu bringen.

15
Grand Tarot Belline
1966 »Magus Belline«
Verlag: Grimaud
78 Blatt. KT u. BT frz.; sowohl Standard- als auch Luxusausgabe mit Goldschnitt.

Der »Magus« Belline verblüffte in den fünfziger und sechziger Jahren dieses Jahrhunderts die französische Öffentlichkeit mit seinen politischen Prophetien. Er verbürgt sich dafür, daß der *Grand Tarot Belline* und das **Oracle Belline** (Nr. 232) aus dem Nachlaß eines Pariser Kartenlegers stammen, der um die Mitte des 19. Jahrhunderts unter dem Künstlernamen Edmond praktizierte. Magus Belline zufolge weissagte Edmond unter anderem solchen Berühmtheiten wie Victor Hugo und Alexandre *Dumas (dem Älteren). Der amerikanische Vertreiber des *Grand Tarot Belline* fügt die werbewirksame Behauptung hinzu, selbst Kaiser Napoleon III. habe Edmond um Rat gefragt. Auf den ersten Blick macht der *Grand Tarot Belline* auch fast den Eindruck einer Faksimile-Ausgabe eines alten, ziemlich benutzten Tarot-Spiels. Seine Motive sind mit dem **Marseiller Tarock** eng verwandt, enthalten jedoch charakteristische Veränderungen und Zusätze, die von Éliphas *Lévi und Paul *Christian gefordert wurden. Selbst die numerologischen Werte jeder Karte entsprechen exakt denen bei Christian ([5] 1. Bd., S. 95 ff.). Edmond, ein Zeitgenosse Lévis und Christians, hätte all das tatsächlich ohne weiteres den Büchern dieser Kollegen entnehmen können. Ein Edmond wird von Éliphas Lévi sogar auch erwähnt, allerdings nicht als Berater der Reichen und Mächtigen, sondern vielmehr der Pariser *demi monde* ([23] Bd. 2, 213). Lévi bescheinigt Edmond große Geübtheit in der Kartenlegerei. Deshalb mutet es wunderlich an, daß jede Karte des *Grand Tarot Belline* mit ausführlichen handgeschriebenen Deutungshilfen versehen ist. Sollte dieses eigenartige Spiel etwa gar nicht von Edmond stammen, sondern von Magus Belline aus dem Hut gezaubert worden sein? Genau das ist wohl anzunehmen, auch wenn ihm geschickt der Anschein hohen Alters verliehen wurde. Doch wer wollte Magus Belline seine geschmackvolle Mogelpackung verübeln? Schließlich bietet sie Tarot-Feinschmeckern etwas Besonderes: Der *Grand Tarot Belline* ist weit und breit das einzige Kartenspiel, in das die Tarot-Lehre Paul Christians systematisch eingearbeitet wurde.

Besançon Tarock

(Nr. 16 bis 18)
Das Besançon Tarock bildet einen Zweig des **Marseiller Tarock**. Seinen Namen erhielt es Anfang des 19. Jahrhunderts, als sich seine Herstellung in die südfranzösische Stadt Besançon verlagerte. Im 18. Jahrhundert dagegen wurden Karten dieser Art häufig in der Schweiz produziert. In der Ikonographie des Besançon Tarock erhielten sich Merkmale des älteren Typs des Marseiller Tarock: Amor zielt mit verbundenen Augen auf die LIEBENDEN; der MOND zeigt sein Gesicht nicht im Profil, sondern von vorn; und Frau WELT tanzt nicht, sondern sie steht im Kontrapost (eine Darstellungsweise, aus der griechischen Skulptur übernommen, in der die tragenden und lastenden Kräfte in einer Figur ausgeglichen sind). Eine besondere Eigenart des Besançon Tarock ist, daß PAPST und PÄPSTIN durch die römischen Gottheiten JUPITER und JUNO ersetzt wurden. Diese Maßnahme erfolgte wahrscheinlich aus

ähnlichen Gründen, aus denen der »Mohr« ins **Bologneser Tarock** gelangte. Der Gebrauch des Besançon Tarock war jedoch keineswegs auf katholische Gegenden beschränkt; es erfreute sich auch unter den Protestanten Frankreichs, der Schweiz und Süddeutschlands großer Beliebtheit.

16 (Besançon Tarock)
Tarocco di Besançon

Original zwischen 1780 und 1818 Jean-Baptiste Benois (Benoit); Faksimile-Ausgabe 1986
Verlag: Il Meneghello
78 Blatt. KT frz., BT ital.; limitierte u. numerierte Aufl. v. 2500 Ex.

In Stil und kunsthandwerklicher Technik entspricht dieses Spiel den Tarocken des 18. Jahrhunderts. Die Motive wurden in Holz geschnitten und die Drucke mit Hilfe von Schablonen koloriert. Ästhetisch ist es den Spielen von Conver und Krebs (Nr. 100 und 104) mindestens ebenbürtig; hervorzuheben ist das Geschick, mit dem der Holzschnitzer den Personen elegante Konturen und einen lieblichen Gesichtsausdruck verlieh. Die genaue Datierung bereitet größere Probleme, als die Angabe der Herausgeber (ca. 1780) vermuten läßt. Jean-Baptiste Benois war von 1780 bis 1803 in Straßburg als letzter Vertreter einer traditionsreichen Familie von Kartenmachern registriert. Nachweisbar wird sein Besançon Tarock jedoch erst um 1818. Er kann die Holzschnitte aber auch schon von seinen Erblassern übernommen haben, die die Manufaktur der Familie Benois seit 1751 betrieben hatten. Der Faksimile-Ausgabe ist neben der Anleitung zum Kartenlegen auch eine knappe Einführung in die Geschichte des Besançon Tarock beigegeben.

17 (Besançon Tarock)
1JJ Tarot

Original zwischen 1831 und 1838 Johann Georg Rauch; Neubearbeitung 2. Hälfte des 19. Jahrhunderts Johannes Müller d. J.; Nachdruck 1965
Verlag: AG Müller
78 Blatt. KT u. BT dt.; auch im Set mit Begleitbuch von Günter Hager: Kleine Tarot-Praxis (Urania). Ergänzende Literatur von Stuart R. Kaplan: Tarot Cards for Fun and Fortune Telling (U. S. Games).

»1JJ« ist nicht etwa eine kabbalistisch-numerologische Chiffre für Fortgeschrittene der Tarot-Esoterik. Es ist ursprünglich die Bezeichnung eines Artikels der schweizerischen Kartenmanufaktur Müller. Unter jener Bezeichnung gab sie dieses Spiel erstmals heraus. Der volle Name lautete

Cartes Tarocs No. 1JJ; dabei stand die »1« offenbar für das erste Erzeugnis der Produktlinie Tarock und Tarot, die diesem Hause in der heutigen Zeit zu weltweitem Ruf verholfen hat. »JJ« dagegen bezeichnete JUPITER und JUNO, zwei charakteristische Trumpfkarten dieses Kartentyps aus der Gruppe des **Besançon Tarock**, der in der Schweiz besonders beliebt war. Die *Cartes Tarocs 1JJ* waren die Bearbeitung eines Spiels, das der Diessenhofener Kartenmacher Johann Georg Rauch zwischen 1831 und 1838 hergestellt hatte. Wie auch im **Lombardischen Tarock** wurde mit diesem schweizerischen Spiel der mittelalterliche Darstellungsstil des Tarock aufgegeben. Die Figuren erscheinen lebensnäher und erhalten eine plastische Körperlichkeit. Selbst der TEUFEL büßt sein archaisches Äußeres ein und wirkt in seiner Erscheinung freundlicher, obwohl er seine unvermeidlichen Merkmale Hörner, Hufe und Schwanz behält. Heute wird das *1JJ Tarock* als reines Wahrsagespiel betrachtet. Die Begleitliteratur widmet sich ausschließlich der *Divination und enthält keinerlei Hinweis auf die kunsthistorische Bedeutung dieser Karten.

18 (Besançon Tarock)
Tarot d'Épinal
Original um 1830 oder um 1855 François Georgin; Nachdruck 1976
Verlag: Grimaud
78 Blatt. KT u. BT frz./engl.

In der Stadt Épinal in den Vogesen blickte die Zunft der Kartenmacher auf eine Tradition zurück, die bis in die Mitte des 17. Jahrhunderts reichte. Die Kartenmanufaktur der Familie Pellerin wird 1749 erstmals urkundlich erwähnt ([1] 2. Bd., S. 234). Jean-Charles Pellerin machte in der ersten Hälfte des 19. Jahrhunderts seinem Haus allerdings in erster Linie durch die Herstellung populärer Druckgrafik mit Genreszenen aus der Zeit des *Grand Empéreur* *Napoleon einen Namen. Er arbeitete mit dem Xylografen (Holzstecher) François Georgin (1801-1863) zusammen, dessen stimmungsvolle, eingängige Arbeiten ein großes Publikum erreichten ([2] Bd. 4, S. 677). Von Georgin dürften die Originalmotive des *Tarot d'Épinal* stammen, wenn auch die Datierung umstritten bleibt (vgl. [7] S. 77). In ihnen beweist sich die Fähigkeit des Illustrators zu zeitgemäßer, allgemeinverständlicher Darstellung. Obwohl die Figuren denen auf alten Tarock-Spielen entsprechen, werden sie doch aus ihrer ikonenhaften Starre befreit und wirken beweglicher, freier und ausdrucksstärker. Im Verhältnis zwischen Kartenspiel und Kartenlegen nimmt der *Tarot d'Épinal* eine bemerkenswerte Sonderstellung ein. Alle Ausgaben des **Besançon Tarock**, wie des **Marseiller Tarock** allgemein, waren noch während des ganzen 19. Jahrhunderts ausschließlich für Kartenspieler gedacht. Zum Kartenlegen wurden dagegen andere Blätter hergestellt (s. Nr. 56-59, *Étteilla, *Lenormand). Bestimmte Karten des *Tarot d'Épinal* sind jedoch offenbar dem »Stil frommer Bilder« ([7] a. a. O.) nachempfunden. Diese Tatsache und die zusätzliche Karte mit der Beschriftung *Consultant* (Ratsuchender) zeigen, daß bei der Erstausgabe dieses Spiels doch auch schon an Kartenleger als Käufer gedacht war. Für den anonymen Verfasser des Begleitheftes der heutigen Ausgabe dürften solche Erwägungen allerdings dem Versuch gleichkommen, Eulen nach Athen zu tragen. Nach seinem Verständnis sind Tarot-Karten seit eh und je der esoterischen Sinnsuche geweiht gewesen.

19
Bilder zum Tarot
1984 Helmut Wonschick
Verlag: Selbstverlag
22 Blatt schwarzweiß. KT u. BT dt.; limitierte Aufl. v. 1000 Ex.

Helmut Wonschick nennt diese Arbeit in aller Bescheidenheit *Bilder zum Tarot*. Seine Bilder sind jedoch bemerkenswert, indem sie einen völlig neuen Zugang zu den alten Motiven suchen. Dies ist ein Kartenblatt, bei dem der Künstler darauf verzichtet hat, jeden Quadratmillimeter Fläche mit Ornamentik oder Symbolik zu füllen. Vor schlichtem weißem Hintergrund, in filigranen Federzeichnungen gestaltet, sind in der Mitte der Bildfläche rätselhafte Gebilde plaziert: senkrecht aufgestellte zylindrische Formen, mit magischen Figuren und Emblemen geschmückt und einer teils durchbrochenen, teils mit Ornamenten verzierten Oberfläche versehen. Manche sehen wie Totempfähle aus, andere wie abstrakte Skulpturen. In diese Darstellungen wurden Details der herkömmlichen Tarot-Motive eingearbeitet. Bei einer Reihe von Karten ging es dem Künstler darum, das überlieferte Bildmaterial ganz hinter sich zu lassen, um den Symbolgehalt eines Motivs neu zu erfassen. Über die gestalterische Seite hinaus hat Wonschick sich auch gedanklich mit Tarot beschäftigt, wie eine poetische Beschreibung des Bildzyklus der Großen Arcana auf einer Extrakarte beweist.

Tarocco di 78 Carte Bologna Sec. XVIII
S. Nr. 102.

Bologneser Tarock

(Nr. 20 und 21)

Die Heimat des Tarock sind die Höfe Ferraras und Mailands (s. **Visconti und Visconti-Sforza Tarock**). Doch nur in Bologna hat dieses Spiel, das fast alle europäischen Länder eroberte, vom 15. Jahrhundert bis heute eine ungebrochene Tradition bewahrt. Seit dem frühen 16. Jahrhundert, womöglich noch früher, gab es einen besonderen Typ von Kartenbildern, den man heute das Bologneser Tarock nennt. Er ist dem Florentiner **Minchiate** ähnlich. Die Trümpfe sind in einer anderen Art und Weise angeordnet als dies heute geschieht (vgl. **Marseiller Tarock, Pariser Tarock**). Eine weitere Besonderheit liegt darin, daß das Spiel von 78 auf 62 Blatt reduziert wurde (die Zahlenkarten 2 bis 5 jeder Spielfarbe kommen nicht vor). Deshalb wurde es *Tarocchino* (»Taröckchen«) genannt. In Bologna ist dieses Tarock von jeher ein Symbol des Lokalpatriotismus gewesen, wie Vorkommnisse des Jahres 1725 beweisen. Damals veröffentlichte der dortige Kartenmacher Canon Luigi Montieri ein *Tarocchino*-Blatt, das im Stile belehrender Kartenspiele geographisch-politische Informationen bot (*Geographie). Die Tatsache, daß Bologna auf der Karte *Matto* (NARR) nicht eindeutig als päpstliches Territorium ausgewiesen war, rief die Zensoren des Vatikans auf den Plan. Der arme Kartenmacher wurde in Haft genommen und sein *Tarocchino*-Spiel öffentlich verbrannt. Solche Willkür ließ jedoch in der Stadt die Wogen der Erregung hochschlagen. Es mußte ein »historischer Kompromiß« zwischen den Bologneser Tarock-Spielern und dem Heiligen Stuhl geschlossen werden: Einerseits wurde Montieri wieder auf freien Fuß gesetzt, andererseits mußten er und seine Zunft sich verpflichten, auf allen Spielen die sogenannten *Papi* (KAISER, KAISERIN, PAPST und PÄPSTIN) nicht mehr abzubilden und durch eine neutrale Figur zu ersetzen. Auf diese Weise erhielten vier mit Pfeil und Bogen bewaffnete »Mohren« (*Mori*) ihren Auftritt im Bologneser Tarock, und dabei ist es bis heute geblieben.

20 (Bologneser Tarock)
Tarocchino Bolognese

1664 Giuseppe Maria Mitelli; Faksimile-Ausgabe 1986
Verlag: Edizioni del Solleone
62 Blatt. Ohne KT u. BT.; limitierte u. numerierte Aufl. v. 150 Ex.

Dieses prachtvolle *Tarocchino*-Blatt (s. o.) wurde als luxuriöse Sonderanfertigung für die Adelsfamilie der Bentivoglio geschaffen, die einst die

Stadt Bologna beherrschte. Wie die frühesten handgemalten Tarock-Spiele (Nr. 173 und 174) diente es einerseits als Kartenspiel, andererseits als Anregung zum geistreichen Gespräch. Um die Mitte des 17. Jahrhunderts bestand im Bologneser Adel offensichtlich das Bedürfnis, die herkömmliche Bildfolge des Tarock zu modernisieren. Erfüllt wurde es von dem Kupferstecher Gioseppe Maria Mitelli (1634-1718), der um 1690 noch ein weiteres Kartenspiel belehrend-erbaulicher Art schuf, das *Gioco del Passa Tempo* (Spiel der vergehenden Zeit). Das *Tarocchino Bolognese* ist vom kunstgeschichtlichen Wert her hoch einzuschätzen. In der spielerisch-eleganten Konturierung der Gestalten erweist sich Mitelli als typischer Italiener, der die Stilmittel des Kupferstichs meisterhaft beherrschte. Dieses Spiel zeigt noch keine »Mohren«, sondern noch die *Papi* (s. o.). Jedoch verzichtet es zugunsten eines zweiten PAPSTES auf die PÄPSTIN. Diese Maßnahme trug einem religionspolitischen Trend jener Zeit Rechnung. Denn die legendarische Figur der Päpstin Johanna, die jahrhundertelang Allgemeingut volkstümlicher Frömmigkeit Italiens gewesen war, wurde in der zweiten Hälfte des 17. Jahrhunderts zunehmend aus dem religiösen Leben des Landes verbannt (vgl. [13] S. 42). Den GEHÄNGTEN ersetzte Mitelli durch die Darstellung eines Mannes, der im Begriff ist, einen schlafenden Jungen zu erschlagen. Ob dieses Bild mit der immer wieder genannten Interpretation »Kain erschlägt Abel« richtig gedeutet ist, muß dahingestellt bleiben. Fragen nach einer möglichen Beziehung zum **Marseiller Tarock** wirft das Bild eines alten Mannes auf, der sich mit einer Laterne in der Hand den Weg durch das Dunkel der Nacht sucht. Das Aussehen der Zahlenkarten in den Spielfarben Stäbe und Schwerter wiederum weist in Richtung des **Pariser Tarock** (Nr. 139). Viele der Rätsel, die dieses Spiel wohl schon seinen ersten Benutzern aufgeben sollte, sind noch ungelöst und werden es möglicherweise auch bleiben. ([17] S. 13 f.)

21 (Bologneser Tarock)

Tarocchino Bolognese

Original um 1810 Antonio Meda, Faksimile-Ausgabe 1986

Verlag: Edizioni del Solleone

62 Blatt. KT u. BT ital.; limitierte u. numerierte Aufl. v. 999 Ex.

Dieses Spiel beweist einmal mehr die Ausnahmestellung des Kartenmachers Ferdinand *Gumppenberg im Italien des 19. Jahrhunderts. Er stellte das **Lombardische Tarock** sowohl im traditionellen Holzschnitt (Abb. [20] 2. Bd., S. 360) als auch in der neuen Technik der Lithografie (Nr. 92) her. Eine Spezialität dieser Manufaktur waren freie schöpferische Bearbeitungen des Tarockspiels (Nr. 37, 117, 129). Einen weiteren Beweis der Vielseitigkeit Gumppenbergs liefert dieses *Tarocchino Bolognese*. Ausnahmsweise ist der Name des Kupferstechers, Giovanni Antonio Meda, auf einer Karte vermerkt. Die Drucke seiner Motive wurden für die Erstauflage frei aus der Hand koloriert. Wie seit dem letzten Drittel des 18. Jahrhunderts auf allen Bologneser Spielen, sind die Trumpf- und Hofkarten doppelfigurig. Der Begleittext verzichtet auf die Entdeckung des *Tarocchino Bolognese* für die Esoterik und gibt stattdessen einige Informationen zum Bologneser Tarock und zur Bedeutung Gumppenbergs für die Spielkartenkunst des 19. Jahrhunderts.

22

Tarot de Bordeaux

1987 Gianfranco Dominis
Verlag: Ca'Dominis
26 Blatt. KT u. BT frz.; limitierte Aufl. v. 3000 Ex.

Als Gianfranco Dominis den *Tarot de Bordeaux* gemalt hatte, ließ es sich Jacques Chaban-Delmas, einst der Ministerpräsident Frankreichs und heute Bürgermeister von Bordeaux, nicht nehmen, das Vorwort beizusteuern. In der Tat kann sich die Stadt über diesen dekorativen Werbeträger nur freuen. Schon rein äußerlich wirken die Karten als etwas Besonderes. Sie sind quadratisch im Format, und jedes Blatt muß mit einer Ecke nach unten gelegt werden, damit das Motiv aufrecht zu sehen ist. Mit ausgeprägtem Faible für das Lokalkolorit wie auch für die Tarot-Esoterik läßt Dominis die Figuren der Großen Arcana im Ambiente der Stadt an der Garonne ihre Plätze einnehmen. Und so fließend, wie er auf den Karten mit weichen, leichten Pastellfarben die Übergänge zwischen den Tarot-Motiven und den örtlichen Sehenswürdigkeiten gestaltet, so ungezwungen plaudert er im Begleitheft über esoterische Zusammenhänge, die daraus abzuleiten seien. Wie im Vorübergehen erfährt man alles, was wohl auch in den Prospekten des Amtes für Touristik der Stadt Bordeaux steht. Nur können diese dem Urlauber eben keine kurzweiligen Stunden bereiten, falls es im sonnenverwöhnten Südfrankreich doch einmal regnen sollte.

23
B.O.T.A. Tarot
1931 Paul Foster Case und Jessie Burns Parke
Verlag: Builders of the Adytum
78 Blatt schwarzweiß. KT engl., kein BT; ergänzende Literatur von P. F. Case: The Book of Tokens: Tarot Meditations (1934).

Zu den frühesten Ablegern des *Golden Dawn in den Vereinigten Staaten von Amerika gehörte die von Paul Foster Case (1884-1954) geleitete Kultgemeinschaft der *Builders of the Adytum* in Chicago. Schon seit 1904, also ein Jahr nach der Auflösung des Golden Dawn, war Case in esoterischen Fachkreisen als Tarot-Interpret bekannt. Im Jahre 1931 veröffentlichte er für seine Anhänger ein eigenes Tarot-Kartenblatt, dem 1934 das erklärende Buch folgte. Große Arcana und Hofkarten sind Nachzeichnungen des **Waite Tarot**, während die Kleinen Arcana lediglich einfache Darstellungen der Spielfarbzeichen Stab, Kelch, Schwert und Scheibe zeigen. Case kam es offenbar vor allem darauf an, dem Tarot von Waite auch äußerlich sichtbar die gedankliche Systematik des Golden Dawn beizulegen. Deshalb zeigt jedes Große Arcanum den hebräischen Buchstaben, der ihm nach dem kabbalistisch-astrologischen Zuordnungssystem von Samuel Liddel *Mathers zukommt.

24
The Brotherhood of Light Tarot
Original 1896 R. Falconnier u. Maurice Otto Wegener; Neubearbeitung 1936 Elbert Benjamine (»C. C. Zain«) und Gloria Beresford
Verlag: Brotherhood of Light/U. S. Games
78 Blatt schwarzweiß. Ohne KT u. BT; ergänzende Literatur von C. C. Zain: The Sacred Tarot, Los Angeles 1936.

Ein Schleier des Geheimnisses liegt über jenem Kartenblatt, das Dreh- und Angelpunkt aller *»ägyptischen« Tarots ist. Seine Geschichte beginnt nicht etwa vor Tausenden von Jahren im Reich der Pharaonen, sondern im Jahre 1896 in Paris. Damals veröffentlichte R. Falconnier, ein Schauspieler an der *Comédie Française*, ein Buch mit dem Titel *Les XXII Lames Hermétiques du Tarot* (*»Lamen«), das dem Romancier und Dramatiker Alexandre *Dumas dem Jüngeren gewidmet war. Der weltberühmte Dichter hatte, wie damals mancher französische Intellektuelle, ein Faible für Esoterik. Offensichtlich war er es, der seinen Künstlerfreund Falconnier in die Geheimnisse der *Divination eingeweiht hatte. In Falconniers Buch wurden erstmals Tarot-Karten im Stil ägyptischer Tempelfresken abgebildet, schlichte Schwarzweißzeichnungen eines Maurice Otto Wegener, die der Leser sich ausschneiden und selbst kolorieren sollte. Diese »22 Lames Hermétiques« waren zwar der erste »ägyptische« Tarot und ein Vorbild des berühmten **Papus Tarot**, sie selbst gerieten jedoch für Jahrzehnte in Vergessenheit. Ihr Dornröschenschlaf endete in den dreißiger Jahren, als sich in Amerika eine Tarot-Szene zu entwickeln begann (vgl. Nr. 23 und 87). Innerhalb weniger Jahre erschienen mehrere Überarbeitungen: 1930 als Illustrationen des Buches *Arrows of Light from the Egyptian Tarot* von John H. Dequer, 1931 vom »Comte de St. Germain« (so Kaplan in/[20] 2. Bd., S. 391; vgl. Nr. 49) und 1936 durch die kalifornische Kultgemeinschaft »The Brotherhood of Light« um »C. C. Zain« (Elbert Benjamine). Letzterer veröffentlichte die »22 Lames Hermétiques« in leicht veränderter Form und um Kleine Arcana ergänzt unter dem Titel *The Brotherhood of Light Tarot*. Jeglicher Hinweis auf die Herkunft dieser Bilder unterblieb. Stattdessen wurde eine Legende gesponnen, die den »ägyptischen« Tarot mit dem Okkultismus C. C. Zains verschmolz.

Vgl. auch Nr. 47 und 48.

25
I Tarocchi del Buongustaio

1989 Edoardo Ballone (Hrsg.)
Verlag: Lo Scarabeo
22 Blatt. KT u. BT ital.

Die *Tarocchi del Buongustaio* sind gewiß kein Meilenstein der Tarot-Esoterik. Sie sind aber ein Mosaiksteinchen in dem zunehmenden Bestreben, auch irdische Freuden in der Welt des Tarot heimisch zu machen. Der Herausgeber darf sich über ein Tarot-Spiel freuen, das »die Erhängten und Skelette fortläßt und Platz schafft für lächelnde Gesichter voller Gesundheit.« Auch der anonyme Künstler, ein großer *Feinschmecker, wie man erfährt, wird seinen Spaß gehabt haben. Durfte er sich doch auf 22 Einzelbildern einem einzigen Restaurantbesuch widmen. Die Kartenserie beginnt mit der Außenansicht einer Restauration der gehobenen Klasse. Sodann werden Koch und Köchin vorgestellt. Man nimmt Platz und freut sich über das Angebot auf der Speisekarte. Von freundlichem, gepflegtem Personal wird ein opulentes Menü serviert. Jeder genießt auf seine Art, und erst bei der Rechnung hört der Spaß auf, wie man den Gesichtern auf der letzten Karte deutlich ansehen kann. (Aus wohlunterrichteten italienischen Tarot-Kreisen verlautet, die nächste Auflage der *Tarocchi del Buongustaio* werde mit Duftnote geliefert; wahlweise Braten oder Fisch).

26
Cagliostro Tarot

1955 »Sigon«
Verlage: U. S. Games und Modiano
78 Blatt. KT u. BT engl.

Die Idee zur Gestaltung dieser Karten geht nicht etwa auf Guiseppe Balsamo Cagliostro (1743-1795) zurück. Er düpierte zwar die feine Pariser Gesellschaft gerade in jenen Jahren mit seinen Gaukeleien, als die *Divination mit Tarot-Karten in diesen Kreisen in Mode kam (*Court de Gébelin). Die Bezeichnung *Cagliostro Tarot* soll aber lediglich einem außergewöhnlichen Spiel auch einen klangvollen Namen geben. Der Verfasser des Begleitheftes (Stuart R. *Kaplan) verbürgt sich dafür, daß die Erstausgabe im Jahre 1912 in Triest unter der Bezeichnung *Il Destino Svelato dal Tarocco* erschien. Allerdings wird allgemein davon ausgegangen, daß sie erstmals im Jahre 1955 unter der Bezeichnung »Cartomanzia Lusso 184« erfolgte ([16] S. 156, [7] S. 142, [3] S. 213, [8] S. 160). Kaplan selbst stellt übrigens fest, daß auf diesen Karten auch Mode der zwanziger Jahre dargestellt ist. In jedem Fall handelt es sich um ein künstlerisch wie esoterisch ungewöhnliches Kartenblatt. Die Gestaltung der Großen Arcana erhielt wichtige Anregungen vom **Papus Tarot** (Nr. 138). Obwohl mehrere Motive direkt übernommen wurden, haben sie hier doch einen ganz anderen Charakter. Teilweise werden die Frauen offenbar gewollt als Objekte männlicher Schaulust gezeigt. Andere werden mit Bubikopffrisur und im Hemdkittelkleid (DER NARR), wie sie in den zwanziger Jahren aufkamen, abgebildet. Einige wiederum wirken wie für einen Hollywoodfilm à la *Cäsar und Kleopatra* gestylt (DIE PÄPSTIN, DIE KAISERIN). Die Männer, wehrhaft-heldische Athleten, zollen einem Männlichkeitskult mit faschistoiden Anklängen Tribut. Auf der Karte des JÜNGSTEN GERICHTS stemmt ein muskulöser Mann seine Grabplatte empor, um machtvoll dem Licht entgegen zu drängen. Eine solche Bildsprache findet man, mit anderen künstlerischen Mitteln, auch bei Arno Breker. Raffinierte Farbgebung, perfekte Darstellung der Körper in allen Haltungen und Bewegungen sowie das extravagant-mystische Szenario verleihen dieser Kartengruppe ihr Gepräge. Im Vergleich dazu sind die Kleinen Arcana schmucklos gestaltet. Sie entsprechen modernen Versionen des **Piemonteser Tarock** und sind mit Wahrsagebedeutungen bedruckt, die sich an Papus (und damit an *Étteilla) anlehnen. Alle 78 Karten werden nach einer ausgeklügelten Ordnung den 12 Sternzeichen und den sieben Planeten der klassischen Astrologie zugeteilt, um das Kartenlegen unter astrologischen Gesichtspunkten vornehmen zu können. Diese Ordnung stellt nicht etwa, wie es sonst die Regel ist, eine Abwandlung der Systematik von Papus oder des *Golden Dawn dar. Es handelt sich vielmehr um eine eigenständige Entwicklung. Auch die kabbalistischen Zauberbuchstaben waren dem Urheber dieses Spiels wichtig, obwohl er nur den MAGIER und den NARREN mit solchen versah. Doch das war genug, damit der Kenner verstand, daß in diesem Bereich der Tarot-Esoterik Éliphas *Lévis Vorstellungen zugrunde gelegt werden sollen.

27
Le Calzature Fantastiche
1980 Osvaldo Menegazzi
Verlag: Il Meneghello
22 Blatt. KT ital., BT engl.; limitierte Aufl. v. 1600 Ex., davon 485 Ex. vom Autor signiert u. numeriert.

Freche Originalität mit virtuosem Pinselstrich in die Gefilde des Tarot zu zaubern, ist die Leidenschaft Osvaldo *Menegazzis. Er versteht es, die herkömmlichen Motive jedem Geschmack entsprechend zu verwandeln. Diesmal hat er es auf eine typisch italienische Schwäche abgesehen, um sich einen Vorwand für die Verkleidung der 22 Großen Arcana zu verschaffen: Schuhe, mondän und maßgefertigt im Zuschnitt des Tarot: Papstschuhe etwa repräsentieren den PAPST, königliche Schuhe den HERRSCHER. Um seinen Pfeil auf die LIEBENDEN abzuschießen, verbirgt sich der listige Amor hinter einer eleganten Damenstiefelette. Wer würde noch einen Pfifferling für eine WELT geben, die in Murmelgröße unter das Oberleder von Pennergaloschen gerutscht ist? Respekt vor den Sakramenten des Mysteriums Tarot kennt Osvaldo Menegazzi nicht; alles wird ihm zum Spielball seiner Phantasie. Aber hinter dem Scherz lugt Ernst hervor, denn sein Humor ist abgründig.

28
Le Tarot des Capétiens
1987 Anne-Marie und Gilles Hipeau
Verlag: Imagerie Maat
78 Blatt in Übergr. KT u. BT frz.; handkolorierte, limitierte u. numerierte Aufl. v. 50 Ex.

Im Jahre 1987 feierte Frankreich ein Jubiläum von großer Bedeutung für die Nation: die Thronbesteigung des Hugo Capet im Jahre 987. Er begründete das Herrschergeschlecht der Kapetinger, das in direkter Linie bis 1328, in Seitenlinien bis 1792 und von 1814/15 bis 1848 Frankreich regierte. Dieses Ereignis nahm man in der *Imagerie Maat zum Anlaß, einen »Kapetinger-Tarot« im Stil eines alten Tarock-Spiels zu gestalten. Jede der 38 Figurenkarten zeigt eine historische Persönlichkeit in typischer Tracht und Haltung. Die Zuordnung erfolgte im Einklang mit der Symbolik des Tarot, so wie sie die Urheber dieses Spiels verstehen. Z. B. erhielt der dynamische »Sonnenkönig« Ludwig XIV. die Karte DIE SONNE zugeteilt, der weltlichen Dingen weniger zugetane *Karl VI. dagegen den NARREN. Für die in Frankreich nicht sonderlich beliebt gewordene Katharina von Medici, die Frau Heinrichs II. und Regentin des Landes während der Unmündigkeit Karls IX., wurde pikanterweise die Königin der Schwerter reserviert, eine Karte, die traditionell eine starke Frau von nicht ganz einfachem Charakter repräsentiert.

29
Tarocco del Carnevale di Venezia

1988 Amerigo Folchi
Verlag: Italcards
78 Blatt. KT u. BT ital./engl.; limitierte u. numerierte Aufl. v. 3000 Ex.

Heiter und verspielt ist das Tarot-Oeuvre Amerigo *Folchis. Angeregt durch spontanes Straßentheater auf dem Karneval in Venedig und durch die Masken der Commedia dell'Arte, schuf er den *Tarocco del Carnevale di Venezia*. Seine Phantasie im Erfinden und Nachgestalten von Masken und Kostümen ist phänomenal; auf jeder der 78 Karten findet man eine andere Verkleidung. Eine exzentrische Ornamentik unterstreicht das malerische Geschehen. Doch Folchi will mehr bieten als pittoreske Gaudi. Die Maskierung hat in diesem Tarot einen ganz anderen Sinn als beim Karneval. Durch die Verkleidung sollen die Eigenschaften der Charaktere nicht verborgen, sondern prägnant hervorgehoben werden. Wie Schauspieler, denen ihre Rollen von den Karten zugeteilt werden, führen die Figuren des *Tarocco del Carnevale di Venezia* ein ausgelassenes Stück auf. Sein Inhalt wird durch die Symbolik des Tarot, aber auch durch die Fabulierlust des Künstlers geprägt. Als Tarot-Interpret zeigt sich Folchi einmal von der lustigen, einmal von der ernsthaften Seite; doch stets ist die Botschaft von künstlerischer Einfühlung und Spontaneität geprägt.

30
Cartomancie de l'An 2000

1981 Pino Zac
Verlag: J. M. Simon/France Cartes
22 Blatt. KT u. BT frz.

Pino Zac (eigentlich Giuseppe Zaccaria) ist von Geburt Italiener, auch wenn die *Cartomancie de l'An 2000* in Frankreich veröffentlicht wurde. Wie andere Tarot-Designer seiner Nationalität betrachtet er ein herzhaftes Lachen als das beste Mittel gegen eine Übermacht des Numinosen (*Scherz und Satire). In seinem Tarot ist alles Schicksalhaft-Nebulöse buntem Spektakel gewichen. Doch das heißt nicht, daß es darin keinen Ernst gäbe; es ist nur ein Ernst anderer Art, als man es von Tarot-Spielen her gewohnt ist. Anstatt uns in die Tiefen archetypischer Seelenschichten führen zu wollen, stoßen uns diese Karten mit der Nase auf moderne Götter, die tyrannisch unser Leben beherrschen. Aus einer esoterischen Rätselgalerie wird ein ironischer Spiegel unserer Lebenswelt: Der MAGIER lächelt vom bunten Display eines Flipper-Automaten, der inmitten einer Wüstenei ohne soziale Bindungsmöglichkeit aufgestellt ist. Das RAD DES SCHICKSALS dreht sich als ein riesiger Fußball, wobei die bekannte Sphinx diesmal im Schiedsrichtertrikot die Rolle des Mächtigen spielt, indem sie die gelbe Karte zückt. Der TOD kommt als giftige Abgaswolke in Form eines Totenschädels aus Industrieschornsteinen. Und um sich dem JÜNGSTEN GERICHT zu stellen, zwängt man sich nach einer Massenkarambolage aus Autowracks heraus. Das alles fordert Gelächter, aber auch Nachdenklichkeit heraus. Als Karikaturist führt Pino Zac den Feldzug gegen die Absurditäten des Alltags nicht mit dem schweren Knüppel der Belehrung, sondern mit dem leichten Florett der Ironie. Im Grunde aber entdeckt er eine neue, ebenfalls ernste Seite des Tarot.

Cartomanzia Italiana
S. Nr. 58

31
Tarot of the Cat People
1985 Karen Kuykendall
Verlag: U. S. Games
78 Blatt. KT u. BT engl.

Ganz weit draußen, irgendwo zwischen dem Unerforschten und der Ewigkeit, liegt das Reich der Katzenmenschen, ein Land von extremer Unzugänglichkeit, wilder Schönheit und unzerstörbarer Einheit zwischen Gott, Mensch und Natur. *Katzen sind die heimlichen Regenten in diesem Reich. Auf samtenen Pfoten und mit stählernem Blick halten sie schweigend darüber Wache, daß nichts und niemand die heilige Ordnung stört ... Karen Kuykendall liebt Katzen abgöttisch; sie lebt irgendwo im tiefen Arizona, ganz allein mit fünf schnurrenden Persönlichkeiten. Katzen, schon im alten Tibet als Tiere mit besonderen spirituellen Qualitäten verehrt, bewahren im *Tarot of the Cat People* das Mysterium des Tarot. In bewährter Symbiose nähren Mensch und Tier inmitten einer schönen, aber weiten, sehr weiten und dunklen Welt das Licht der Einsicht in die tiefsten Geheimnisse des Kosmos. Fantasy? Naturromantik? Science Fiction? Närrische Freude an der heilen Welt in einem gottverlassenen Winkel des Universums? Man weiß es nicht. Denn hier wird sogleich ein neues Rätsel aufgegeben, wenn gerade erst eines gelöst wurde. Mit den Geheimnissen des Tarot ist es eben wie mit den Katzen: sie offenbaren sich nicht, wann wir, sondern wann sie selbst es wollen. Die magische Spannung des kätzischen Wesens einzufangen ist Karen Kuykendall mit 78 kleinen Kunstwerken tatsächlich gelungen.

32
Celtic Tarot
1990 Manuel Gonzales Miranda
Verlag: Piatnik
78 Blatt. KT frz., BT dt./engl.

Es ist nicht ungewöhnlich in der Esoterik, daß etwas Neues im Namen uralter Tradition präsentiert wird, denn die Patina der Überlieferung veredelt auch die Ideen normaler Sterblicher zum Mysterium. Diese Erkenntnis leitete offenbar auch den Herausgeber, der die Karten M. G. Mirandas unter der Bezeichnung *Celtic Tarot* lancierte. Mirandas künstlerische Heimat als Tarot-Designer ist offensichtlich Spanien, wie aus den wuchtigen Konturen der Figuren, den monochromatischen, an Holzschnitte erinnernden Farbflächen und dem aperspektivischen Bildaufbau zu ersehen ist (vgl. Nr. 55 und 109). Miranda verleiht diesem »nationalen« Stil einen nachdrücklich modernen Akzent, indem er ihn in Richtung des Expressionismus abwandelt: Alle Linien sind in gekünstelt-spitzwinkliger Manier gezogen, die gestreckte und eckige Formgebung wird bevorzugt, runde Linien und weiche Formen konsequent vermieden. Diese Stileigentümlichkeiten müssen nun herhalten, um die Eselsbrücke zu den alten Kelten zu schlagen. Eine solche Gestaltungsweise, so heißt es, käme »dem keltischen Bestreben entgegen, entweder nur gerade oder runde Linien zu verwenden.« Vor allem kommt der Titel *Celtic Tarot* wohl dem Bestreben des Herstellers entgegen, in seine Tarot-Kollektion ein Kartenblatt aufzunehmen, das Verwurzelung in uralter Stammesweisheit suggeriert. Recht betrachtet, sind die Großen Arcana des *Celtic Tarot* eine modernisierte Fassung des **Marseiller Tarock**. Für die Kleinen Arcana entwarf Miranda einen neuen Bildzyklus mit mittelalterlichem Touch. Der Inhalt

dieser Bilder steht in durchaus reizvollem Kontrast zum modernen Malstil. Natürlich darf ein gerüttelt Maß an Legendarik bei einer solchen
Edition nicht fehlen. Sie wurde kurzerhand aus dem Begleittext eines
Spiels übernommen, das vor Jahren in demselben Verlag erschien (Nr.
145). Die empfohlene Legemethode rundet die geschichtsträchtige Mogelpackung ab: Obwohl sie das »Keltische Kreuz« genannt wird, stammt
sie doch aus dem 20. Jahrhundert, nämlich von Arthur Edward *Waite.

Tarot des Centuries
S. Nr. 103.

33

Le Tarot de Charles VI

Original um 1470; Neubearbeitung 1982 Imagerie Maat
Verlag: Imagerie Maat
23 Blatt in Übergr. KT u. BT frz.; schablonenkolorierte, limitierte u. numerierte Aufl. v.
500 Ex.

Zu den Inseln des Nonkonformismus im Meer des Tarot-Kommerz gehört
die *Imagerie Maat in Paris. Ihr Wunsch war es, ein möglichst unver-
fälschtes Abbild des berühmtesten der frühen Tarock-Spiele zu schaffen.
Die davon erhaltenen 17 Blätter (16 Trümpfe und eine Hofkarte) befinden
sich in der Pariser Bibliothèque Nationale. In der Nachschöpfung der
Imagerie Maat wurden sie durch 6 Karten ergänzt, so daß die Reihe der
Trümpfe vollständig vorliegt. Um das Original, bekannt als »Tarock Karls
VI.«, rankt sich eine rührselige Legende. Ihr Ausgangspunkt liegt in
einem Irrtum der wissenschaftlichen Forschung. Im Jahre 1842 äußerte
der französische Historiker M. C. Leber (vgl. [8] S. 65 f.) die Vermutung,
das Original stamme aus dem Besitz des Franzosenkönigs *Karls des VI.,
der 1392 in Wahnsinn verfiel. Seitdem galt das »Tarock Karls VI.« als
ältestes erhaltenes Tarock-Spiel. Diese These ist jedoch längst überholt.
Es steht fest, daß das Spiel im Besitz der Bibliothèque Nationale auf
italienischem Boden, wahrscheinlich in Ferrara um das Jahr 1470, entstand. Schlichte Tatsachen haben jedoch schlechte Karten, wenn es um
die Geschichte des Tarot geht. Tarot ist eben »etwas fürs Gefühl«, und so
wird noch gern mit der romantischen Fiktion geliebäugelt, daß dem
psychisch kranken König Karl VI. dieses Tarock-Spiel geschenkt worden
sei, um sein Gemüt aufzuheitern (s. Nr. 170). Die Imagerie Maat umschifft
diese Klippe, Legenden und Tatsachen beim *Tarot de Charles VI* nicht zur
Deckung bringen zu können, mit einem diplomatischen »Sowohl-als-
auch«. Jedoch wird ihre kunsthandwerkliche Leistung dadurch nicht
geschmälert.

34
Chinese Tarot
1989 Stuart R. Kaplan und Jui Guoliang
Verlag: U. S. Games
78 Blatt. KT u. BT engl.

China, eine große Kulturnation mit reichhaltigem Götterhimmel und wundervoller Aquarellmalerei, war auf der Weltkarte des Tarot allzu lange ein weißer Fleck. Lediglich einige Orakelspiele, die mit den Weisheiten des Konfuzius kokettieren, hatten bisher ihren Weg in das Abendland gefunden (Nr. 197 und 202). Mit dem *Chinese Tarot* sollte also eine schmerzliche Lücke geschlossen werden. Wie schon beim japanisch gestalteten **Ukiyoe Tarot** (Nr. 168) verpflichtete Stuart R. *Kaplan einen Grafiker, der die Stilmittel traditioneller ostasiatischer Malerei beherrscht. Fehlte dem Künstler jedoch vielleicht die adäquate geistige Führung? Während Kaplan für den *Ukiyoe Tarot* originelle Ideen lieferte, um Buddhismus und Tarot-Esoterik nonchalant miteinander zu verbinden, kamen die »chinesischen« Tarot-Motive des neuen Spiels wohl eher willkürlich zustande. Auf der Ebene einer geistigen Begegnung wurde der Faden zwischen dem Tarot und dem Reich der Mitte ausgesprochen locker geknüpft. Auf der Ebene dekorativer Kartenspiel-Illustrationen allerdings hat auch dieses Spiel einiges zu bieten.

Classic Tarot
S. Nr. 106

35
Tarocco delle Collezioni
1979 Osvaldo Menegazzi
Verlag: Il Meneghello
78 Blatt. KT ital., BT ital./engl.; limitierte Aufl. v. 2000 Ex., davon 500 Ex. v. Autor signiert u. numeriert.

Ein Tarot von *Menegazzi wirkt immer so spontan wie eine verrückte Laune der Natur. Der *Tarocco delle Collezioni* tischt ein buntes Allerlei von Sammelobjekten auf. Unvermutet wurden sie aus ihrer verstaubten, gedankenverlorenen Welt geholt und hier auf den Präsentierteller gesetzt: Masken und Marionetten, Pfeifen und Münzen, Uhren und Schießeisen, sentimentale Souvenirs und manch sonderbares Rumsteherle; ein Raritätenkabinett, mit dem Schabernack getrieben wird, indem es sich in ein Kartenspiel namens »Tarot« schleicht. Eines ist gewiß: Die esoterische Deutung des *Tarocco delle Collezioni* stärkt das Improvisationstalent. Wie soll man den Symbolgehalt des WAGENS bestimmen, wenn er zu einer Art aufgeklappter Orchestermuschel geworden ist, in der ein leibhaftiger Käpt'n übers Meer schippert? Nur keine Angst vor Fettnäpfchen, denn hier kneift selbst die Göttin JUSTITIA ein Auge zu (ist der Schnurrbart angeklebt, oder ist's wirklich ein Mann?). Sogar der GEHÄNGTE hat gut Lachen. Er kann relaxen, schließlich ist er als Marionette das Hängen ja gewöhnt. Werden die Gralshüter des Mysteriums Tarot Signore Menegazzi ob solcher Travestie gram sein?

36
Le Conchiglie Divinatorie
1987 Osvaldo Menegazzi
Verlag: Il Meneghello
22 Blatt in Mini. KT ital., ohne BT; limitierte Aufl. v. 1000 Ex.

Als surrealistisches Bilderrätsel beweisen die *Conchiglie divinatorie* (»Wahrsage-Muscheln« bzw. »Wahrsage-Schnecken«) wieder einmal, daß nichts und niemand davor sicher sein kann, irgendwann in einen Tarot von Osvaldo *Menegazzi verwandelt zu werden. Wie haben wir nun dieses Werk zu verstehen? Als esoterischen Bildzyklus von zeitloser Wahrheit? Immerhin spielten Muscheln und Schnecken schon in Totem und Tabu der Altsteinzeit eine große Rolle. Oder sollte es sich um das Machwerk eines Künstler-Gauklers handeln? Immerhin ist Menegazzi in der Welt der magischen Karten als Erzschelm bekannt! Was also tun, um das Tarot-Problem der *Conchiglie Divinatorie* zu klären? Menegazzi selbst wird die Antwort nicht geben; hat er sich doch längst ins Schneckenhaus einer lebenden Legende der Spielkartenkunst verkrochen. Es bleibt also wohl nur ein Weg zur Lösung des Rätsels: die Karten selbst befragen.

37
Tarocco della Corona Ferrea
Original 1840 Ferdinando Gumppenberg; Faksimile-Ausgabe 1979
Verlag: Edizioni del Solleone
78 Blatt. KT u. BT ital.; limitierte u. numerierte Aufl. v. 2500 Ex.

Geschichte und Politik waren in früheren Jahrhunderten bevorzugte Themen der Spielkartenkunst; boten Kartenspiele doch eine hervorragende Möglichkeit, ein großes Publikum zu erreichen. Deshalb ersetzte auch der Mailänder Kartenmacher Ferdinando *Gumppenberg bei seinem *Tarocco della Corona Ferrea* die herkömmlichen Bilder durch politische Motive. Damit griff er ein brisantes Thema auf, nämlich die Krönung des österreichischen Kaisers Ferdinand I. zum König der Lombardei und Venedigs. Im Zeitalter des *Risorgimento* (vgl. Nr. 129) lag die politische

Pointe bei diesem Kartenspiel darin, wie jenes Ereignis gewürdigt wurde: Es werden nämlich ausschließlich einheimische Herrscher und Herrscherinnen aus früheren Jahrhunderten gezeigt. Sie alle hatten die Eiserne Krone (*Corona ferrea*), seit dem Hochmittelalter die Krone der Könige Italiens, getragen. Nun aber wurde sie einem Habsburger auf das Haupt gesetzt. In einer Epoche ohne Recht auf freie Meinungsäußerung übte dieses Kartenspiel also auf indirekte Weise Kritik an der Dominanz einer europäischen Großmacht.

38
Cosmic Tarot

1988 Norbert Lösche
Verlag: F. X. Schmidt
78 Blatt. KT u. BT dt.

Über Geschmack läßt sich trefflich streiten, nur eines ist unstreitig: Norbert Lösche hat den Geschmack breiter Kreise getroffen. Die Traumlandschaft des *Cosmic Tarot* signalisiert zeitlose Gültigkeit, indem sich Menschen von heute in einem bald mittelalterlichen, bald futuristischen Ambiente bewegen. Mit ihren weichen, in sich gekehrten Gesichtern und den attraktiven Körpern künden sie von einem Leben, das innere Werte schätzt, Sinnlichkeit aber deshalb nicht verschmäht. Diese Bilder rühren die Sehnsüchte einer ganzen Generation an, die sich nach dem Echten, dem Ursprünglichen und Unverfälschten sehnt. 78 kleine Szenarios des Neuen Zeitalters kosmischer Harmonie werden entfaltet. Bisweilen wird spürbar, daß dieser Tarot weniger das künstlerische Abbild einer Vision als das Produkt sorgfältiger Planung ist. Wer etwas Spezielles erwartet, mag daran die Ecken und Kanten, die Spannung und deshalb auch die Vitalität vermissen. Wer allerdings einfach ein modernes, professionell gestaltetes Tarot-Spiel will, das nicht erst studiert werden muß, bevor es benutzt werden kann, wird damit gut bedient.

39
Crowley Thot Tarot

1944 Edward Alexander Crowley und Lady Frieda Harris; Erstausgabe als Kartenspiel 1969.
Verlage: U. S. Games und AG Müller
78 Blatt in verschiedenen Größen. KT u. BT dt.; auch im Set m. Handbuch von Gerd Ziegler: Tarot – Spiegel der Seele, Sauerlach 1987. Ergänzende Literatur von Gert Ziegler: Tarot – Spiegel deiner Beziehungen, Neuhausen 1988; sowie von Aleister Crowley: Das Buch Thot, Sauerlach 1981.

Wie die Esoterik nicht ohne Tarot, so ist Tarot nicht ohne ihn denkbar: Edward Alexander (»Aleister«) *Crowley, den Sohn eines christlichen

Laienpredigers, der als ruchloses »Großes Tier« (*The Great Beast*) Furore machte. Einen Eindruck seines luziferischen Persönlichkeitsprofils mag die Vorgeschichte des *Crowley Thot Tarot* geben. Er gilt als unerschöpfliches Reservoir esoterischen Wissens, wird sogar als »Enzyklopädie der Symbole« ([33] S. 129) gerühmt. In der Tat ruht dieser Tarot auf einem Gedankengebäude, das nicht nur komplex, sondern auch systematisch ausgewogen ist. Das scheinbar unwichtigste Detail ist durchgeplant. Über eines wird jedoch nur selten gesprochen: Diese Systematik wurde nicht etwa von dem Mann entwickelt, dessen Namen die Karten tragen, sondern von seinem Lehrmeister Samuel Liddel *Mathers. Er hatte im Jahre 1912 sogar einen Prozeß gegen Crowley angestrengt, um zu verhindern, daß, neben anderen Geheimnissen des *Golden Dawn, auch der Plan dieses Tarot bekannt würde. Doch sicher wäre die Welt des Tarot heute um ein echtes Renommierstück ärmer, hätten die englischen Gerichte dem »Logos des Äons« (Crowley über sich selbst) damals nicht einmal Recht gegeben. Um auch die künstlerische Verwirklichung des Projektes sicherzustellen, griff Crowley auf die Fertigkeiten einer Dame von Rang und Namen zurück. Lady Frieda Harris, die Ehefrau von Sir Percy Harris, einem Fraktionsführer der Liberalen Partei im Britischen Unterhaus, war eine der letzten Freundinnen des Meisters, als er sich in vorgerücktem Alter von einer kleinen Schar Getreuer pflegen ließ. Nach seinen Anweisungen malte sie 78 Ölbilder. Sie wurden im Jahre 1944 von zwei Galerien im Londoner West End als *Crowley Tarot* ausgestellt. Jedem Naturalismus abhold, verbindet der Bildzyklus die visionäre Insichgekehrtheit des Symbolismus mit den vitalen Ausdrucksformen des Expressionismus. Er gibt dem esoterischen Tarot erstmals ein modernes Gesicht. Auch als Ganzes hinterläßt er den Eindruck künstlerischer und gedanklicher Geschlossenheit. Obwohl diese Karten nicht einfach zu verstehen sind, bereitete Crowleys Instinkt für die richtige Mischung aus Spektakulärem und Introvertiertheit ihrem Erfolg den Weg. Es ist einem undogmatischen Crowleyaner zu verdanken, daß auch ganz normale Menschen zu Genießern dieses okkultistischen Jahrhundertwerkes werden können. Ohne zum schwer verständlichen Erklärungsbuch Crowleys greifen zu müssen, kann man sich anhand der eingängig, aber reflektiert geschriebenen Handbücher Gerd Zieglers in die exotische Gedankenwelt des *Crowley Thot Tarot* vertiefen.

Vgl. Nr. 45, 77, 81, 85, 88, 96, 176.

40
Tarot Universal Dali

Original Anfang bis Mitte der siebziger Jahre Salvador Dali; Nachdruck
1984

Verlage: Distribucions d'Art Surrealista, s.a. und Naipes Comas
78 Blatt m. Goldschnitt. KT span./engl., BT engl./frz./span.; ergänzende Literatur von
Rachel Pollack: Salvador Dali's Tarot, London 1985.

Eine Ausnahmestellung nimmt dieses Tarot-Spiel schon allein deshalb
ein, weil es den Namen eines hochberühmten Künstlers trägt. Allerdings
wird es zukünftiger kunsthistorischer Forschung vorbehalten bleiben, zu
bestimmen, in welchem Umfang Salvador Dali selbst an der Entstehung
der Kartenbilder beteiligt war ([17] S. 172). Schon wieder entspinnen sich
die Tarot-Legenden, diesmal um die Frage, ob und wie intensiv Dalis Frau
Gala und die Pop-Sängerin Amanda Lear dabei mitwirkten. Möglicherweise begann der Meister das Werk als Requisit für den James-Bond-Film
Leben und Sterben lassen ([29] S. 19). Die Filmgesellschaft jedoch gab den
Zuschlag für den publicity-trächtigen Auftrag dem relativ unbekannten
schottischen Grafiker Fergus Hall (Nr. 185). So wurde der Dali-Tarot
erstmals als signierte Grafikserie in limitierter Auflage veröffentlicht ([20]
1. Bd., S. 186 f.). Wie nicht anders zu erwarten, ist das Werk in äußerster
künstlerischer Freiheit konzipiert; kaum noch etwas erinnert an die überlieferte Bildwelt des Tarot. Den meisten Kartenbildern legte Dali Ausschnitte aus Gemälden großer Meister zugrunde. In diese bildliche
Zitatsammlung aus der Kunstgeschichte setzte er mit raschem Pinselstrich, bisweilen durch Farbverwischung, auch durch Fingerabdrücke
(seine eigenen?) wahrlich eigenwillige Akzente. Natürlich bleibt Dali
immer Dali. Die zerfließende Uhr, der Krückstock und andere seiner
Lieblingsmotive sind gleichsam die Wegmarken einer ungewöhnlichen
Künstlerpersönlichkeit, während die in genialer Flüchtigkeit hingeworfe-
ne Aktzeichnung neben dem Bildnis des NARREN tatsächlich ein Stück
großer Kunst darzustellen scheint. Manche Motive werden offenbar zur
Auseinandersetzung mit der kirchlich verwalteten Religion genutzt. Kopf
und Schultern des NARREN liefert ein betender Möch (ein Ausschnitt
aus einem mittelalterlichen Votivbild). Auch der HOHEPRIESTER ist
aus Teilen religiöser alter Bilder komponiert. In einer surrealistischen
Attacke wurde sein Heiligenschein mit rohen Pinselstrichen deformiert.
Frappierend ist das schroffe Gegenüber von größter künstlerischer Fer-
tigkeit und provokanter Derbheit. Geschont hat Dali sein Publikum noch
nie, und darin jedenfalls scheint sich Authentizität zu bekunden, auch
wenn der große Katalane mit diesem Werk allein kaum in die Kunstgeschichte eingegangen wäre.

41
Delphisches Tarot
1986 Liz Greene, Juliet Sharman-Burke und Tricia Newell
Verlag: Hugendubel
78 Blatt. KT dt.; im Set m. Legeteppich u. Begleitbuch von Liz Greene u. Juliet
Sharman-Burke: Delphisches Tarot.

Liz Greene und Juliet Sharman-Burke vertreten eine klare Linie: »Die
Tarot-Karten können uns nicht eine festgelegte und vom Schicksal ver-
hängte Zukunft vorhersagen.« Tarot ist für sie keine Magie, um dunklen
Schicksalsmächten ihre Geheimnisse zu entreißen, sondern ein psycholo-
gisches Handwerkszeug, mit dem sich »der einzelne in möglichst kreativer
Weise auseinandersetzen kann.« Dies ist das Selbstverständnis zeitgemä-
ßer Esoterik, die mit okkultistischer Vernebelung Schluß machen will.
Ihre Vertreter denken und handeln aus der Gewißheit heraus, daß viele
Probleme des heutigen Menschen in der Rückbesinnung auf uraltes
Gedankengut gelöst werden könnten. So soll Esoterik zur Lebenshilfe
werden. Deshalb auch ließen die Schöpferinnen des *Delphischen Tarot* die
Sagen- und die Götterwelt, ja selbst (ob sie es nun so nennen oder nicht)
das magische Weltbild der alten Griechen wieder auferstehen. Das intellektuelle Programm ihres Bildzyklus ist beachtlich. Auf über 200 Seiten
birgt das Begleitbuch mindestens den Informationsgehalt eines Volks-
hochschulkurses in antiker Mythologie, sorgfältig eingelagert in die 78
gedanklichen Schubkästen der Tarot-Esoterik. Doch ist diese Gedanken-
fracht nicht eher ein Ballast, wenn man an den therapeutischen Anspruch
des *Delphischen Tarot* denkt? Die griechische Mythologie (*Antike) wird
ja nicht etwa schon dadurch zugänglicher, daß die Karten in naivem,
bilderbuchartigem Stil gemalt sind. Nichtsdestoweniger ist jedes einzelne
Motiv für den Laien nur mit Hilfe des Buches zu verstehen. Kann man
tatsächlich von »archetypischer« Qualität einer Reihe von Bildern sprechen, deren Verständnis ein so spezielles Wissen erfordert?

42
Deutsches Original Tarot
1924 A[ugust] Frank Glahn und Hans Schubert.
Verlag: Hermann Bauer
78 Blatt. KT dt., ohne BT; ergänzende Literatur von A. Frank Glahn: Das Deutsche
Tarotbuch (Bauer); Erstaufl. 1924.

Dieser Tarot trägt sein Programm im Namen. Der Urheber wollte nicht
mehr und nicht weniger als einen »deutschen« Weg zum Geheimnis der

magischen Karten weisen. A. Frank Glahn (1865 oder 1895-1941) gehörte zu den *Ariosophen, die Esoterik und deutschnationale Gesinnung miteinander verbanden. Doch was am Tarot eigentlich »deutsch« sei, war auch für ihn nicht leicht zu sagen. Schon Ernst Kurtzahn, hierzulande einer der Pioniere der *Divination mit Tarot-Karten, hatte beklagt: »Leider gibt es unter den vielen Forschern, die sich mit dem Tarot beschäftigt haben, keinen einzigen Deutschen!« ([22] S. 12) Glahn behalf sich damit, für seinen *Deutschen Original Tarot* von ausländischen »Forschern« zu übernehmen, was ihm paßte, und hinzuzufügen, was ihm sinnvoll erschien. Er stützte sich vornehmlich auf *Lévi und *Papus. Kabbalistische, »ägyptische« und astrologische Gesichtspunkte stehen nach dem Muster des französischen Okkultismus des 19. Jahrhunderts auch bei ihm im Mittelpunkt. Ein eigenständiger Beitrag Glahns bestand darin, neo-hinduistisches und neo-buddhistisches Gedankengut, wie es von der Theosophischen Gesellschaft Helena Petrovna *Blavatskis verbreitet wurde, in der Tarot-Esoterik zu verankern. Besonders wichtig war ihm ein von ihm selbst geschaffenes Bezugssystem zwischen Tarot-Karten und Runen. Obendrein schien es nur konsequent, dem Deutschtum optisch, mit einem eigenen Tarot-Kartenblatt, zum Durchbruch zu verhelfen. Originalton Glahn: »Zu einem deutschen Tarotbuch gehören eben auch deutsche Karten. Nunmehr haben die Deutschen neben Engländern, Italienern und Franzosen richtige Tarotkarten.« Die Zeichnungen dieses *Deutschen Original Tarot* führen schlichte Gestalten mit heroischem Gestus vor, teilweise ist eine stilistische Anlehnung an altägyptische Fresken erkennbar. Um die Auslegung zu erleichtern, tragen die Kleinen Arkana Beschriftungen, darüberhinaus auch astrologische Symbole und hebräische Buchstaben. Vgl. Nr. 10, 133, 189, 250.

43
Das Deva Tarot
1986 Roberta Lanphere, Madelaine Ulbing, Paul Catty und Herta Drnec
Verlag: Piatnik
93 Blatt. KT dt./engl./frz., BT dt.
Das Deva Tarot will gleich ein ganzes Bündel von Benutzungsmöglichkeiten bieten: »Meditation«, »Lebensberatung«, »Kommunikationsmöglichkeiten mit unsichtbaren und weitgehend unbekannten Intelligenzen«. Etwas Besonderes ist zunächst die quadratische Form der Karten. Doch das ungewöhnliche Format erfüllt hier nur dekorative Zwecke, während man sich anderswo etwas dabei gedacht hat (Nr. 13, 125). Attraktiv ist das

Spiel ohne Zweifel, allein schon als eine Art intergalaktischer Schönheits-konkurrenz. Angetan hat es den Spielautoren »die Deva«. Darunter verstehen sie »eine metaphysische Wort- und Lebensform, die normaler-weise nicht mit dem physischen Auge wahrgenommen werden kann.« Liegt hier Wesensverwandtschaft mit den *Devas*, den Göttern der brah-manisch-hinduistischen Mythologie, vor? Das ist nicht einfach zu ent-scheiden, denn die Ausführungen im Begleitheft sind vage wie ein vedischer Geheimtext. Unter dem Strich bleibt es jedoch bei denselben Weisheiten und Techniken wie in anderen Heften dieser Art auch. Unge-wöhnlich ist am *Deva Tarot* eigentlich nur eines: die Hinzufügung einer fünften Spielfarbe, »Triax«. Auch dafür lag die Quelle der Inspiration im Ewigen Indien. Die Elementenlehre des Hinduismus geht von fünf Ele-menten aus: Zu Feuer, Wasser, Erde und Luft tritt noch der »Äther« oder »Raum« (Sanskrit *âkâsha*). In der Tarot-Esoterik hingegen werden seit Éliphas *Lévi die vier Elemente der abendländischen Alchemie mit den vier Spielfarben der Karten parallelisiert. *Das Deva Tarot* führt nun eine fünfte Spielfarbe »Triax« ein, die dem *âkâsha* entsprechen soll.

Divination Tarot
S. Nr. 111.

44
I Tarocchi Dürer
1990 Giacinto Gaudenzi
Verlag: Lo Scarabeo
22 Blatt schwarzweiß. KT u. BT ital.
Die Italiener sahen in ihm lange den einzigen Künstler nördlich der Alpen, bei dem das Hinsehen sich überhaupt lohnte: Albrecht Dürer (1471-1528). Italienische Kopisten verbreiteten seine Motive in ihrem Land, und selbst große Künstler wie Caravaggio, Carpaccio und Tizian ließen sich von ihm anregen. Der junge Dürer wiederum schulte sein Talent an Werken italienischer Meister, unter anderem auch an jenem humanistisch-allegorischen Bildzyklus, der fälschlich als »Mantegna-Ta-rock« in die Kunstgeschichte einging (Nr. 99). Bedarf es weiterer Gründe für einen »Dürer-Tarot«? Giacinto Gaudenzi (s. auch Nr. 5) machte sich in Italien als Gestalter von Zeichentrickfilmen und Comics einen Namen, ließ sich dann aber von den Klassikern des Kupferstichs und der Radie-rung (Mantegna, Dürer, Goya) inspirieren. Gaudenzi ist kein Kopist, er setzt sich mit Dürer schöpferisch auseinander. Es geht ihm darum, »ein

mittelalterliches metaphysisches Universum wiederherzustellen: eine Welt, in der Personen Metaphern einer komplexen und widersprüchlichen Realität sind.« Zwar enthalten die *Tarocchi Dürer* auch direkte Rückgriffe auf Dürer: Die Gestaltung von TOD und TEUFEL hält sich eng an *Ritter, Tod und Teufel*; der Affe unter dem Wundertisch des GAUKLERS ist der *Jungfrau und Kind mit dem Affen* entlehnt und die MÄSSIGKEIT der *Melancholia* nachempfunden. Jede plumpe Parallelisierung zwischen Dürers Werken und dem Tarot wird jedoch vermieden. Hätte nicht der *Heilige Hieronymus im Gehäuse* ein probates Vorbild für den EREMITEN abgegeben? Und wäre nicht Dürers *Triumphwagen* eine prächtige Vorlage für den WAGEN gewesen? Doch gerade für diese Karten schafft sich Gaudenzi seine eigenen Motive, bleibt dabei allerdings dem Bestreben treu, den Stil des Nürnberger Meisters nachzuahmen. Der historischen Aura des Projektes gemäß, gab man den *Tarocchi Dürer* auch äußerlich das Aussehen eines alten Kartenspiels (derber Karton, eckiges Format).

45
Eclectic Tarot
1986 Josef Machynka.
Verlag: Piatnik
78 Blatt. KT u. BT dt.

Ursprünglich wollte Joseph Machynka nur für seinen persönlichen Gebrauch einen Satz Tarot-Karten malen. Schließlich trat er damit doch an einen Spielkartenverlag heran, und dieser zögerte nicht, das Spiel zum Schmuckstück seines Angebots zu machen. Eklektisch, d. h. Verschiedenes vermischend, ist Machynkas Arbeit, weil sie die Motivwelt des **Waite Tarot**, des **Marseiller Tarock** und des **Crowley Tarot** zusammenführt. Seine Bilder erzählen Geschichten; sie bauen eine Weltbühne des Magischen auf, irgendwo zwischen Mittelalter und kosmischer Überwelt. Ihre schillernde Buntheit und märchenhafte Versponnenheit sollte nicht darüber hinwegtäuschen, daß Machynkas Verhältnis zum Tarot von religiösem Ernst geprägt ist. In dieser Ambivalenz liegt eben ein typisches Merkmal des Lebensgefühls der *New Age*-Bewegung der achtziger Jahre. Als Maler bleibt Machynka Traditionalist. Er kann es sich bei seinem soliden Können leisten, auf die elektronische Sprühpistole zu verzichten; ihm reicht der Farbstift, um weich nuanciertes, glühendes Leuchten zu entfachen. Interessanterweise besann er sich auf ein Stilmittel christlicher

Votivmalerei: die besondere Behandlung des Lichtes. Licht ist in seinen Tarot-Bildern, ähnlich wie der Heiligenschein auf dem Madonnenbild, ein wichtiger Gegenstand der Darstellung. Ob als schillernde Aura um den MAGIER, ob von der SONNE verschwenderisch ausgeschüttet über zwei Menschenkinder, ob in prismatischen Formen gebrochen wie in der Gegenwart des Engels beim Jüngsten GERICHT, oder ob als Regenbogen, in den Freund Hein, der den TOD bringende Sensenmann, getaucht ist: Licht ist Leben, Repräsentanz des Überirdischen, und Machynka wird nicht müde,/diesen Symbolismus immer wieder aufs neue zu entfalten. Seine Abrundung erfährt der *Eclectic Tarot* durch einen vom Künstler selbst verfaßten Text, der ohne öliges Pathos in den ernsthaften Gebrauch von Tarot-Karten einführt.

46
Tarot Egipcio Adivinatorio

1988 Margarita Arnal Moscardó und Jordi Bernaus
Verlag: Naipes Comas
78 Blatt. KT span., BT span./engl.

Warum sollten Hersteller spiritueller Devotionalien im Wettkampf um Marktanteile zurückhaltender agieren als andere Produzenten? Um sich sein Stück aus dem internationalen Tarot-Kuchen herauszuschneiden, gedachte der emporstrebende spanische Spielkartenverlag Naipes Comas auch einen *»ägyptischen« Tarot herauszubringen. Kurzerhand wurde mit Hilfe des Grafikers Jordi Bernaus der **Egipcios Kier Tarot** (Nr. 47) umgestaltet. M. A. Moscardó (s. auch Nr. 111) verfaßte eine neue Interpretation der reichhaltigen okkulten Emblematik des Originals. Wie es von ihr erwartet wurde, schickte sie ihrer Auslegung eine blumige Legendarik voraus.

47
Egipcios Kier Tarot

Original vor 1978 J. Iglesias Janeiro; Neubearbeitung 1984
Verlag: U. S. Games
78 Blatt. KT u. BT engl.

Dies ist der einzige Tarot südamerikanischer Herkunft, der weltweit bekannt wurde. Er geht auf »Professor« J. Iglesias Janeiro zurück, dessen Buch *La Cabala de Prédiction* im Jahre 1955 bereits in zweiter Auflage in Buenos Aires erschien ([19] S. 272). Herausgeber war der Verlag Kier, dessen Name noch heute im Titel erscheint. Von allen *»ägyptischen«

Tarots bietet der *Egipcios Kier Tarot* wohl den weitestgehenden Einblick in die altägyptische Religion. Hier wurden auch die Kleinen Arcana komplett in ägyptischer Manier gestaltet; man verzichtete sogar auf die Einteilung dieser Kartengruppe in vier Spielfarben und auch auf die vier Ränge der Hofkarten. Stattdessen ist das gesamte Kartenblatt von 1 bis 78 durchnumeriert, um einen einheitlichen Bildzyklus zu schaffen. Jede Karte wird mit einem Motiv aus der altägyptischen Götter- und Symbolwelt sowie einem dazu passenden Titel verbunden. Schon auf den ersten Blick hebt seine Farbenpracht den *Egipcios Kier Tarot* von traditionellen »ägyptischen« Tarots ab. Götter, mythologische Wesen und religiöse Würdenträger sind vor einem in Goldmetallic schillernden Hintergrund postiert und tragen Gewänder in leuchtenden Farben. Die Fülle von Zeichen und Symbolen im oberen Kartenviertel und am Sockel jeder Karte hat allerdings weniger mit Ägypten als mit dem *Golden Dawn zu tun. Der *Egipcios Kier Tarot* bietet eine Mélange aus optischen Reizen und einem Reigen okkulter Emblematik; dennoch vermittelt er den Eindruck ästhetischer Geschlossenheit und gedanklicher Kompaktheit. Im Begleitheft teilt Stuart R. *Kaplan Wissenswertes und Unterhaltsames aus der Geisteswelt (und der Geisterwelt) der alten Ägypter mit.

48
I Tarocchi Egizi
Original 1896 R. Falconnier u. Maurice Otto Wegener; Neubearbeitung 1989 .
Verlag: Lo Scarabeo
22 Blatt; schwarze Strichzeichnung auf goldenem Grund. KT u. BT ital.; limitierte u. numerierte Aufl. v. 1123 Ex.
Während die Bilder des Tarot ihren Zauber behalten, sind die Geheimnisse der Geschichte des Tarot doch längst gelöst. Daran ändert sich auch nichts, wenn bereits geklärte Fragen nachträglich vergeheimnist werden. So geschieht es mit den *Tarocchi Egizi*, einer originalgetreuen Nachzeichnung der »22 Lames Hermétiques« (*Lamen) von Falconnier und Wegener aus dem Jahre 1896 (s. auch Nr. 24). In kühnem Modernismus wurden die alten Motive auf Goldgrund mit irisierendem Streifenmuster gedruckt. Den Karten ist eine Beschreibung beigelegt, die sich sehr wissenschaftlich gibt und Einzelheiten zur Biographie von Paul *Christian vorträgt. Ihn erklärt der anonyme Herausgeber der *Tarocchi Egizi* (Giordano Berti?) zum geistigen Vater der »22 Lames Hermétiques«. Angeblich stimmen die Motive Falconniers und Wegeners vollkommen mit Bildbeschreibungen Christians überein. Stimmt das wirklich? Christian

gibt z. B. keine genaue Schilderung des Teufels. »Ägyptisch« ist bei ihm
nur der Name der Karte (TYPHON), aber nichts am Bild, das er beschreibt ([5] 1. Bd., S. 106 f.). Falconnier und Wegener hingegen verliehen
TYPHON den Leib eines Nilpferdes und den Kopf eines Krokodils. Die
Karte, die üblicherweise DER TURM genannt wird, heißt bei Christian
ebenfalls so, und in seiner Bildbeschreibung spricht er ausdrücklich von
einem »Turm«. Auch für diese Karte nahmen erst Falconnier und Wegener
die Stilübersetzung »ins Ägyptische« vor, indem sie aus dem Turm eine
Pyramide machten. Die Reihe der Diskrepanzen zwischen den Bildbeschreibungen Christians und der Ikonographie der »22 Lames Hermétiques« ließe sich fortsetzen. Hinzu kommen aber auch begriffliche
Unterschiede zwischen Christian und Falconnier: Letzterer führte Kartentitel ein, die weder mit den herkömmlichen Kartentiteln noch mit
denen Christians etwas zu tun haben (vgl. [20] 2. Bd., S. 394). Die *Tarocchi
Egizi* jedoch wurden kurzerhand mit Christians Titeln bedruckt. In direk-
tem Widerspruch zur Lehre Christians steht die starre Zuordnung von
Sternzeichen und Planetensymbolen zu bestimmten Karten, die Falconnier für seine Karten vorsah. Christians Synthese von Tarot und Astrologie
zeichnete sich gerade durch ein flexibles Entsprechungssystem zwischen
astrologischer Symbolik und Tarot-Karten aus. Eben dadurch machte er
die »Tarot-Horoskopie« für professionelle Astrologen des ausgehenden
19. Jahrhunderts interessant. Die vom Herausgeber vorgenommene Um-
benennung der »22 Lames Hermétiques« in *Tarocco di Pitois* war also
wohl etwas vorschnell. Den Karten Falconniers und Wegeners sollte man
vielleicht doch ihren bisherigen Namen lassen, sonst müßte demnächst
auch noch der **Oswald Wirth Tarot** zum »Éliphas Lévi Tarot« erklärt
werden.

Tarocco Egiziano
S. Nr. 59

49

Egyptian Tarot

Original 1896 R. Falconnier u. Maurice Otto Wegener; Neubearbeitung
1978
Verlag: U. S. Games
78 Blatt. KT u. BT engl.

Die Geheimnisse des »ägyptischen« Tarot beruhen nicht zuletzt darauf,
daß seine Herausgeber nur zu gern Dichtung und Wahrheit zu einem
unentwirrbaren Knäuel verdröseln. Auch der *Egyptian Tarot* ist keine

geistesgeschichtliche Antiquität, sondern ein einfacher Abkömmling der »22 Lames Hermétiques« (vgl. Nr. 24 und 48). Anders als bei diesen wurden die Großen Arcana hier mit Titeln versehen; auch wirken die Figuren nicht mehr so eckig, sondern trotz hoher Stilisierung elegant und beweglich. Dem Herausgeber Stuart R. *Kaplan zufolge wurden diese Karten in Übereinstimmung mit dem Inhalt eines Buches gestaltet, das ein »Comte de St. Germain« im Jahre 1901 unter dem Titel *Practical Astrology* veröffentlicht habe (vgl. auch [3] S. 201). Im zweiten Band der *Encyclopaedia of Tarot* ([20] 2. Bd., S. 391) behauptet Kaplan darüberhinaus, dieser »Comte de St. Germain« habe im Jahre 1931 ein Kartenspiel nach Art der »22 Lames Hermétiques« veröffentlicht. Doch bildet Kaplan weder dieses Spiel ab, noch nimmt er das Buch jenes »Comte de St. Germain« in die Bibliographie der *Encyclopaedia of Tarot* auf. Was also hat es mit dem »Comte de St. Germain«, seinem Buch und seinen Karten auf sich? Sicher ist anscheinend nur, daß der amerikanische Okkultist C. C. Zain in seinem Werk *The Sacred Tarot* (1936) im Zusammenhang mit dem *Brotherhood of Light Tarot* von einem »Comte de St. Germain« spricht. Letzten Endes stammen die von Kaplan in das Begleitheft des *Egyptian Tarot* übernommenen Auslegungen der Karten von Paul *Christian (1811-1877). Er hatte im zweiten Buch des ersten Bandes seines Werkes *L'Histoire de la Magie* ([5]) bereits im Jahre 1870 dieselben Kartentitel und einen mehr oder weniger gleichlautenden Bedeutungskatalog vorgeschlagen. Christian wird von Kaplan jedoch mit keiner Silbe erwähnt.

Tarot Égyptien
S. Nr. 57

50
Gli Arcani di Elisabetta
1986 Elisabetta Cassari
Verlag: Edizioni del Solleone
22 Blatt in Übergr. KT ital., ohne BT; handkolorierte, limitierte Aufl. v. 99 Ex., numeriert und von der Künstlerin signiert.
Wer ein Tarot-Spiel von Elisabetta Cassari anschaut, mag darüber denken, was er will. Aber es ist unmöglich, gleichgültig zu bleiben. Legt man die Karten mißbilligend wieder weg, hinterlassen sie dennoch verblüfftes Erstaunen, und sei es nur darüber, daß man so lange hingeschaut hat. Das kafkaeske Szenario der *Arcani di Elisabetta* ist dem nicht unähnlich, das im **Solleone Tarot** (Nr. 160) und im **Future Solleone Tarot** (Nr. 72)

entfaltet wird. Die Faszination des Schreckens ist noch »hautnäher« erlebbar, denn die Künstlerin hat jede einzelne Karte mit eigener Hand koloriert. Auf diesen Bildern findet das Leben auf einem kargen Planeten statt, unter einer sehr nahen, doch nicht besonders warmen Sonne. Die dort lebenden Menschen haben 22 Prüfungen zu bestehen, zu denen Alleinsein, Gefangenschaft und Folter gehören. Hoffnung scheinen sie allein im Gebet und in der Beschwörung zu schöpfen. Behaupten können sie sich nur dann, wenn sie die dämonischen Züge von Wesen anderer Art annehmen, mit denen sie ihre unwirtliche Lebenswelt teilen. Koketterie mit der Ästhetik des Schreckens? Ausreizen letzter, gewagter Möglichkeiten, dem Tarot Aufmerksamkeit um jeden Preis zu sichern? Man würde es sich zu einfach machen, so zu urteilen.

51
Engel Tarot
1987 Alois Hanslian
Verlag: Aquamarin
22 Blatt in Übergr. KT u. BT dt.; m. Begleitbuch von Adolf Hanslian: Engel Tarot.
Der *Engel Tarot* ist nicht etwa die Enklave des Christentums innerhalb der spirituellen Ökumene des Tarot. Er ist einfach ein Ausdruck des Glaubens an jene überirdischen Wesen, die als Gottes Helfer und des Menschen Beschützer wirken sollen. Tarot ist für Adolf Hanslian »kein Gesellschaftsspiel, und mit Prophetismus oder Wahrsagerei hat es auch nichts zu tun. Man kann es eher als Meditationsform für den westlichen Menschen bezeichnen.« Darf man also die Engelbilder Hanslians als fromme Malerei des New Age betrachten? In ihrer einfach empfundenen, feierlichen Art tragen sie durchaus etwas von der Stimmung alter Heiligenbilder in sich. Technisch hat sich Hanslian am Phantastischen Realismus geschult, der in Ernst Fuchs einen Mystiker-Künstler par excellence hervorbrachte. Hanslians weich fließender, süßlicher Stil liegt aber auch auf der Linie populärer esoterischer Malerei der achtziger Jahre. Aus seinen Bildern spricht ein großes Bedürfnis nach Friede, Freude und Harmonie. Selbst TOD und TEUFEL verlieren unter seinen Händen alle Furchtbarkeit. Sie werden zu verführerischen Frauen, in wallende Gewänder gehüllt, und verbreiten nicht einmal mehr milde Schrecken. Im dazugehörigen Buch interpretiert Hanslian seine Karten mit Hilfe hinduistischer, christlicher, kabbalistischer, altägyptischer und griechischer Sinnbilder.

52
Enoil Gavat Tarot

1978 Giorgio Tavaglione
Verlag: U. S. Games
78 Blatt. KT ital., BT engl.

Giorgio Tavaglione gehört zu der heutigen Generation italienischer Tarot-Designer, die mit frischen Ideen und beachtlichem künstlerischen
Können aufwarten. Mehr als andere italienische Illustratoren fühlt er sich
der esoterischen Tradition des Tarot verpflichtet. Schon in der Namens-
gebung *Enoil Gavat Tarot* liegt eine Rückbesinnung. Wie einst Alliette
seinen Namen in *Étteilla umkehrte, so tat dies hier auch Tavaglione. Die
versteckte Anspielung auf Étteilla hat ihren Sinn, denn der französische
Altmeister der Tarot-Divination beeinflußte den *Enoil Gavat Tarot* ganz
erheblich. Dies geschah jedoch offenbar auf indirektem Wege, vermittelt
durch das Buch *Le Tarot Divinatoire* von *Papus, das stark auf Éttteilla
aufbaut. Darin ist der originale **Papus Tarot** (s. Nr. 138) abgebildet, an
dessen ägyptisierende Gestaltung Tavaglione anknüpft. Der *Enoil Gavat
Tarot* enthält sogar wichtige Details des ursprünglichen *Papus Tarot*, die
in dessen heutiger Ausgabe fehlen: nämlich die zahlreichen geheimwissenschaftlichen Codes auf den Kartenrändern der Großen Arcana, mit
deren Hilfe der gedankliche Horizont dieses Spiels ausgelotet werden
soll. Tavagliones Verwechslung des Sanskrit-Konsonanten *ba* mit dem
Halbvokal *va* auf der Karte der PÄPSTIN dürfte eine aufmerksame
Beobachterin in ihrer Meinung bestätigen, daß Tavaglione mit solchen
ernsten Dingen nur spiele, sie aber nicht wirklich verstehe ([29] S. 148).
Die Verspieltheit, der Reigen der Ornamente und okkulten Randzeichen
machen einen Tarot von Tavaglione aber gerade so dekorativ. Und ist
Tarot bei allem philosophischen Ernst nicht immer noch ein Spiel?
Vgl. Nr. 26, 58, 156, 236.

53
Entropy Tarot

1983 Shigeki Gomi
Verlag: Shigeki Gomi
22 Blatt; lila Motive auf weißem Grund. KT engl., BT engl./jap.

Der Japaner Shigeki Gomi ist von Haus aus Mediziner. Er gehört zu jenen
Esoterikern, die *naturwissenschaftliche Erkenntnis und Spiritualität in
einem höheren Bewußtsein von Mensch und Kosmos miteinander vereinigen wollen. Sein wissenschaftlicher Anknüpfungspunkt ist die Entropie,
eine makrophysikalische Zustandsgröße thermodynamischer Systeme.

Ihre Anwendung auf die Kosmologie besagt, daß die Bewegungsrichtung der physikalischen Prozesse im Weltall auf einen Zustand völliger Unordnung hin verläuft. Im Sinne des uralten esoterischen Prinzips der Entsprechung von Makro- und Mikrokosmos geht Shigeki Gomi von einer Synchronizität dieses kosmischen »Mega-Trends« mit der Entwicklung der modernen Gesellschaft aus. Der *Entropy Tarot* ist als ein spiritueller Gegenpol gegenüber der Tendenz zur Selbstzerstörung der technischen Zivilisation gedacht. In seinen Bildern will Gomi das Fließen universeller kosmischer Energie ausdrücken, in die sich der menschliche Geist einschalten könne. Die Gestaltung der Karten löst sich weitestgehend von den herkömmlichen Motiven; bevorzugt werden teils sphärisch-traumhafte Gebilde, teils geometrische Figuren, die im Weltraum zu schweben scheinen. Mit der *Airbrush*-Technik wurden stufenlose Übergänge von Hell und Dunkel erzielt und den Bildern eine stark räumliche, eben »kosmische« Tiefe gegeben. Das ganze Spiel ist in Lila und Weiß gehalten. Auch die Kartentitel wurden im Sinne des mystisch-naturwissenschaftlichen Gedankenhintergrundes reformiert. Dennoch sind grundlegende Inhalte herkömmlicher Tarot-Esoterik mitgedacht, denn jede Karte trägt einen hebräischen Buchstaben (die Zuordnung erfolgte nach dem Schema des *Golden Dawn). Den Danksagungen ist zu entnehmen, daß auch *Japan mittlerweile eine rege Tarot-Szene besitzt.

Tarot d'Épinal
S. Nr. 18.

54

Omaggio a Erté
1987 Amerigo Folchi
Verlag: Edizioni del Solleone
78 Blatt. KT u. BT ital.; limitierte u. numerierte Aufl. v. 1500 Ex.

Zu den Künstlern, von denen Amerigo *Folchi offensichtlich viel gelernt hat, gehört Erté (eigtl. Romain de Tirtoff, geb. 1892). Als Maler, Grafiker, Modeschöpfer und Designer wurde er nach dem Ersten Weltkrieg ein Protagonist der *Art déco*. Besonders durch seine Zeichnungen für das weltberühmte Modejournal *Harper's Bazar* (ab 1929 *Harper's Bazaar*) wurde Erté einer der Trendsetter des Schönheitsideals der »Goldenen Zwanziger«. Folchi läßt in seinem dritten Tarot die *Haute Couture* und den süffig-dekorativen Malstil des russisch-französischen Modeschöpfers wiederauferstehen. Er hütet sich aber, sein Vorbild einfach zu kopieren. Dessen Bildserien der *4 Asse*, der *Zahlen* und der *Edelsteine* (letztere von Erté in Verbindung mit Sternzeichen dargestellt) könnten eigentlich nahtlos in eine Tarot-Illustration übernommen werden. Gerade hier jedoch vermeidet Folchi jede Anleihe. Er beweist eigene Kreativität im Umgang mit den Stilmitteln und dem Motivmaterial Ertés. Das ebenso elegante wie ausgefallene Modedesign Ertés wird einer freien Bearbeitung unterzogen. Alle Karten zeigen extravagante Frauen, in luftige Kleider gehüllt, sanfte Erotik ausstrahlend. Folchis Hang zu verspielter Romantik tritt hervor, indem er im Gegensatz zu Erté seine Modelle nicht vor einem schlichten, meist einfarbigen Hintergrund erscheinen läßt, sondern sie mit einer raffinierten Ornamentik im Stil der *Art déco* umgibt.

55
El Gran Tarot Esoterico
1976 Maritxu Guler und Luis Peña Longa
Verlag: Fournier
78 Blatt. KT span., BT span./engl./frz./dt.

Selbst im Atomzeitalter braucht jedes Land eine Wahrsagerin, auch wenn sie nicht zu einer informellen Institution werden muß wie Frau Buchela, die unvergessene »Seherin von Bonn«. Die Holländer haben ihre Aimée (Nr. 188), die Franzosen ihre Madame Indira (Nr. 198 und 240), und die Spanier haben Maritxu Guler. Als typische Klientel dieser Damen gelten Größen aus Showgeschäft, Hochfinanz und Politik. Ein Denkmal setzte sich Maritxu, die »gute Hexe von Ulia«, wie sie der Volksmund nennt, mit dem *Gran Tarot Esoterico*. Dieser ist laut Verlagsankündigung der »in Entstehung und Gestaltung erste echte und rein spanische Tarot.« Doch auch in Spanien geht beim Tarot nichts ohne die heilige Überlieferung. Und wo wollte man sie hernehmen, wenn nicht aus dem Nachbarland Frankreich? Der *Gran Tarot Esoterico* ist eine Umgestaltung des **Marseiller Tarock**. So zeigt die GERECHTIGKEIT nicht mehr die Göttin Justitia, sondern offenbar den biblischen König Salomo. An Stelle des GEHÄNGTEN finden wir einen Marterpfahl (LA PICOTA) vor. Auch scheint die SONNE hier auf einen griechischen Tempel herab anstatt auf zwei tanzende Kinder; zudem bezeichnet diese Karte jetzt den »Kreislauf des Lebens« (EL CICLO). Das Blatt weist die für moderne spanische Tarots (vgl. Nr. 109 bis 111) typischen knalligen Farben und wuchtigen Figuren auf. Die esoterische Gedankenwelt des *Gran Tarot Esoterico* ist jedoch durchweg französischer Provenienz. Wie schon *Étteilla legt auch Maritxu Guler Wert darauf, daß jede Karte zwei ganz verschiedene Bedeutungen erhält (je nachdem, ob sie aufrecht oder verkehrt herum liegt) und daß zwei der Hauptkarten (MAGIER und PÄPSTIN) als Repräsentanten des männlichen bzw. der weiblichen Ratsuchenden (EL

CONSULTANTE, LA CONSULTANTE) fungieren. In der Zuordnung hebräischer Buchstaben zu den Karten folgt sie bei den Großen Arcana Éliphas *Lévi, bei den Kleinen Arcana *Papus. Auch die eine der beiden empfohlenen Legemethoden ist eine vereinfachte Version der (von Papus beschriebenen) »Originalmethode« Étteillas, während die andere von Stanislas de *Guaïta stammt und durch Oswald *Wirth überliefert wurde.

Tarot Español
S. Nr. 109.

Étteilla

(Nr. 56 bis 59)

Étteilla war als Kartenleger schon lange eine Pariser Berühmtheit, als *Court de Gébelin erkannte, daß sich das alte Tarockspiel bestens dafür eignete, der Kartendeutung eine schöngeistige Note zu verleihen. Der Ruf eines großen Wahrsagers eilt Étteilla auch heute noch voraus. Wer allerdings Tarot als spirituelle Disziplin ernst nimmt, hat meistens keine gute Meinung von ihm. Mit Étteillas schillernder Rolle wird ein wunder Punkt im Selbstverständnis der Praxis des Tarot berührt. Im Zwiespalt zwischen halbseidener Wahrsagerei und religiöser Emphase verbirgt sich wohl auch der tiefere Grund für die Hartnäckigkeit, mit der unter Tarot-Esoterikern seit fast eineinhalb Jahrhunderten ein kurioses Gerücht umgeht: Es heißt, Étteilla sei ein ungebildeter »Perückenmacher«, »Barbier« oder »Frisör« gewesen, und nur sein Hang zur Selbstdarstellung habe ihn Kartenleger werden lassen. Diese Behauptung geht auf den französischen Historiker Boiteau ([4] S. 321 ff.) zurück; sie wurde aber erst durch Éliphas *Lévi zur allgemeinen Überzeugung. In Wahrheit war Étteilla ursprünglich ein Rechenlehrer. Um das Jahr 1753 dürfte er ein professioneller Wahrsager geworden sein ([25] S. 9). Mit Fug und Recht kann man ihn als den eigentlichen Erfinder des Kartenlegens bezeichnen. Aus dem simplen Kartenorakel, das seit dem Spätmittelalter mit einfachen Spielkarten betrieben wurde, schuf er eine psychologisch durchdachte Methode der *Divination. Bereits im Jahre 1770 hatte er ein Buch über seine Kunst veröffentlicht. Er vertrieb auch ein speziell zum Wahrsagen eingerichtetes Spielkartenblatt und hielt öffentliche Kurse im Kartenlegen ab. Es gehört zu den Pikanterien in der Geschichte der Tarot-Esoterik, daß Court de Gébelin seit 1781 das Amt eines Literaturzensors bekleidete, und daß Étteilla 1783 beim Versuch der Veröffentlichung seines ersten Tarot-Buches Schwierigkeiten mit der Zensurbehörde bekam. Doch nichts konnte den Siegeszug seiner Ideen aufhalten; auch heute noch steht die Praxis des Tarot tief in seiner Schuld.

56 (Étteilla)
Grand Étteilla Tarot
Original um 1800; Nachdrucke aus laufender Produktion
Verlag: Grimaud
78 Blatt. KT u. BT frz./engl.

Im Jahre 1783 bekannte Étteilla, es sei seine Absicht gewesen, »die 78 Hieroglyphen des Buches Thot stechen zu lassen, so getreu den Originalen, wie es nur irgend möglich ist. Aber eingedenk der Kosten, der Anstrengungen und des vorherrschenden Geschmacks meines Jahrhunderts zog ich es vor, diese großartige Aufgabe der Nachwelt zu überlassen.« ([9] S. 124) Was der Meister selbst nicht schaffte, wurde von seinen Schülern wenige Jahre später besorgt. Es ist nicht weiter erstaunlich, daß der *Grand Étteilla Tarot* (Untertitel: *Tarot Égyptien*) so gar nichts »Ägyptisches« an sich hat. Weder waren die Hieroglyphen entziffert, noch bargen europäische Museen Kunstschätze, die man als Vorbilder eines »ägyptischen« Tarot hätte benutzen können (vgl. dagegen Nr. 24). Étteilla sollte also mit der Befürchtung Recht behalten, das »Buch Thot« würde im Geschmack des ausgehenden 18. Jahrhunderts gestaltet werden. Der *Grand Étteilla Tarot* ist ein Beispiel modegängiger Illustrationskunst jener Zeit, die sich an englischen Meistern wie Hogarth, Rowlandson und Gillray ausrichtete. Étteilla hatte weitreichende Vorstellungen über notwendige Veränderungen am **Marseiller Tarock**, um das ursprüngliche *»Buch Thot« wiederherzustellen. Änderungen struktureller Art, die er für nötig hielt, sind im *Grand Étteilla Tarot* zum größten Teil berücksichtigt. Die 22 Hauptkarten wurden in einer völlig anderen Reihenfolge angeordnet und erhielten weitgehend neue Titel. Nicht nur sie, sondern auch die 56 Nebenkarten sind, als Seiten im »Buche Thot« gedacht, fortlaufend numeriert. Mit dieser neuen Ordnung verband Étteilla astrologische, kabbalistische und numerologische Überlegungen. Jede Karte trägt darüberhinaus zwei Stichwörter, um ihre Interpretation zu erleichtern. Dies war der Ausgangspunkt der Gepflogenheit, eine Tarot-Karte unterschiedlich zu deuten, wenn sie aufrecht bzw. verkehrt herum liegt. Die im Begleitheft des *Grand Étteilla Tarot* geschilderte Anleitung zum Kartenlegen hat mit Étteilla nur wenig zu tun. Sie stammt aus einem Buch der polnischen Kartenlegerin Aldegonde Perenna aus dem Jahre 1826 (vgl. [8] S. 111).

57 (Étteilla)
Tarot Égyptien/Grand Jeu de l'Oracle des Dames

Original 1889 G. Regamey (Grafiker) und Haugard-Maugé (Lithograf);
Faksimile-Ausgabe 1982
Verlag: Éditions Dussere
78 Blatt. KT u. BT frz.

Als die Popularitätskurve des Kartenlegens im vorigen Jahrhundert un-
geahnte Höhen erreichte, war der **Grand Étteilla Tarot** (Nr. 56) das
Vorbild aller esoterischen Tarot-Spiele. Der *Tarot Égyptien* (ursprünglich
als *78 Tarots Égyptiens Grand Jeu de l'Oracle des Dames* erschienen)
gehört schon zur »dritten Generation« der Étteilla-Tarots des 19. Jahrhunderts. Motive und Beschriftungen der Karten haben längst ein Eigen-
leben gegenüber dem *Grand Étteilla Tarot* erlangt, und auch die
Herstellungsart ist eine andere (Chromolithographie statt Kupferstich).
Die Blütezeit dieses Kartentyps neigte sich dem Ende zu, als das *Grand
Jeu de l'Oracle des Dames* erschien. Längst hatten Éliphas *Lévi und Paul
*Christian die Tarot-Esoterik in spirituelle Dimensionen erhoben. Damit
war ein gedanklicher Gegenpol zur volkstümlichen Kartenlegerei »à la
Étteilla« geschaffen worden. In demselben Jahr wie das *Grand Jeu de
l'Oracle des Dames* erschien übrigens auch der **Oswald Wirth Tarot**. Der
Faksimile-Ausgabe des *Grand Jeu de l'Oracle des Dames* liegt ein (gekürz-
ter) Nachdruck der Schrift *Le Grand Étteilla ou l'art de tirer les cartes* von
Julia Orsini (1853) bei, die eine der renommiertesten Wahrsagerinnen
Frankreichs war.

58 (Étteilla)
Cartomanzia Italiana

Original Ende 19. Jahrhundert; Faksimile-Ausgabe 1983
Verlag: Edizioni del Solleone
78 Blatt. KT u. BT ital.; limitierte u. numerierte Aufl. v. 2000 Ex.

Italien wurde verhältnismäßig spät von der Mode des Kartenlegens er-
griffen, die, von Frankreich ausgehend, im Laufe des 19. Jahrhunderts in
ganz Europa an Boden gewann (s. auch *Lenormand). Vor dem Ende des
19. Jahrhunderts jedenfalls ist eine Tarot-Divination (*Divination) für
Italien weder aus literarischen Quellen noch durch den Fund eines esoterischen Kartenspiels nachgewiesen worden. Erst die *Cartomanzia Italiana* markiert ihren Durchbruch auch hier, im Mutterland des Kartenspiels *Tarock. Jedes der 78 Blätter der *Cartomanzia Italiana* ist mit zwei
Wahrsagebedeutungen beschriftet, die im großen und ganzen den französischen Étteilla-Tarots (Nr. 56 und 57) entsprechen. Alle Karten sind

fortlaufend numeriert, die Großen Arcana allerdings wieder in die Reihenfolge des **Marseiller Tarock** gebracht und mit den herkömmlichen Titeln versehen. Die Gestaltung der Großen Arcana ahmt teilweise das **Lombardische Tarock** des Carlo Dellarocca (Nr. 92) nach, teilweise eine ägyptisierte Variante des **Grand Étteilla Tarot** (Nr. 56) aus dem 19. Jahrhundert (Abb. in [7] S. 136; [20] 1. Bd., S. 143). Unter den Kleinen Arcana verblüfft das As der Münzen. Es zeigt die Göttin Fortuna mit ihrem Füllhorn, auf einem Rad über den Wolken schwebend. Der Aufbau des Motivs erinnert auffällig an die Karte »Glück« in deutschen und österreichischen Wahrsagekartenspielen (vgl. Nr. 195 und 220).

59 (Étteilla)
Tarocco Egiziano
1968
Verlage: Altenburg-Stralsunder, U. S. Games
78 Blatt. KT ital./span., BT engl.

Der *Tarocco Egiziano*, erstmals zu Beginn der heutigen *»Tarot-Renaissance« unter dem Titel *Suprema Arte Egizia* in Italien erschienen, ist ein Kartenblatt, in dem die Gestaltungsprinzipien des Étteilla-Tarot mit anderen Elementen vermischt werden. Nach Art populärer Wahrsagekarten des 19. Jahrhunderts (vgl. *Lenormand) wurde jede Karte in Sektoren unterteilt. Drei Fünftel der Gesamtfläche nimmt ein Motiv ein, das dem **Grand Jeu de l'Oracle des Dames** (Nr. 57) entlehnt wurde. Innerhalb dieses Sektors erscheinen auch die Kartentitel Étteillas in spanischer Sprache. Die verbleibende Kartenfläche wurde wie folgt gestaltet: Bei den Großen Arcana enthält sie ein Piktogramm (vgl. Nr. 222), das ägyptischen Hiero-glyphen nachempfunden wurde, sowie einen doppelt gedruckten hebräischen Buchstaben. Die Zuordnung zwischen hebräischen Buchstaben und Großen Arcana entspricht dem Schema des amerikanischen Esoterikers John H. Dequer (s. auch Nr. 112). Jedes Kleine Arcanum zeigt anstatt eines hebräischen Buchstabens die Abbildung einer gewöhnlichen Spielkarte in französischen bzw. italienischen Farben. Dieser verzwickte Symbolapparat wird in der Anleitung von Stuart R. *Kaplan allerdings mit keinem Wort erklärt. Er zählt in verkürzter Form die Kartendeutungen von *Papus auf ([28]) und beschreibt dieselbe Legemethode wie stets: das sogenannte »Keltische Kreuz« von A. E. *Waite.

60
Tarocco Favoloso

1986 Piero Alligo und Michelangelo Gaulio
Verlag: Il Meneghello
78 Blatt. KT u. BT ital.

Die Themenpalette für Tarot-Spiele ist immer bunter geworden. Dem Bereich von *Scherz und Satire haben P. Alligo und M. Gaulio mit dem *Tarocco Favoloso* (»Fabel-Tarot«) ein Werk voll bissigen Humors und bizarrer Ideen hinzugefügt. Darin wird das Bildmaterial der Tarot-Motive teilweise genutzt, um menschlich-allzumenschliche Schwächen und Unvollkommenheiten lächerlich zu machen, teilweise wird der Tarot aber auch selbst durch den Kakao gezogen. In die Schußlinie der beiden respektlosen Italiener gerät vor allem das Paradebeispiel esoterischer Gegenwartskultur, der **Waite Tarot**. Einige seiner Motive wurden einer vielsagenden Verwandlung unterworfen: Der in Träume versunkene Jüngling auf der Vier der Kelche des *Waite Tarot*, eine für den romantischen, etwas süßlichen Darstellungsstil Pamela Colman-Smiths sehr charakteristische Gestaltung, mutiert im *Tarocco Favoloso* (Sieben der Kelche) zum heruntergekommenen Glücksritter, der mit dem Teufel um seine Seele würfelt. Die Acht der Schwerter des *Waite Tarot* zeigt eine zarte Frau in Verbannung und Gefangenschaft. Das Pathos tragischer Hoffnungslosigkeit dieses Motivs wird im *Tarocco Favoloso* (Sechs der Schwerter) zur verblüffenden Groteske, indem der Frau eine Rüsselnase verpaßt wird. Diese teilweise Verwandlung von Menschen in Tiere, die durch *Grandville berühmt gemachte *hommes-bêtes*-Karikatur, wird auf vielen Bildern weidlich ausgenutzt, um komische Effekte zu erzielen. In der spielerisch freien Verwandlung der Realität beweisen Alligo und Gaulio eine bewundernswerte Phantasie. Durchaus nicht alles ist als Seitenhieb gemeint, oft ist es einfach eine unbändige Fabulierlust, die zu mancher Metamorphose der überlieferten Bilder geführt hat. Als Gegenentwurf zur geltenden Norm in der Welt des Tarot leistet der *Tarocco Favoloso* einen beachtlichen Beitrag. Zur Einstimmung hält Osvaldo *Menegazzi ein flammendes Plädoyer für eine symbolreiche und geheimnisvolle Welt der magischen Karten, in der »die Maßeinheit der Wahrheit jene Prise Verrücktheit ist, die das Salz des Lebens ausmacht.«
Vgl. Nr. 137.

61
Tarocco della Felicita

1984 Amerigo Folchi
Verlag: Edizioni del Solleone
78 Blatt. KT u. BT ital.

Die künstlerische Heimat Amerigo *Folchis, so erfährt man von seinem Entdecker und Förderer Vito *Arienti, liege in der verinnerlichten Bildsprache der Symbolisten. Nicht zuletzt aber wurde dieser Künstler vom *Jugendstil mit seinem Ideal der Freude und Schönheit geprägt. Besonders deutlich wird dies am ersten Illustrationszyklus Folchis, dem »Tarot der Glückseligkeit«. Er behandelt ein ausgesprochen diesseitiges Glück, nämlich die romantische Liebe. Ein verschwenderisches Dekor umfließt die sanften Traumgestalten auf diesen Karten. Sie lachen, hoffen, lieben sich, tragen überschäumendes Lebensgefühl zur Schau oder entsagen sehnsuchtsvoll. Ein Beispiel positiven Denkens liefert die Karte MÄSSIGKEIT. Das Bild lehnt sich offenbar an die Zeichnung *A Snare of Vintage* von Aubrey Beardsley (1872-1898) an, dessen Buch- und Zeitschriftenillustrationen in ihrer genialen Raffinesse und dekadenten Schönheit als Glanzpunkte der englischen *Art nouveau* gelten. *A Snare of Vintage* zeigt, wie Männer in einem Lustgarten Geschlechtsverkehr mit Frauen haben, die teilweise Weinstöcke sind, und wie die Männer dadurch unfreiwillig ebenso zu Weinstöcken werden. Auch bei Folchi gehen die Gliedmaßen des Liebespaares in pflanzliche Formen über, doch aus den Weinstöcken sind Rosenstöcke geworden, und eine Girlande von blühenden roten Rosen umschlingt Mann und Frau als Zeichen der Liebe.

62
Tarocco Storico della Citta di Ferrara

1987 Amerigo Folchi
Verlag: Italcards
78 Blatt. KT u. BT ital./engl.; limitierte u. numerierte Aufl. v. 3000 Ex.

Im Jahre 1442 machte der Schreiber des Markgrafen Borso d'Este von Ferrara in das »Verzeichnis der Aufträge« eine schlichte Eintragung: »Ein Satz Trumpfkarten« *(pare uno de carte da trionfi)*. Sie ist ein Beweis dafür, daß damals vom Ferrareser Hof ein Tarock Spiel in Auftrag gegeben wurde. Gleichzeitig ist dies der früheste Hinweis auf die Existenz von Tarock-Karten (vgl. [8] S. 67). Da also das oberitalienische Ferrara für immer mit der Geschichte von *Tarock und *Tarot verbunden ist, sah es Amerigo *Folchi als besondere Ehre an, einen *Souvenir-Tarot für diese Stadt zu gestalten. Wie schon bei dem Spiel, das er für seine Heimatstadt

Pistoia entwarf (Nr. 143), nahm er sich der Aufgabe nicht ohne eingehende Kenntnis der Stadtgeschichte an. Erläuterungen dazu finden sich in der Einführung. Typisch für Folchi ist die geschickte Verschmelzung modernen Farb- und Formempfindens und mittelalterlicher Motive. Jede einzelne Karte wurde mit filigranem Pinselstrich und mit großer Detailfreude gemalt. Als Ganzes ist die Reihe der Bilder von stilistischer Geschlossenheit. Auch die Kleinen Arcana wurden durchgehend illustriert, wobei hier und da Motive des **Waite Tarot** durchscheinen.

63
22 Arcani Fiabeschi
1986 M. Elena Pecchio
Verlag: Il Meneghello
22 Blatt. KT ital., BT ital./frz./engl.; limitierte u. numerierte Aufl. v. 2500 Ex.

Märchenhaft (ital. *fiabesco*) ist der Tarot in der Tat, eine Traumwelt voll poetischer Phantastik. Doch hatte niemand die Märchenhaftigkeit selbst zum Thema eines Tarot-Spiels gewählt, bevor sich M. Elena Pecchio, Architektin in Mailand, dazu inspirieren ließ. Sie entwarf nicht etwa einen »Märchen-Tarot«, in dem Hänsel und Gretel, Rumpelstilzchen und Hans im Glück zu Symbolfiguren des Kartenlegens werden. Allein durch ihren tänzerisch beschwingten Malstil, der Märchenbuchillustrationen der dreißiger Jahre nicht unähnlich ist, verzaubert sie alle Motive in eine romantische Traumwelt. Die Frauen elfenhaft zart, wie auf den Karten KRAFT und MÄSSIGKEIT, oder zu edler Reinheit erhöht wie bei der GERECHTIGKEIT und der KAISERIN; die Männer jünglingshafte Gestalten, wie NARR und KAISER, oder vergeistigte Weise, wie MAGIER und EREMIT: sie alle sehnen sich nach Schönheit und Bezauberung. Fast ist es ein kleines Wunder, daß diese blütenhafte, frühlingsgleiche Harmonie nicht in den Kitsch abgleitet. Aber gerade weil alles so schlicht und ergreifend ist, verbietet sich jedes herablassende Lächeln. Vielleicht wird dem einen oder anderen mit diesen Bildern tatsächlich ein kleines Stück märchenhafter Geborgenheit der Kindheit wiedergeschenkt.

64
I Fiori Divinatori
1980 Osvaldo Menegazzi
Verlag: Il Meneghello
22 Blatt. KT ital., BT engl.; limitierte Aufl. v. 1500 Ex., v. Autor signiert u. numeriert; auch in Mini lieferbar.

Wer dem Publikum seinen exzentrischen Gestaltungswillen auf so charmante Weise aufzuzwingen vermag wie Osvaldo *Menegazzi, der darf bisweilen auch mit dem Beifall der Gralshüter des Mysteriums Tarot rechnen. Geschulte Augen erkennen auf seinen Karten selbst da noch tiefgründige Wahrheiten, wo eigentlich nur das vergnügliche Spiel mit Bildern, Zeichen und Symbolen gepflegt wird. Eine sensible Interpretin schreibt, er wolle »mit diesen direkt aus der Natur gegriffenen Bildern etwas Wesentliches in der Seele berühren« ([29] S. 27). Im Falle der *Fiori Divinatori* sagt es der Künstler mit Blumen (was auch immer er sagen will). Wer die 22 Großen Arcana des Tarot bereits kennt, wird hinter der botanischen Verkleidung alte Bekannte wiederentdecken. Osvaldo Menegazzi versteht und spricht offensichtlich beides: die Sprache des Tarot und die Sprache durch die Blume.

Flämisches Tarock

(Nr. 65)

Nicht gar so unergründlich wie die Wege des Schicksals, aber doch schon etwas verzwickt, ist der Weg des Tarockspiels durch die Geschichte und Geographie Europas. In Flandern beispielsweise spielte man im 18. Jahrhundert mit einem Typ von Tarock-Karten, dort *»Cartes de Suisse«* (schweizerische Karten) genannt. Sie sind jedoch in der Schweiz selbst nicht nachweisbar. Unstreitig sind die Vorbilder dieser Art von Karten in Nordfrankreich zu suchen, denn ihre Ähnlichkeit mit dem **Viéville Tarock** (Nr. 172) ist unverkennbar. Um das Jahr 1700 war die nordfranzösische Tarock-Tradition jedoch schon erloschen; ihre Bedeutung für das Flämische Tarock des späten 18. Jahrhunderts wurde von den Brüsseler Kartenmachern möglicherweise nicht einmal mehr erahnt. Mißverständnisse in der Wiedergabe der alten Motive und Rechtschreibfehler bei der Beschriftung mit den französischen Kartentiteln sind im Flämischen Tarock keine Seltenheit. Es besitzt eine Gemeinsamkeit mit dem **Besançon Tarock** und dem **Bologneser Tarock**: Die Darstellung von PAPST und PÄPSTIN wurde vermieden. Statt ihrer dienten der Hauptmann Fracasse aus der italienischen *Commedia dell'Arte* sowie der römische Gott der Ekstase und des Rausches, Bacchus, als Trümpfe No. 2 und No. 5.

65 (Flämisches Tarock)

Vandenborre Bacchus Tarot

Original um 1780 François-Jean Vandenborre; Faksimile-Ausgabe 1974
Verlage: Aurelia Books und Carta Mundi
78 Blatt. KT frz., BT engl.

Als Vertreter des Flämischen Tarock zeigt das Spiel des Brüsseler Kartenmachers Vandenborre eine Reihe von Besonderheiten. Die meisten Motiv-Varianten sind bereits aus dem **Viéville Tarock** (Nr. 172) bekannt. Charakteristisch für diesen Typ des alten Tarockspiels sind die schwarz-weiße Umrandung der Bilder und die massigen Figuren. Die Gesichter tragen durchweg zufriedene, geradezu fröhliche Züge. Wollte man damit unterstreichen, daß diese Gestalten dem Herrschaftsbereich des Gottes des Weines und des Rausches, Bacchus, unterstehen? Er erscheint, auf einem Weinfaß sitzend, in diesem Spiel an Stelle des PAPSTES. Der eigentlich italienische Hauptmann Fracasse wird als LE'SPAGNOL CA-PITANO ERACASSE kolportiert. Dieser Streich ahnungsloser belgischer Kartenmacher früherer Jahrhunderte wurde von ihren heutigen Kollegen noch übertroffen. Im vorliegenden Fall behaupten sie allen Ernstes, das Flämische Tarock sei von je her zur Wahrsagerei bestimmt gewesen. Neben einer Anleitung zum Kartenlegen erfährt man im Begleitheft aber auch noch Wissenswertes zur wirklichen Entstehungsgeschichte dieser eigentümlichen Karten.

Tarot des Fleurs
S. Nr. 205.

66
Flying Hearts Tarot

1988 »Flying Hearts Company« (Pepé Testa, Elisabeth Rammacher, Gayaka Backheuer, Prem Prabhati, Gisela Struve, Vera Wetjen, Atit Kaviraj)
Verlag: Hermann Bauer
78 Blatt in Übergr. KT dt; im Set mit Begleitbuch der »Flying Hearts Company«: Lachend das Leben spielen.
»Die einzige Spielregel beim Tarot ist, daß es keine Spiel-Regel gibt. Wer spielt, der regelt.« Wer so etwas schreibt, will frischen Wind in die Gedankenschwüle bringen, die über dem Kartenlegen bisweilen liegt. Die »Flying Hearts Company« erwartet vom Streben nach Erleuchtung vor allem eines: gute Laune. Da verblaßt die Tarot-Nomenklatura zur fernen Erinnerung: Der NARR hebt als »Narr im Glück« zur Vergügungsreise ab, der HERRSCHER präsentiert sich stolz als »Lebemann«, und der PAPST findet sich als »spiritueller Meister« im Nirvana auf dem Rücken einer Schildkröte wieder. An Stelle von KRAFT ist »Samba« angesagt und statt MÄSSIGKEIT »Selbstbestimmung« gefragt. Staubwischen nennen sie solche Begriffsreformen, die Tarot-Rebellen von der Flying Hearts Company, und mit witzig-origineller Gestaltung wollen sie gleich noch

eins draufsetzen. Dazu bedienen sie sich der Collage (vgl. Nr. 175 und 245). Schnappschüsse und Gemälde, Sprüche und Zeichnungen, Mensch und Tier, Eros und Mythos, Kitsch und Kunst: alles wird gebraucht, damit sich der ganze Kosmos über 78 Tarot-Slapsticks vor Lachen biegen kann. Der *Flying Hearts Tarot*, eine heilsame Verblüffung für alle, die den spirituellen Ernst gepachtet haben? Es wäre zu hoffen. Doch so ganz ohne Sendungsbewußtsein kommt man auch bei der Flying Hearts Company nicht aus. Es sei dahingestellt, ob darin eine Erbschaft der *Bhagwan-Bewegung zu sehen ist, der ein Teil der lustigen Gesellschaft angehört (hat). Im dazugehörigen Buch wird jedenfalls ein erstaunlicher Ehrgeiz bewiesen, auch noch mit Worten zu überzeugen. Aber wer wird diesem Dauer-Sprachbad, das zwischen Erleuchtungslyrik und schnoddrigem Szenenjargon hin und her schwappt, an Geist und Seele geläutert entsteigen? Es dürfte sogar allen schwerfallen, die das geschliffene Wort als Weg zur Erlösung ansehen.

67
I Tarocchi della Follia
1988 Alessandro Baggi
Verlag: Lo Scarabeo
38 Blatt schwarzweiß. KT u. BT ital.

Eine ketzerische Herausforderung für alle, die dem Tarot gegenüber religiöse Gefühle hegen, ist der »Tarot des Wahnsinns« von Alessandro Baggi, der als Künstler von der anspruchsvollen Comic-Illustration herkommt. Baggi ist ein brillanter Zeichner, so daß seine Bilder auch dann bewundernswert bleiben, wenn man sich aus einem spontanen Gefühl heraus abwenden möchte. In gezielter Dosierung nimmt er allen Figuren das Menschlich-Angenehme; mal mehr, mal weniger. Er stellt sie in extremer Magerkeit, in verdrehten Haltungen und in schamlosen Posen dar. Manche läßt er gar zur Frankenstein-ähnlichen Schreckgestalt mutieren. Im beigelegten Prospekt beschreibt Giulio C. Cuccolini ausführlich gleich mehrere historische Stilrichtungen (Symbolismus, Jugendstil, Expressionismus), die Baggi in seiner Zeichenweise verarbeite. Ein solcher Aufwand an Kunsttheorie wirkt doch etwas erzwungen, auch wenn im *Tarot des Wahnsinns* gewisse Anklänge an erotische Darstellungen des Expressionisten Egon Schiele erkennbar sein mögen, oder wenn durch das eine oder andere Motiv der *Jugendstil durchscheint. Letztlich ist Baggis Tarot-Vision von solcher Eigentümlichkeit, um nicht zu sagen Ungeheuerlichkeit, daß sie ihren spröden Charme nicht zuletzt daraus gewinnt, indem sie in keine Schublade paßt.

68
Le Tarot Français

1984 Anne-Marie und Gilles Hipeau
Verlag: Imagerie Maat
78 Blatt in Übergr. KT u. BT frz.; handkolorierte, limitierte u. numerierte Aufl. v. 250 Ex.

Anne-Marie und Gilles Hipeau (*Imagerie Maat) halten die Tarot-Legendarik in allen Ehren. Dies aber nicht, um schale Okkult-Romantik aufzuwärmen, sondern weil für sie der Mythos Tarot von einer poetischen Schönheit ist, die eine noch so akkurate Geschichtsschreibung nicht zu schmälern vermag. Der *Tarot Français* interpretiert die Motivwelt der Großen Arcana in gedanklicher Freiheit, im Malstil angelehnt an Buchillustrationen des 14./15. Jahrhunderts. Nicht unerfahren in der Nachschöpfung historischer *Tarocke, schuf man ein Kartenblatt, das fast nur durch die Frische des Materials von einem uralten Kartenspiel zu unterscheiden ist. Den Gepflogenheiten der Branche hätte es vielleicht entsprochen, den *Tarot Français* als neu entdeckte spirituelle Antiquität zu lancieren. Beispiele für ein *Corriger la fortune* dieser Art gibt es genügend (vgl. Nr. 15, 77, 103). Doch so etwas ist nicht Sache der Imagerie Maat; dazu hat man dort zuviel Respekt vor einer Überlieferung, die man im rechten Geist und mit gutem Stil fortführen will.

69
Symbolisches Freimaurertarot

1987 Paul Beauchard
Verlag: France Cartes
78 Blatt. KT frz./engl., BT frz./engl./dt.

Nicht nur Friedrich der Große, Mozart, Goethe und andere Geistesgrößen des 18./19. Jahrhunderts waren *Freimaurer, sondern auch Antoine *Court de Gébelin, der Vater der Tarot-Esoterik. Wie der Aufklärer Voltaire und der amerikanische Botschafter und Erfinder Benjamin Franklin war er ein Mitglied der Pariser Loge Neuf Soeurs (»Neun Schwestern«). Court de Gébelin hatte seinen Anteil daran, daß die in England begründete Freimaurerei in Frankreich einen ausgeprägt mystischen Zug erhielt. Es sollten jedoch noch gut zwei Jahrhunderte vergehen, bevor sich die *Divination mit Tarot-Karten freimaurerischer Symbole bediente. Paul Beauchard unterzog sich der Aufgabe, das Gedankengut der Freimaurerei und die Tarot-Esoterik aufeinander abzustimmen. Das Ergebnis seiner Arbeit, der *Symbolische Freimaurertarot*, ist ein ebenso tüftelig wie phantasievoll gestaltetes Kartenblatt. Seine »pythagoräische Note« ist unverkennbar: Inmitten geometrischer Formen, umrahmt von

Zahlensymbolik, kabbalistischen, astrologischen und alchemistischen Zeichen stehen die Bildmotive. Sie zeigen sich teils sachlich-konkret, teils surrealistisch-verspielt und in einer fast exzentrisch anmutenden Farbenpracht. Die Hilfestellungen des Begleittextes zum Verständnis und Gebrauch der Karten erschöpfen sich nicht in der Aufzählung von Wahrsagebedeutungen. Neben der Freimaurerei werden astrologische, kabbalistische und tantristische (!) Aspekte berührt. Offensichtlich geht es hier nicht darum, die Epistel der Freimaurerei nachzubeten, sondern eine romantisch-okkulte Gedankenwelt auf eigene Faust zu erkunden.

70
22 Arcani Fumatori
1981 Osvaldo Menegazzi und Giovanni Scarsato
Verlag: Il Meneghello
22 Blatt. KT u. BT ital.; limitierte Aufl. v. 2500 Ex., davon 1000 Ex. vom Autor signiert und numeriert.

Böse Zungen behaupten, an ehrlichem Ernst bestehe kein Mangel mehr in der Tarot-Gemeinde, wohl aber nun an der Fähigkeit, auch einmal über sich selbst zu schmunzeln. Doch niemand wird behaupten, daß dies die Schuld von Osvaldo *Menegazzi sei. Ihn könnte man den »Loriot des Tarot« nennen, denn er ist ein Meister der Persiflage. Einer seiner gelungensten Streiche ist die Verwandlung des Tarot in eine Menagerie des menschlichen Lasters No. 1. Die 22 »Raucher-Arcana«, mit getürkter Steuerbanderole, verpackt im Format einer Zigarettenschachtel, sind ein Schlag ins Gesicht für allzu verbissene Bemühungen, aus einem Kartenspiel ein Weisheitsbuch der Menschheit zu machen. Dies wäre kein Tarot von Menegazzi, wenn nicht alles, auch bis aufs I-Tüpfelchen, stilvoll durchgestaltet wäre. Die 22 Repräsentanten der Tarot-Weisheit wurden in mittelalterlicher Manier kostümiert (man vergleiche etwa *Konrad Bollstatters Losbuch*, ein berühmtes Wahrsagespiel des 15. Jahrhunderts [31]). Nur saugen bei Menegazzi alle Personen genüßlich an Pfeifen aus Meerschaum (die erst seit dem 18. Jahrhundert in Gebrauch sind). Geschichtsfälschungen dieser Art, kleine verspielte Marotten, wird man Menegazzi gern nachsehen. Unter Tarot-Pharisäern könnte allerdings Anstoß daran genommen werden, wie er dem GEHÄNGTEN erlaubt, sich seine unerfreuliche Lage zu erleichtern (durch Rauchen natürlich). Selbst der Hund, der nach alter Tradition den (ebenfalls rauchenden) NARREN ins Bein beißt, scheint zu flehen: Laß mich doch mal zieh'n! Noch irgendwelche Fragen zur Vereinbarkeit von Selbstversenkung und blauem Dunst? Dann bitte unter Nr. 163 nachschauen.

71
Tarocco i Funghi Piu Belli del Mondo

1987 Osvaldo Menegazzi
Verlag: Il Meneghello
22 Blatt in metallenem Zigarettenetui. KT u. BT ital.; limitierte u. numerierte Aufl. v. 2000 Ex.

Alle Welt kennt die *Pizza i Funghi*. Dank Osvaldo *Menegazzi kann man jetzt eine weitere italienische Spezialität kennenlernen, auf der der freie Platz mit Pilzen belegt wurde: den *Tarocco i Funghi*. Man mag vielleicht fragen, was Pilze in einem Weisheitsbuch der Menscheit zu suchen haben. Menegazzi allerdings wäre der letzte, der sich von solchen engherzigen Zweifeln anfechten ließe. Für ihn ist Tarot ein geistreiches Spiel, oder besser: eine Spielwiese seiner Phantasie, auf die er virtuos seine eigenen Ideen pflanzt. Warum also nicht auch einmal Pilze? Anknüpfungspunkte zwischen dieser Abteilung des Pflanzenreiches und den Großen Arcana des Tarot scheint es genügend zu geben: Der Fliegenpilz, eine malerische Erscheinung, die das Verderben in sich trägt, wird zum GAUKLER. Der Steinpilz, unter seinesgleichen ohnehin der Herrscher auf der Speisekarte, avanciert auch im Tarot zum HERRSCHER. Von jenem widerlich riechenden, mit feuerrotem Stiel aus dem Erdreich wachsenden Exemplar dagegen ist die Herkunft aus der Unterwelt bekannt, sonst hieße es nicht Teufelspilz. Selbstverständlich nimmt es auch im Pilz-Tarot das Amt des TEUFELS ein. Eine Frage allerdings bleibt offen: Warum wurde der Hohen Morchel ausgerechnet die Funktion des TODES übertragen, wenn sie doch eßbar sein soll? Aber als Nachschlagewerk beim Pilzesuchen ist der *Tarocco i Funghi* wohl nicht gedacht. Allerdings würden die Karten selbst bei einem Gang durch feuchte Wälder in dieser soliden Verpackung keinen Schaden nehmen.

72
Future Solleone Tarot

1987 Elisabetta Cassari
Verlag: Edizioni del Solleone
78 Blatt. KT u. BT ital.

Er kam spät, doch er mußte kommen: der erste *Science Fiction*-Tarot. Angedeutet wurde diese Möglichkeit schon mit dem **Voyager Tarot** (Nr. 175) und mit dem **Entropy Tarot** (Nr. 53). Aber erst Elisabetta *Cassari schöpfte konsequent die gestalterischen Möglichkeiten aus, die an der Schnittstelle von literarischer und spiritueller Utopie liegen. Mit dem *Future Solleone Tarot* »wollte ich zwei Welten miteinander verbinden, die nur scheinbare Gegensätze bilden: die Welt der *Science Fiction* und die Welt der Esoterik,« schreibt sie selbst. In der Tiefe des Raumes, auf 78 Stationen außerirdischen Daseins, spielt sich ein Schöpfungsdrama ab. In das CHAOS eines dunklen, unwirtlichen Planeten bringt ein Astronaut das LICHT des Lebens. Kreaturen entstehen, erst VÖGEL UND FISCHE, dann DAS MENSCHLICHE GESCHÖPF und natürlich auch Urmächte wie KRAFT, GLÜCK und TOD, verkörpert als Abkömmlinge einer höheren, gottgleichen Rasse. Der Hang der Künstlerin zu einer etwas blutrünstigen Ästhetik ist in diesem Werk sichtlich gemildert. Es werden sogar humorvolle Akzente gesetzt, etwa auf der Karte DIE RUHE: Sie zeigt den Astronauten, der das Licht des Lebens brachte, nach vollendetem Schöpfungswerk in künstlicher Schwerelosigkeit oberhalb des »Erd«bodens schlafen. So manche Anregung für dieses Szenario lieferte der **Grand Étteilla Tarot** (Nr. 56); die hier angeführten Karten enthalten sogar unmittelbare Entlehnungen daraus. Während die Großen Arcana die Evolution von Daseinsqualitäten zeigen, werden in den Kleinen Arcana vier Sphären der Existenz mitsamt den Wesen, die sie bevölkern, vorgeführt. Jede dieser Sphären wird von einem der Elemente Feuer, Wasser, Erde, Luft genährt und beherrscht. Bei der Erschaffung dieser futuristischen Welt entstand offenbar ein wenig Verwirrung in der Numerierung der Großen Arcana. Während die Reihenfolge der Beschreibungen die des *Étteilla Tarot* ist, wurde das Kartenblatt selbst (soweit möglich) der Anordnung des **Marseiller Tarock** angepaßt. So haben die Benutzer des *Future Solleone Tarot* selbst zu entscheiden, welcher Stufenleiter der Evolution sie den Vorzug geben wollen.

73
I Tarocchi di Gambedotti
1986 Mario Gambedotti
Verlag: Priuli & Verlucca
78 Blatt. KT u. BT ital.

Der Turiner Grafiker M. Gambedotti beschäftigte sich lange mit der Technik des Holzschnittes. Auch die Motive der *Tarocchi Gambedotti* wurden entweder in Holz geschnitten, oder sie sind zumindest nach der Art von Holzschnitten gemalt. Deshalb erinnern diese Karten äußerlich ein wenig an Tarock-Spiele vergangener Jahrhunderte, zumal die Figuren in mittelalterlicher Tracht gezeigt werden. Ein Thema von unvergänglichem Reiz wurde ausgewählt: Gaumenfreuden. Alles auf diesen Bildern hat irgendwie mit Essen und Trinken zu tun. Sei es, daß die Figurengalerie der Großen Arcana in eine Art Schlaraffenland versetzt wird, wo jeder Hunger befriedigt wird. Sei es, daß Schwerter ohne viel Federlesens zu

Küchenmessern, Stäbe zu Nudelhölzern, Kelche zu Krügen und Münzen zu Tellern werden. Alle Bewohner dieser genußfreudigen, wohlgenährten Welt sind entweder mit dem Zubereiten oder Verzehren opulenter Mahlzeiten bzw. raffinierter Zwischenmahlzeiten beschäftigt. Einen esoterischen Bilderbogen muß man in diesen Karten nicht sehen, eher schon eine Huldigung an die ursprünglichste und unkomplizierteste aller Formen des Genusses.
Vgl. *Feinschmecker.

74

22 Arcani »I Gatti«

1990 Osvaldo Menegazzi
Verlag: Il Meneghello
22 Blatt schwarzweiß im Buchdeckeleinband. KT u. BT ital.; limitierte u. numerierte Aufl. v. 2000 Ex.

Niemand hat so viele Tarot-Spiele geschaffen wie Osvaldo *Menegazzi. Aber keiner beherrscht auch so wie er die Kunst, sich dabei dennoch nicht zu wiederholen. Seine neueste Tarot-Metamorphose sind die *22 Arcani »I Gatti«*. *Katzen, so weiß man, sind spirituelle Lebewesen wie wir auch. Bei Osvaldo Menegazzi hingegen weiß man nie so recht, wes Geistes Kind seine Werke sind. Sind diese Katzen nun Botschafter des kosmischen Bewußtseins oder einfach nur Botschafter eines Lebens in schnurrender Behaglichkeit? Der EINSIEDLER, sonst ein leuchtendes Vorbild meditativen Lebenswandels, hat die Pfoten in Mittagsschlaf-Position. Die KRAFT übt sich in typisch kätzischer Eitelkeit, indem sie die Maus am Schwanze zappeln läßt und mit dem Fressen wartet, bis der Künstler ihre Überlegenheit auch angemessen auf den Zeichenblock gebannt hat. Der TEUFEL, ganz in unheilschwangerem Schwarz, aber faul wie ein richtiger Kater, faucht nur von seinem Sockel: »Laßt mich doch in Ruhe!« Eine Menagerie tierpsychologischen Hintersinns öffnet ihre Pforten, und Menegazzi, der Impresario des Tarot-Entertainments, bittet einzutreten.

Das Geheimnis der Hohenpriesterin
S. Nr. 180.

75

Gioco Geografico dell'Europa

Original zweite Hälfte des 18. Jahrhunderts; Faksimile-Ausgabe 1985
Verlag: Il Meneghello
78 Blatt schwarzweiß im Buchdeckeleinband. KT ital., BT ital./engl.; limitierte Aufl. v. 2000 Ex., davon 400 Ex. v. Hrsg. signiert u. numeriert.

Im Jahre 1644, als Ludwig XIV. sechs Jahre alt war, erhielt er ein geographisches Kartenspiel zum Geschenk. Spielend zu lernen galt schon damals als eine besonders wünschenswerte Art und Weise, das Angenehme mit dem Nützlichen zu verbinden. Aus der langen Tradition der Kartenspiele belehrender Art stammt auch das *Gioco Geografico dell'Europa*, ein geographisches Tarock-Spiel aus Bologna aus der zweiten Hälfte des 18. Jahrhunderts. Neben dem Kartenspielen diente es seinen Benutzern ganz nebenbei als Grundkurs in Erdkunde. Die Trümpfe zeigen Landkarten der europäischen Länder und der Kontinente (außer Australien, das damals gerade erst kartographiert wurde). An die Stelle der vier Farbzeichen Schwerter, Stäbe, Becher und Münzen treten vier Kartengruppen mit Ländern in Süd-, Nord und Mitteleuropa sowie den großen europäischen Inseln. Auf jeder Karte finden sich Informationen über Städte, Flüsse, Klima und Menschen eines Landes, und jeweils eine der Hofkarten bildet das Landeswappen ab. All das wurde vor ungefähr zweihundert Jahren mit schöner Schreibschrift mühevoll in Kupferplatten geritzt, um mit diesen Karten inmitten von Spielleidenschaft eine Enklave höherer Bildung zu errichten. Wie bei alten Büchern muß erst ein Schleifchen aufgebunden werden, um die Karten aus der Verpackung zu entnehmen. Landkarten und Schriften des Faksimiles wurden nicht auf glattes Kunstdruck-Papier, sondern auf derben Karton gedruckt, dessen Farbe und Maserung das Aussehen alten, angegilbten Dokumentenpapiers hat.

76
I Tarocchi degli Gnomi

1987 Antony Moore
Verlag: Lo Scarabeo
22 Blatt. KT ital., ohne BT; limitierte u. numerierte Aufl. v. 777 Ex. Lieferbar in verschiedenen Größen, u. a. als »kleinstes Tarot-Spiel der Welt«.

Es war keine Sparsamkeit am falschen Fleck, daß der Hersteller dem *Zwergen-Tarot* keinen einführenden Text beigab. Sprechen seine Bilder doch für sich. Die Gattung der Zwerge erweist sich wohl selbst in ihrer angestammten Lebenswelt – deutschen Vorgärten und Grimms Hausmärchen – nicht als so »menschlich« wie hier. In der Tat: Als Zwerg auf einem Großen Arcanum als Statthalter der Tarot-Mysterien zu fungieren, ist nicht so leicht, wie es vielleicht zunächst scheint. Stellen Sie sich vor, Sie wären ein handtellergroßer Winzling und müßten einer dicken, kräftigen Echse das Maul aufhalten, um KRAFT zu beweisen. Versteht sich, daß in Menschengesichtern angesichts solcher Kunststücke kein Auge trocken bleibt. Der Zwerg hat da wieder einmal das Nachsehen. Aber schließlich sind wir aus der Sicht dieser überaus lebenstüchtigen Elementarwesen bekanntlich nur tapsige, halbblinde Riesen. Antony Moore jedenfalls kann beispielhafte Einfühlung in die Zwergenseele für sich in Anspruch nehmen. Hält er doch mit großem grafischen Können und mit hinreißendem Humor allen, die sich etwas Großes dünken, den Spiegel vor. Wie schön, daß es den *Zwergen-Tarot* auch in einem für Gnome interessanten Format gibt.

77
Golden Dawn Tarot
1977 Israel Regardie und Robert Wang
Verlag: U. S. Games
78 Blatt. KT u. BT engl; ergänzende Literatur von Robert Wang: Der Tarot des Golden Dawn (Urania).

An geheimnisvollen Kulten herrscht in der Geschichte des Tarot kaum ein Mangel. Doch keiner ist so wichtig geworden wie der Golden-Dawn-Kult. Aus dem »Orden« des *Golden Dawn gingen die beiden beliebtesten Tarots der Welt hervor (Nr. 39 und 176). Aber das geschah erst, nachdem der Golden Dawn selbst schon zur Legende geworden war. Ist es da ein Wunder, daß man sich immer wieder darum bemühte, den »ursprünglichen Golden Dawn Tarot« zu rekonstruieren? Das taten auch Israel Regardie und Robert Wang. Sie haben es sogar geschafft, ihr Kartenblatt weltweit als *Golden Dawn Tarot* bekannt zu machen. Doch ist dies wirklich der »ursprüngliche« Golden Dawn Tarot, wie sie frank und frei behaupten? Fest steht eines: Die Konzeption ihres *Golden Dawn Tarot* stützt sich nicht auf eigene Erkenntnisse, sondern auf längst bekannte Spezialliteratur. Diese ist zwar dem großen Publikum nach wie vor unbekannt, veröffentlicht wurde sie aber bereits vor dem Ersten Weltkrieg durch Aleister *Crowley. Als zusätzliche Anregung verwerteten Regardie und Wang die im Jahre 1971 veröffentlichten Tarot-Werkskizzen aus Notizbüchern von Samuel Liddel *Mathers ([30]). Der Witz am »ursprünglichen« Golden Dawn Tarot ist einfach, daß es ihn als Kartenspiel überhaupt nicht gegeben hat. Was für die Mitglieder dieser Gemeinschaft zählte, war ein gedankliches Tarot-System und nicht etwa ein ganz bestimmtes Tarot-Spiel. Auch die Behauptung, daß die Mitglieder des Golden Dawn sich nach genauen Anweisungen ihre eigenen Tarot-Karten zeichneten, gehört ins Reich der Legende. Selbst Crowley und *Yeats, die durchaus mit dem Zeichenstift umzugehen wußten, benutzten zum Kartenlegen französische bzw. italienische Blätter (s. **Oswald Wirth Tarot** und Nr. 93), die sie auf den Kartenrändern mit handschriftlichen Ergänzungen versahen. Die Gesellschaft des Golden Dawn (aufgelöst 1903) erlebte der *Spiritus rector*

des sogenannten *Golden Dawn Tarot*, Israel Regardie (1907-1985), selbst gar nicht mehr. Er war in den späten zwanziger Jahren einer der ergebensten Gefolgsleute Aleister Crowleys und veröffentlichte von 1937 an in den USA das von seinem Meister bereits zugänglich gemachte Schrifttum des Golden Dawn ein zweites Mal.
Vgl. Nr. 81, 85, 96.

Grand Étteilla Tarot
S. Nr. 56.

Grand Oracle des Dames
S. Nr. 57.

Grand Tarot Belline
S. Nr. 15.

78
Haindl Tarot
1988 Hermann Haindl
Verlag: Droemer Knaur
78 Blatt in Übergr. KT dt.; im Set m. Begleitbuch von Rachel Pollack: Der Haindl Tarot.
Hermann Haindl (geb. 1928) war früher Bühnenbildner an den Frankfurter Städtischen Bühnen. Rachel Pollack schreibt über ihn, diese Karten seien »das Testament seines Lebens« ([29] S. 28). In der Tat reflektiert der *Haindl Tarot* die Begegnung mit einer Fülle von künstlerischen und geistigen Stoffkreisen. Haindl als Maler schulte sich an den modernen Stilrichtungen des Surrealismus und des Magischen Realismus, aber er befaßte sich auch mit der alten Kunst Indiens und Ägyptens. Haindl als Esoteriker findet in den Mythologien aller Völker stets die eine ewige Wahrheit. In diesem Werk verschränkt er zeitlich und räumlich weit auseinanderliegende Überlieferungen zu einem weitverzweigten Gedankenlabyrinth. Seine Bilder gewinnen an suggestiver Kraft, weil sie sich nicht mit der Variierung gängiger Geschmacksmuster begnügen. Es geht Haindl darum, weit gefaßte Interpretationsräume zu eröffnen, und seine Imagination scheint einzig und allein durch den Flächeninhalt von 78 rechteckigen Karten begrenzt zu sein. Es bedurfte der versierten Rachel Pollack, um diesen Stafettenlauf der Symbole auf über 500 Buchseiten in einen stimmigen Deutungsrahmen einzufügen. Wer das Gedankengebirge des *Haindl Tarot* erklimmen will, tritt in ein Feld ein, das von der Vorstellungskraft zweier esoterischer Kosmopoliten bestellt wurde: Germanische, indische, ägyptische und indianische Sagenwelt, kabbalistische

Buchstabenmystik und Runenorakel, I-Ging und Astrologie werden nebeneinander versammelt. Ob dies alles auch zu einer wirklichen geistigen Synthese zusammenzuführen ist, muß selbst ausprobiert werden. Das ist eben das Reizvolle am Tarot: In ihm vereinigen sich die unterschiedlichsten Erkenntniswege, und jeder erblickt darin, wie in einem schillernden Kristall, seine eigene Wahrheit.

79
Hanson-Roberts Tarot

1985 Mary Hanson-Roberts
Verlag: U. S. Games
78 Blatt. KT engl./dt./frz./ital./span., BT engl.; ergänzende Literatur von Laura E. Clarson: Tarot Unveiled (Visionary Enterprises/U. S. Games).

Wer seinen Kindern Spiel- und Grübelmaterial anderer Art zukommen lassen will, als Medien und Schule bieten, könnte einmal »zufällig« einen *Hanson-Roberts Tarot* im Kinderzimmer vergessen. Wenn dann die Fragen kommen, kann man die Antworten zusammen mit den Kindern finden, wenn man nur der Phantasie ihren Lauf läßt. Denn diese Bilder laden zum Fabulieren nur so ein. Im Stil schönster Märchenbuch-Illustrationen ausgeführt, sind sie ein Triumph der Farbstiftzeichnung im Zeitalter des Filzstiftes. Mary Hanson-Roberts ist eine Verehrerin von Pamela-Colman Smith, die den **Waite Tarot** gestaltete. Wenn nicht an Originalität, so doch hinsichtlich der künstlerischen Qualität hat Mary Hanson-Roberts ihr Vorbild mindestens erreicht, wenn nicht übertroffen. Ihre feinen Zeichnungen erinnern fast ein wenig an die Märchenillustrationen Ludwig Richters (1803-1884) oder Porträts von Hans Thoma (1839-1924). Mit solchen Vergleichen würden die Lieben Kleinen natürlich nur gelangweilt. Aber was gibt es für sie schöneres, als wenn Papi oder Mami einmal nicht vorlesen, sondern selbst eine (Tarot-)Geschichte erzählen?
Vgl. Nr. 142 und 162.

80
The Herbal Tarot

1988 Michael Tierra und Candice Cantin
Verlag: U. S. Games
78 Blatt. KT u. BT engl.

Der *Herbal Tarot* (*Kräuter-Tarot*) ist nicht als medizinisches Hilfsmittel gedacht (vgl. dagegen Nr. 194). Vielmehr verflechten M. Tierra und C. Cantin Vorstellungen, die sich mit heilkräftigen, Zauber wirkenden Pflanzen verbinden, mit der Symbolik des Tarot. Jede Karte zeigt deshalb ein

Tarot-Motiv und eine Pflanze. Von der Seite des Tarot her liegt eine starke Anregung durch den **Waite Tarot** vor. Seine Bilder wurden in einem weich schwingenden Stil umgestaltet, der die florale Ornamentik der Jugendstil-Malerei aufgreift. Pflanze und Tarot-Motiv verschmelzen wie zu einer Symbiose. Von der kräuterkundlichen Seite her wird an überlieferte Zusammenhänge zwischen Pflanzen, Gestirnen und Körperorganen angeknüpft. Magische Folklore wird herangezogen. Manches scheint sich dabei in Richtung ritualmagischer Handlungen zu bewegen, z. B. wenn Zimt zur »Förderung weltlicher Ziele« empfohlen wird. Wie dies allerdings zu bewerkstelligen sei und welche Rolle dabei eine Karte wie der König der Stäbe spielen soll, das wird in der Anleitung nur vage angedeutet.

Vgl. Nr. 196, 205.

81
Hermetic Tarot

1979 Godfrey Dowson
Verlag: U. S. Games
78 Blatt schwarzweiß. KT u. BT engl.

Mit dem unbefangenen Verhältnis eines Amerikaners zur Geschichte und zu großen Namen ging G. Dowson an die Aufgabe, einen »Golden Dawn Tarot« (*Golden Dawn, vgl. auch Nr. 77) zu erarbeiten. Das Ergebnis, der *Hermetic Tarot*, ist eine verblüffende Mélange aus Tradition und Fortschritt in der Tarot-Esoterik. Zum Beispiel spielten in der Astrologie des Golden Dawn die Planeten Uranus und Neptun noch keine Rolle; und Pluto war damals noch gar nicht entdeckt. Es gab also nur 19 astrologische Entsprechungen für die 22 Großen Arcana, nämlich 12 Tierkreiszeichen und 7 Planeten (einschließlich der Sonne). Für die restlichen drei Karten sah man drei der vier alchemistischen Elemente Erde, Wasser, Feuer und Luft vor. Um nunmehr die 22 Großen Arcana durchgehend mit astrologischen Entsprechungen auszustatten, greift Dowson auf die Planeten Uranus, Neptun und Pluto zurück. Diese Lösung ist offenbar allgemein akzeptiert worden; zumindest wurde sie in andere Tarots derselben Art übernommen (Nr. 85 und 164). Auch ästhetisch hat der *Hermetic Tarot* einiges zu bieten. Dowson ist ein hervorragender Zeichner mit äußerst filigraner Arbeitweise; selten sieht man diese Art von Perfektion in einem amerikanischen Tarot-Spiel. Seine Zeichnungen bieten zahlreiche eigene Erfindungen, aber auch Anlehnungen an den **Crowley Tarot** (Nr. 39) sowie an Werkskizzen aus den berühmten Notizbüchern von *Mathers (Abb. in [13] und [30]). Mit verzwickter Symbolik will Dowson uns die Bereitschaft abtrotzen, ihm in die verschrobensten Winkel der Gedankenwelt des Golden Dawn zu folgen. Solche Unerbittlichkeit würde bestimmt sogar den gestrengen »Chef« Mathers gnädig stimmen, selbst wenn dadurch die letzten Geheimnisse seiner Elite-Loge preisgegeben würden.

1JJ Tarot
S. Nr. 17.

82
Tarocco Indovino
1979 Sergio Ruffolo
Verlag: Dal Negro
78 Blatt. KT u. BT ital.
Sergio Ruffolo ist einer der wenigen Künstler, die sowohl *Tarock-Karten für Kartenspieler wie auch *Tarot-Karten zum Wahrsagen geschaffen haben ([17] S. 87). Der *Tarocco Indovino* wurde einfach, aber unverwechselbar gestaltet. Die Figuren sind mittelalterlich kostümiert, dabei mit ökonomischer Linienführung modern gemalt. Mit maskenhaft stilisierten, undurchschaubaren Gesichtern sind sie vor burgähnlichen Gebäuden plaziert. Die Kolorierung erfolgte mit Buntstift in dezenten Farbtönen. Vor dem weißen Hintergrund erlangen die Bilder in all ihrer Schlichtheit doch den Ausdruck von Bedeutungstiefe. Große Arcana tragen die üblichen Titulierungen; ihre Ikonographie steht in der Tradition des **Marseiller Tarock**, stilistisch zeigen die Motive jedoch ein eigenständiges Gepräge. Kleine Arcana sind mit jeweils zwei Wahrsagebedeutungen beschriftet und mit den französischen Spielfarben Kreuz, Pik, Herz und Karo versehen. Auch diese Kartengruppe ist vollständig durchillustriert, und zwar auf sehr originelle Weise. Der *Tarocco Indovino* ist eines der wenigen Spiele, das bei der Ausgestaltung der Kleinen Arcana in keiner Weise vom **Waite Tarot** abhängig ist. Stattdessen führt Ruffolo Szenen aus einer teils alltäglichen, teils phantastisch überzeichneten Lebenswelt vor, um die Wahrsagebedeutungen in anschauliche Bilder umzusetzen. Alles an diesem Spiel scheint auf den Gebrauch als praktisches Instrument der *Divination abgestimmt. Die Gebrauchsanleitung verzichtet auf jegliches Brimborium und widmet sich ohne Umschweife der Praxis des Kartenlegens.

Tarot der Isis
S. Nr. 213.

Tarocco Italiano Milano
S. Nr. 93.

83
JTG Tarot

1987 Johannes Tassilo Gruber
Verlag: Selbstverlag
22 Blatt schwarzweiß. KT engl. (handgeschr.), ohne BT; limitierte, v. Künstler signierte u. numerierte Aufl. v. 333 Ex.

Für Johannes Tassilo Gruber war der Tarot eine Herausforderung, seine eigene künstlerische Formensprache in einem thematisch scharf umrissenen Bildzyklus zur Geltung zu bringen. Dieser Aufgabe hat er sich mit großer Konsequenz gestellt. Kaum etwas an den gekonnten Bleistiftzeichnungen des *JTG Tarot* erinnert noch an die althergebrachten Motive. Es ist auch keine einzige der gewohnten Personen zu sehen; nur von ihren Insignien ist gelegentlich etwas geblieben, wie etwa Schwert, Stab, Kelch und Scheibe des MAGIERS und der Widderkopf vom Thron des HERR-SCHERS. Die »Realität« mußte weichen, um das Transzendente allein in Symbolen und frei erfundenen Figurationen sichtbar zu machen. In einer sehr weiten Räumlichkeit schweben rätselhafte Formengebilde. Bisweilen verschlingen sie sich zu einer fast undurchdringlichen Dichte. Cool-Abstraktes mischt sich mit urtümlicher Magie, Traumgleiches mit mathematischer Präzision. Diese Bilder wurden vom Intellekt geplant, aber sie werden nicht vom Verstandesdenken beherrscht. Ihre Grundstimmung ist überweltlich-sehnsuchtsvoll. Eine Herausforderung bildet dieser Tarot also auch für den Betrachter, indem er von ihm die Bereitschaft verlangt, eigene Vorstellungskraft zu beweisen.

84
Jungianisches Tarot

1988 Robert Wang
Verlag: AG Müller
78 Blatt. Ohne KT; im Set mit Begleitbuch von R. Wang: Tarot Psychologie (Urania).

Eine ganze Anzahl von Tarot-Spielen trägt heute in den Augen ihrer Urheber auf irgendeine Weise den Lehren Carl Gustav *Jungs Rechnung. Robert Wangs *Jungianisches Tarot* soll nun der Tarot sein, der nicht nur irgendwie, sondern voll und ganz auf der Jungschen Psychoanalyse auf baut. Erstaunlich ist allerdings, wie wenig sich Karten und Buch doch von anderen Tarot-Karten und -Büchern unterscheiden. Das gedankliche Webmuster ist hier im Prinzip dasselbe wie in jenem Tarot-Spiel, das Wang als **Golden Dawn Tarot** (Nr. 77) bekannt gemacht hat. In dieses mit Hilfe der *Kabbala und der *Astrologie errichtete Gedankengerüst werden nun Begriffe der Individuationspsychologie eingeführt und zur Auslegung der Bilder benutzt. Dies ist natürlich möglich, aber eben wirklich nichts Neues. Eine ganze Reihe von Büchern widmet sich mittlerweile demselben Thema. Auch gibt es schon Karten, deren Urheber den Anspruch erheben, damit einen »Jungianischen« Deutungsansatz zu verfolgen (Nr. 8, 41, 242). Ohne Zweifel hat sich Wang als Maler weiterentwickelt; seine Gesichter sind ausdrucksvoller, die Bildkomposition ausgewogener geworden. Doch mißt man seine Karten an ihrem hochgesteckten Ziel, muß eine Frage erlaubt sein: Warum enthält gerade die größte Kartengruppe, die Kleinen Arcana, nur die herkömmlichen Spielfarbenzeichen, aber überhaupt kein psychologisches Bildmaterial? Schließlich ist es doch die Deutung von Bildern, die der analytischen Arbeitsweise Jungs mehr als alles andere zugrunde liegt. Auch ob es therapiefördernd ist, daß der Einstieg in die Beschäftigung mit den Karten in erster Linie durch Verstandesoperationen erfolgt, sei dahingestellt. Ohne spezielles Wissen, das man sich erst einmal aneignen muß, sind Wangs Bilder nämlich nicht zu verstehen. Sonst würde er wohl kaum empfehlen, den im Begleitbuch geschilderten 34-Wochen-Kursus mit dem *Jungianischen Tarot* zu absolvieren.

85
Das Kabbalistische Tarot
1983 Rufus C. Camphausen und Apolonia van Leeuwen
Verlage: AG Müller, Sphinx
78 Blatt. KT u. BT dt./engl.

Wohl keine der esoterischen Traditionen des Abendlandes hat den Tarot so stark beeinflußt wie die *Kabbala. *Court de Gébelin und *Étteilla schufen die ersten Berührungspunkte zu der jüdischen Geheimlehre, aber erst Éliphas *Lévi, *Papus und *Mathers bauten die Tarot-Kabbalistik systematisch aus. Ohne diese historischen Wegbereiter wäre *Das Kabbalistische Tarot* von Camphausen und van Leeuwen undenkbar. Zeitgemäß ist allerdings die Art und Weise, wie sie mit ihren Karten die Grundzüge der Tarot-Kabbalistik vermitteln wollen. Es gibt ja schon eine Reihe von Tarots, die kabbalistisches Gedankengut enthalten. Vor allem auf den Karten Waites, Crowleys und ihrer Nachfolger (Nr. 77, 81, 96) ist es in den Bildmotiven und durch eine Fülle von Zeichen und Symbolen angedeutet. *Das Kabbalistische Tarot* hingegen verzichtet ganz auf Bilder. Die Karten zeigen ausschließlich Variationen eines kosmologischen Diagrammes, das die jüdische Kabbala den Baum der Sefirot und die moderne Esoterik den »Baum des Lebens« nennt. Auf diese Weise wird ein Zuordnungssystem zwischen den einzelnen Teilen dieses Sinnbildes und den 78 Tarot-Karten optisch verdeutlicht. Allerdings existieren in diesem Bereich der

Tarot-Esoterik keine verbindlichen Regeln. So ist es von Interesse, wie Camphausen und Leeuwen jene Fragen gelöst haben, über die die genannten Wegbereiter der Tarot-Kabbalistik verschiedener Meinung waren. Es zeigt sich, daß die Urheber dieser Karten großen Respekt vor der Tradition haben. Sie schlagen nichts Neues vor, sondern schließen sich in allen strittigen Punkten entweder der Meinung des einen oder des anderen Vordenkers an. So entstand eine Mischform der Systeme von Mathers, Crowley und Waite. In einem Punkt allerdings vollzieht *Das Kabbalistische Tarot* eine Reform des **Hermetic Tarot** (Nr. 81) nach: Auch die drei Planeten Uranus, Neptun und Pluto werden in die astrologische Korrespondenzenlehre der Großen Arcana mit aufgenommen. Vgl. Nr. 164.

86
Karma Tarot
1983 Birgit Boline-Erfurt
Verlag: U. S. Games
78 Blatt. BT u. KT engl.

Der *Karma Tarot* entstand in spontaner Interaktion mit den Teilnehmern eines sozialen Experimentes der siebziger Jahre. Im Kopenhagener Stadtteil Christiania bezogen 1970 Hunderte von Jugendlichen leerstehende ehemalige Militärkasernen und riefen die selbstverwaltete »Republik Christiania« aus. Christiania, eine kleine Welt zwischen Mythos und Utopie wie das kalifornische Haight-Ashbury in den sechziger und das schottische Findhorn in den achtziger Jahren, bot B. Bolin-Erfurt die Möglichkeit, um ihrem Tarot das Gepräge einer buntschillernden Subkultur zu verleihen. In ihrem Spiel ist so mancher der Hippies, Künstler-Bohémiens und Szenen-Originale Christianias verewigt. Dort hat sie nicht nur gemalt, sondern auch gelebt. Dokumentieren sich in den vielen gewagten, aber offenbar gewollten Stilbrüchen in ihrem Werk auch die auseinanderstrebenden Extreme einer Lebenswelt am Rande der Gesellschaft? Der ägyptische Gott OSIRIS etwa tritt hier (anstatt des HERRSCHERS) in Western-Stiefeln und mit Walkie-Talkie auf. Diese Darstellung ist nicht als Persiflage gemeint, sondern deutet, wie zu erfahren ist, die Notwendigkeit der Versöhnung zwischen uralter Geisteskultur und moderner Lebensweise an. Auf dem Großen Arcanum DER MOND suchen sich die Geschöpfe den Weg zum Licht nicht zwischen zwei Säulen hindurch, sondern zwischen zwei Weinflaschen: eine Anspielung auf die dämonische Macht bewußtseinsverändernder Stoffe. Weniger offensichtlich, aber ebenso tiefgreifend sind die Gegensätze innerhalb des Bildzyklus als Ganzem. Jedes Motiv erzählt eine Geschichte für sich, und den roten Faden in der langen Reihe von 78 Karten muß wohl jeder für sich selbst finden.

87
Knapp-Hall Tarot
1929 Manly Palmer Hall und Augustus J. Knapp
Verlag: U. S. Games
78 Blatt. KT frz., BT engl.

Fast vierzig Jahre bevor Kalifornien, das Gelobte Land der Hippie-Generation, zum Ausgangspunkt der *Tarot-Renaissance wurde, entstand in Los Angeles dieser Tarot, der erste Amerikas. Die Motive sind ganz nach dem Muster französischer (Nr. 182) bzw. englischer Vorbilder (Nr. 176) gestaltet, das esoterische Programm aber ist eigenständig. Hinter dem Herausgeber *Philosophical Research Society* steckte der Kreis um Manly Palmer Hall, eine hierzulande relativ unbekannte Größe der spirituell-neureligiösen Bewegung in der Neuen Welt. Dort war die Bereitschaft, Erlösungslehren aus exotischen Kulturen zu goutieren, von jeher größer als im bodenständigen Europa. So wurden die von Knapp unter Anleitung von Hall gemalten Karten zum ersten Tarot, der vor dem Hintergrund indischer Meditationslehren benutzt werden sollte (*Meditation). Hall begeisterte sich für Mandalas, also für bildhaft-symbolische Darstellungen der Hindus und Buddhisten zur Förderung der Meditation. An markanter Stelle fügte er jedem Großen Arcanum etwas hinzu, das er als Mandala verstand. Es sind jedoch keine echten Mandalas, sondern Piktogramme, d. h. schematisierte bildhafte Darstellungen, die für einen Begriff oder Vorgang stehen. Piktogramme ganz alltäglicher Art kennt jeder von Verkehrsschildern her. Esoterische Piktogramme finden sich auch auf einem jener Spiele, die den Namen der großen *Lenormand tragen (Nr. 222).
Vgl. Nr. 13.

88
Gareth Knight Tarot
Mitte der sechziger Jahre Gareth Knight und Sander Littel
Verlage: Altenburg-Stralsunder, U. S. Games
78 Blatt. KT engl., BT dt.

Schon im Jahre 1963, also noch bevor die *»Tarot-Renaissance« einsetzte, tüftelten der englische Esoteriker G. Knight und der holländische Grafiker S. Littel an einem neuen Tarot, der die ästhetische Klarheit des **Waite**

Tarot und die systematische Ausgewogenheit des **Crowley Tarot** (Nr. 39) in sich vereinigen sollte. Dem Ergebnis ihrer Arbeit wird heute bescheinigt, daß die Bilder »schwach und amorph« sind ([29] S. 161); vielleicht sollte man aber daran denken, daß mit diesem Projekt auch Pionierarbeit geleistet wurde. Die Tarot-Designer der siebziger und achtziger Jahre, die sich an denselben Vorbildern ausrichteten, gingen doch mit etwas anderen Voraussetzungen ans Werk als Knight und Littel. Deren Spiel, obwohl oft als kindlich-naiv bezeichnet, hat doch merklich den **Balbi Tarot** (Nr. 14) beeinflußt, der als ein künstlerischer Höhepunkt moderner Tarot-Illustration gilt. Auch erweist sich im Zusammenspiel zwischen der Symbolik der Bildmotive und den Anweisungen im Anleitungsheft, daß der *Gareth Knight Tarot* ein gedanklich ausgereiftes Tarot-Spiel ist. Seine Urheber waren wohlversiert in der esoterischen Lehre des *Golden Dawn und suchten nach einem Weg, dieser etwas spröden Materie durch farbenfrohe, einfache Bilder ein freundlicheres Gesicht zu geben. Wenn sie dabei noch nicht die sogenannte »suggestive Kraft« der Kunstformen des *New Age aufbieten konnten, sondern die Botschaft des Tarot mit schlichter, gemüthafter Einbildungskraft in Szene setzten, so liegt in dieser Unbefangenheit heute schon wieder etwas Wohltuendes.

89
I Tarocchi Lanzichenecchi
1988 Giorgio Trevisan
Verlag: Lo Scarabeo
22 Blatt. KT u. BT ital.; limitierte u. numerierte Aufl. v. 909 Ex.

Dieser *Landsknechts-Tarot*, erklärt Giulio C. Cuccolini, sei ein Tarot »kecker, stolzer, hochmütiger Art, eben genau so, wie die Landsknechte ihren Zeitgenossen erschienen und wie heute auch das Wort *lanzichenecco* in der italienischen Umgangssprache verstanden wird.« In der Tat: Giorgio Trevisan (S. auch Nr. 152) hat die Tarot-Motive forsch in die Renaissancezeit zurückversetzt. Alle Gestalten sind als typische Rollenträger des 15./16. Jahrhunderts dargestellt: Der MAGIER als Alchemist, die HOHEPRIESTERIN (*Sacerdotessa*) als Äbtissin, der KAISER als Heerführer, der HOHEPRIESTER (*Sacerdote*) in liturgischem Ornat usw. Doch es versteckt sich, allerdings gewollt, manche Unziemlichkeit darin: Statt in der Heiligen Bibel studiert die HOHEPRIESTERIN das Ewige Tao, denn das Buch auf ihrem Schoß ziert das Zeichen von *Yin* und *Yang* (eine Entlehnung aus dem **Oswald Wirth Tarot**). Der WAGEN wird ganz unzeitgemäß von zwei Sphinxen anstatt von zwei Pferden gezogen (in Anlehnung an Éliphas *Lévis Zeichnung dieses Motivs). Doch nicht nur der Tarot-Okkultismus des 19., sondern auch die künstlerische Freiheit des 20. Jahrhunderts schleicht sich auf dem *Landsknechts-Tarot* in die italienische Renaissance: Der NARR nimmt als Mischung aus Tramp und Zirkusclown sein Recht auf Stilbruch wahr. Das Gesicht des TEUFELS hat mehr Ähnlichkeit damit, wie sich Gustav Gründgens als Mephisto schminkte, als mit Teufelsdarstellungen aus der Zeit der Landsknechte und wandernden Scholaren. Vom Malstil her wirkt die Reihe der Bilder jedoch in sich geschlossen, indem Trevisan konsequent den modernen Aquarellstil bevorzugt. In weichen, lebendigen Farben wird ein nostalgisches Traumreich geschaffen, freischwebend zwischen Phantasie und historischer Rückbesinnung.

90
Tarot der Liebe
1989 Wulfing von Rohr, Gayan S. Winter und Marcia Perry
Verlag: AG Müller
22 Blatt. KT u. BT dt.; auch als Beilage zum Buch von Wulfing von Rohr und Gayan S. Winter: Tarot der Liebe (Ariston).
Endlich kommt auch das Thema Nr. 1 mit einem eigenen Tarot zum Zuge. Wenn es so lange dauerte, mag das daran gelegen haben, daß gerade dieses Thema ohnehin von jeher beim Kartenlegen allgegenwärtig ist. Aber nun ist es soweit: Es gibt ihn, den *Tarot der Liebe*, ganz ohne falsche Scham und Bescheidenheit. Endgültig sind damit auch, wie versichert wird, in einem Tarot-Spiel »Weibliches und Männliches ausgewogen repräsentiert«. Um auf einen »bewußt positiven Ansatz« aufzubauen, wird mit alten Hüten Schluß gemacht: Die Plätze von TOD und TEUFEL nehmen jetzt die VERWANDLUNG und die VERSTRICKUNG ein. Ein sinniger Einfall war es sicher auch, die GERECHTIGKEIT durch den HÖHEPUNKT zu ersetzen. Wenn es damit bisweilen nicht einfach sein sollte, so läßt sich dieses Tarot-Spiel das jedenfalls nicht anmerken. Auch der Kampf der Geschlechter gehört der Vergangenheit an; davon zeugt jedenfalls eine Rechtschreibreform im Begleittext, die hinter Hauptwörter männlichen Geschlechts so oft wie möglich ein »(in)« setzen ließ. Überhaupt bemühte man/frau sich merklich, im *Tarot der Liebe* nichts dem Zufall zu überlassen. Die Bilder sind eindeutig, aber stark stilisiert, in unterkühlter Farbgebung gehalten und jedenfalls in keiner Weise provozierend. Gleich vier Bereiche sollen bei der Auslegung Beachtung finden: »Liebe«, »Familie«, »Partner/Freunde« und »nicht bewußt«. Den *Tarot der Liebe* zu mischen heißt, ein buntes Kaleidoskop postmoderner Populärpsychologie zu schütteln. Liebe gemacht wird im *New Age* im

munteren Wechselspiel zwischen *Yin* und *Yang*, unter der Decke des *Ewigen Tao* und in artistischer Bewußtheits-Balance zwischen »körperlich-sinnlichen, gefühlhaft-zärtlichen und geistig-seelischen« Faktoren. Vgl. Nr. 61 und 231.

91
Linol Tarot
1988 Gerhard Haack
Verlag: Selbstverlag
78 Blatt. KT dt., ohne BT; Originalgrafik (Linolschnitt) in limitierter, vom Künstler signierter u. numerierter Aufl. v. 150 Ex.

Der Name dieses Tarot rührt von der künstlerischen Technik her, in der er gestaltet wurde. Der Linolschnitt wird häufig in der Kunsterziehung verwendet, und fast scheint es, als wenn Gerhard Haack ein wenig mit der amateurhaften Einfachheit kokettiert, die Bilder in dieser Technik meistens kennzeichnet. Mit dünnen, krakeligen Linien und großen, einheitlichen Farbfeldern stellt er seine Motive in spartanischer Schlichtheit dar. Doch diese Motive haben es in sich. Sie machen ernst mit der Absicht, die mystische Seite des Tarot zur Geltung zu bringen. Eine herbe mittelalterliche Welt ersteht, in der die Grenze zwischen dem Diesseits und dem Jenseits fließend zu verlaufen scheint. Der PRIESTER ist hier ein Schamane, maskiert mit dem Kopf eines Riesenvogels. Für die KRAFT steht keine Frau, die mit Grazie einen Löwen bezwingt, sondern eine vorwärtsstürmende Büffelherde. Der EREMIT wird in unwirtlicher Angstlandschaft von bedrohlichen Erscheinungen heimgesucht. Die WELT ist nur ein Eiland in der Unermeßlichkeit des Ozeans (des Ozeans der Ewigkeit?). In seiner Urtümlichkeit enthält der *Linol Tarot* womöglich mehr »Archetypisches« als manches raffiniert ausgetüftelte Kartenblatt, das mit dem Namen C. G. *Jung renommiert. Seine Bilder zeichnet Allgemeinverständlichkeit *und* Bedeutungstiefe aus. Auf eine schriftliche Beilage wurde verzichtet, hingegen nicht darauf, auch die Kleinen Arcana zu illustrieren. Gerade in der Gestaltung dieser größten Kartengruppe des Tarot beweist sich die Originalität dieses Künstlers.

Lombardisches Tarock
(Nr. 92 bis 94)
Im 18. Jahrhundert, drei Jahrhunderte nachdem in der Lombardei das Tarock aufgekommen war (s. **Visconti und Visconti-Sforza Tarock**), erlebte diese Region einen erneuten Aufschwung des alten Spiels. Wie zur selben Zeit beim **Piemonteser Tarock**, kam dazu der Impuls aus Frank-

reich, und das kunsthandwerkliche Vorbild der lombardischen Karten-macher war das **Marseiller Tarock**. Im Laufe der Zeit fanden sie zu einem eigenen Stil, der sich ikonographisch an den älteren Typ des Marseiller Tarock (vgl. **Besançon Tarock**) anlehnte. Seine besonderen Qualitäten lagen in der ästhetischen Verfeinerung und in der individuellen Vielfalt. Künstlerische Freiheit jedoch erzwang technische Innovation, denn die althergebrachte Holzschnittechnik eignete sich nicht für filigrane Detail-darstellungen. Auch die Kolorierung mit der Schablone ermöglichte bei relativ geringem Aufwand zwar hohe Auflagen, befriedigte die steigenden Qualitätsansprüche aber nicht mehr. So wurde seit Anfang des 19. Jahr-hunderts auch in der Technik des Holz- und Kupferstichs gearbeitet und wieder frei aus der Hand koloriert. Seit den 20er/30er Jahren dieses Jahrhunderts verwendete der Milaneser Kartenmacher *Gumppenberg die Technik der Farblithographie, die eine kultivierte Farbgebung auch bei großen Auflagen ermöglichte. Damit begann für die Spielkartenkunst eine neue Ära. Italien brachte im 19. Jahrhundert eine Fülle künstlerisch hochwertiger Tarock-Spiele hervor, deren Gestalter die neue Technik gekonnt nutzten.

92 (Lombardisches Tarock)
Tarocchino Lombardo

Original zwischen 1823 und 1840 Carlo Dellarocca; Faksimile-Ausgabe 1981 (von einer Ausgabe von 1889)
Verlag: Edizioni del Solleone
78 Blatt. KT ital., ohne BT.; limitierte und numerierte Aufl. v. 2000 Ex.

Wie Grandvilles **Sibylle der Salons** (Nr. 247), die ungefähr zur selben Zeit entstand, stellt auch Dellaroccas *Tarocchino Lombardo* einen Glanzpunkt der Spielkartenkunst des 19. Jahrhunderts dar. Die feinziselierte Gestal-tung gibt diesem Spiel seine besondere Note. Die Erstausgabe wurde bei *Gumppenberg in Mailand lithographiert und gedruckt. Anders als die *Sibylle der Salons* dienten Dellaroccas Karten dem Spielvergnügen und nicht etwa der Wahrsagerei. Er stellt sein Talent in den Dienst eines konsequenten Realismus, sofern man diesen Begriff im Zusammenhang mit den märchenhaften Bildern des Tarock überhaupt in Anspruch neh-men darf. Plastische Körperlichkeit löst den flächigen Holzschnitt ab. Die Gesichter werden mit Empfindungen von Menschen aus Fleisch und Blut beseelt. Selbst die JUSTITIA, die in italienischen Tarock-Spielen dieser Zeit zum geflügelten Fabelwesen mutierte (s. **Piemonteser Tarock**), ver-blüfft durch »lebensnahe« Ausdrucksstärke. TOD und TEUFEL verlie-ren alle atavistischen Qualitäten. Der eine ist als anatomisch schulmäßig

gezeichnetes Skelett zur liebenswürdigen Karikatur seiner selbst geworden. Der andere, auf dem Höllenschlund tanzend, scheint nicht frei von
Angst um die Oberherrschaft über seinesgleichen zu sein. Alles Hier-
atisch-Ikonenhafte, das zur esoterischen Umdeutung des **Marseiller Tarock** einlud, erfährt hier eine Wendung ins Diesseitige. Dennoch war
Dellaroccas Werk allein von der künstlerischen Seite her so einflußreich,
daß auch das erste esoterische Tarot-Spiel Italiens, ein Étteilla-Tarot vom
Ende des 19. Jahrhunderts (Nr. 58), davon beeinflußt wurde. In Frankreich und England dagegen war um diese Zeit die Tarot-Esoterik schon
längst über Étteilla hinweggeschritten. So benutzte etwa William Butler
*Yeats, ein maßgebliches Mitglied des *Golden Dawn-»Ordens«, lieber
eine Nachschöpfung des Dellarocca-Tarock zum Kartenlegen (Nr. 93) als
einen Étteilla-Tarot.

93 (Lombardisches Tarock)
Tarocco Italiano Milano
Original um 1845 F. Teodoro Dotti; Faksimile-Ausgabe 1985
Verlag: Il Meneghello
78 Blatt im Buchdeckeleinband. KT u. BT ital.; limitierte und numerierte Aufl. v. 2500 Ex.

Mancher italienische Kartenfabrikant ließ von dem Tarock des Carlo
Dellarocca (Nr. 92) eine Nachahmung anfertigen, um dieses Spiel unter
eigenem Namen verkaufen zu können. Der *Tarocco Italiano* des Mailänder
Herstellers Dotti (s. auch Nr. 94) ist jedoch keine einfache Kopie, sondern
eine schöpferische Bearbeitung seines Vorbildes. Er wurde von einem
unbekannten Künstler in Metall (vermutlich Kupfer) gestochen. Die Druk-
ke kolorierte man nicht mit Schablonen, sondern frei aus der Hand. Eine
so aufwendige Herstellung weist den *Tarocco Italiano Milano* als Luxusspiel seiner Zeit aus. Der Faksimile-Ausgabe liegt neben der Anleitung zum
Kartenlegen eine kurze historische Einführung bei. Unbekannt scheint
ihrem Herausgeber gewesen zu sein, daß ein solches Kartenspiel, mit
handschriftlichen Wahrsagebedeutungen und astrologischen Zeichen versehen, im Nachlaß von William Butler *Yeats gefunden wurde.

94 (Lombardisches Tarock)
Tarocco Milanese 1850
Original um 1850 Teodoro Dotti; Faksimile-Ausgabe 1986
Verlag: Il Meneghello
78 Blatt. KT u. BT ital.; limitierte und numerierte Aufl. v. 2500 Ex.

In derselben kunsthandwerklichen Technik gefertigt wie das **Piemonteser
Tarock** Antonio Rossis (Nr. 141), macht gerade dieses Blatt des Mailän-

der Kartenmachers Teodoro Dotti die Unterschiede zwischen dem Piemonteser und dem Lombardischen Tarock deutlich. Die Linienführung der Holzschnitte ist so fein, daß die Gestalten an Eleganz auch ihre französischen Vorläufer (s. **Marseiller Tarock**) bei weitem übertreffen. Auch die kultivierte Farbgebung ist bemerkenswert. Eine Eigentümlichkeit: Der TOD ist in »Gleichheit« (*Uguaglianza*) umbenannt, obwohl das Motiv des Knochenmanns beibehalten wurde. Neben einer Anleitung zum Kartenlegen wird im Begleittext auch ein wenig über die Manufaktur der Mailänder Kartenmacherfamilie Dotti informiert.

Tarot du Loto
S. Nr. 226.

95
Tarot Maddonni
1981 Silvia Maddonni
Verlag: France Cartes
78 Blatt. KT u. BT frz./engl.

Gedankentiefe beweist sich beim *Tarot Maddonni* in der feinfühligen Art, mit der die Künstlerin (s. auch Nr. 197) den alten Motiven ein zeitgemäßes Aussehen verleiht. In schlichten Bildern von flüssiger Eleganz werden märchenhafte Gestalten hingezaubert. Selbstversunken, traumverloren treten schlanke Prinzessinnen und jünglingshafte Ritter ihre Ämter als Hüter der Geheimnisse des Tarot an. Obwohl alles so märchenhaft, so phantasieverliebt erscheint, wirken die Charaktere doch wie aus dem Leben gegriffen: Der NARR eine Mischung aus Hans-Guck-in-die-Luft und frivol-frühreifem Bengel, die PÄPSTIN etwas unglücklich wirkend in ihrem prätentiösen Ornat, der TOD ohne Angesicht, ein Meister über schreckverzerrte, um Gnade flehende Gesichter: Diese Bilder sprechen für sich, sie bedürfen weder der okkulten Nomenklatur auf den Kartenrändern noch ausgeklügelter Systematik in einem Begleitbuch, damit sie Sinn und Bedeutung erlangen. Im Anleitungsheft dieses wirklich außergewöhnlichen Spiels findet man nicht ein einziges Wort zu seiner künstlerischen Gestaltung. Dafür erfährt man um so mehr über eine Methode des Kartenlegens, die von den ägyptischen Göttern *Thot und Osiris stammen soll, jedoch auffällige Ähnlichkeiten mit der Gebrauchsanweisung zum *Ancien Tarot de Marseille* (Nr. 105) aufweist.

96
Magickal Tarot

1986 Anthony Clarke
Verlag: Aquarian Press
78 Blatt. KT u. BT engl.

Esoterik ist nicht immer ganz einfach und schon gar nicht logisch. Kein
Wunder also, daß das »ck« in »*Magickal*« kein Druckfehler ist. Es ist das
Markenzeichen von Edward Alexander (Aleister) *Crowley, dessen gei-
stiges Vermächtnis im *Magickal Tarot* fortlebt. Doch dieser ist kein Ab-
klatsch des Klassikers **Crowley Thot Tarot** (Nr. 39). Der *Magickal Tarot*
von Anthony Clarke (s. auch Nr. 189) hat eine starke »pythagoreische
Note«; das heißt, er bevorzugt die in geometrischen Figuren und magi-
schen Chiffren verborgene Botschaft. Der Weg führt bis zu den Wurzeln
von Crowleys eigenem Tarot, nämlich ins geheimnisvolle Reich des
*Golden Dawn. Um ein recht komplexes Gedankensystem auf seine
Karten zu bannen, greift Clarke auf einen Fundus von kabbalistischen
Zeichen und Symbolen sowie auf Piktogramme (vgl. Nr. 87 und 222)
zurück. Dazu gehören auch spezielle Zauberzeichen, mit denen einst
John *Dee, der größte aller Hexer auf Albions Insel und das Vorbild von
The Beast 666, fast jeden Dämon zu manierlichem Erscheinen zwang.
Auch weniger mutige Seelen brauchen sich nicht zu scheuen, Bekannt-
schaft mit dem *Magickal Tarot* zu schließen. An der Schnittstelle zwischen
Menschen- und Dämonenwelt könnte er eine große Hilfe sein.
Vgl. Nr. 77, 81, 147.

97
La Maison de Je

1985 Mario Masini
Verlag: Éditions de l'Éphémère
22 Blatt. KT frz., ohne BT; limitierte Aufl. v. 333 Ex., Titelkarte v. Künstler signiert u.
numeriert.

Mario Masini ist ein schweizerischer Maler, der seit 1970 in seinem
Heimatland und im Ausland ausstellt. *La Maison de Je* ist ein Werk voll
magischer Spannung, jedoch werden daraus in souveräner künstlerischer
Freiheit die herkömmlichen Tarot-Motive entlassen. Diese Arbeit erinnert von den Sachinhalten, den Formen und der Bildkomposition her an
den Stil des international bekannten Worpsweder Künstlers Friedrich
Meckseper. Menschen und Dinge werden in eine Kulisse von zweidimen-
sionalen Gebilden hineingestellt: Kreise, Halbkreise, Quadrate, Dreiek-
ke, Rechtecke, Fünfecke heben die gewohnten Gesetze der Perspektive
auf, verfremden und abstrahieren den Raum. Es ist eine stille, schweigen-

de und unbewegliche Welt, in die nackte Menschen traumverloren, in sakralen Posen erstarrt und offensichtlich in große Einsamkeit hineingestellt werden. Sie scheinen wie gebannt von der Macht jener geometrischen Phantasiegebilde, die durch Augen, Zahlen, astrologische Symbole, Musiknoten, Schriften und Texte diese traumgleiche Sphäre zu kontrollieren scheinen. Über die Metaphorik dieser Arrangements kann ausgiebig gerätselt werden. Aber vielleicht sollen wir nur eines: die Bilder in uns aufnehmen und schweigen.

98
Mani Divinatorie
1979 Osvaldo Menegazzi
Verlag: Il Meneghello
22 Blatt. KT ital., BT ital./engl.; limitierte Aufl. v. 1500 Ex., v. Autor signiert u. numeriert; auch in Mini.

Osvaldo *Menegazzi entführt den Tarot auf schelmische Weise in alle Winkel seiner nimmermüden Phantasie. Hier begegnet er uns als Maler-Philosoph, sozusagen in asketischer Beschränkung auf das Sinnbild als Ausdrucksmittel des Gedankens. Sparsame Details, überhaupt keine Ornamentik, noch nicht einmal Personen: nur Hände. Was diese Hände tun, hat jedoch »Hand und Fuß«, wenn man so sagen darf. Der Künstler löst sich zwar vollständig von den herkömmlichen Bildern, nicht aber von den gedanklichen Leitmotiven des Tarot. Wenn Menegazzi zwei ineinandergelegte Hände malt, dann ist die Zuneigung der LIEBENDEN förmlich mit Händen zu greifen. Den TURM als Kartenhaus zu gestalten, das eine Hand zum Einsturz bringt, ist womöglich eine Idee, die irgendwann einmal kommen mußte. Doch man muß eben erst einmal darauf kommen. Es ist das Recht der Künstler, tradierte Bilder in die Sprache ihrer eigenen Phantasie zu übersetzen. Die Sprache der Bilder Menegazzis bedarf keiner Erklärung, sie ist ein verblüffendes Beispiel visueller Kommunikation.

99
I Tarocchi del Mantegna
Original ca. 1460-65; Faksimile-Ausgabe 1981
Verlag: Edizioni del Solleone
50 Blatt schwarzweiß. Ohne KT, BT ital.; limitierte u. numerierte Aufl. v. 300 Ex.

Wohl kein Gesellschaftsspiel der Geschichte hat den Forschergeist so angeregt wie das sogenannte »Mantegna-Tarock«. Zahlreiche ungelöste Rätsel begleiten es auch heute noch. Die Bezeichnung »Mantegna-Tarock« stammt aus einer Zeit, da man dieses Spiel dem Maler und Kupferstecher

Andrea Mantegna (1431-1506), einem der bedeutendsten Meister der italienischen Frührenaissance, zuschrieb. Obwohl die Urheberschaft noch nicht endgültig geklärt werden konnte ([35] S. 49 ff.), ist heute doch klar, daß Mantegna dieses Spiel jedenfalls nicht schuf. Es entstand sehr wahrscheinlich am Hofe von Ferrara, der in jener Zeit die Wirkungsstätte bedeutender Künstler war. Unklar sind seine Beziehungen zum Tarock. Die Motive weisen zwar viele Gemeinsamkeiten mit dem **Visconti und Visconti-Sforza Tarock** auf, es fehlen aber alle Figuren- und Zahlenkarten in den vier Spielfarben. Wahrscheinlich handelte es sich beim »Mantegna Tarock« ursprünglich nicht einmal um ein Kartenspiel, denn alle erhaltenen Exemplare sind als Buchillustrationen überliefert. Die 50 Kupferstiche dieser »Tarocchi« sind ein Spiegel des Weltbildes des 15. Jahrhunderts. Wie es den Anschauungen der damaligen Zeit entsprach, stellen sie Mensch und Kosmos als Teile eines geschlossenen hierarchischen Systems vor. In fünf Zehnergruppen steigt die Bildsequenz von den Ständen und Würden der Menschen (1) über die neun Musen und Apollo (2), die Freien Künste und Wissenschaften (3), die drei kosmischen Prinzipien und die sieben christlichen Tugenden (4), die sieben Planeten und die höchsten himmlischen Sphären auf bis zur *prima causa*, der »ersten Ursache« bzw. dem Urgrund des Seins (5). Wie auch das **Bologneser Tarock** Mitellis diente dieses Spiel Bildungszwecken, vor allem moraldidaktischer Art. Selbst als diese Funktion gegenstandslos geworden war, da das Menschen- und Weltbild sich gewandelt hatte, fand die künstlerische Annäherung an den Bildzyklus immer noch große Resonanz. Die bekanntesten Kopien stammen von Albrecht Dürer (entstanden zwischen 1494 und 1506) und von dem Kölner Kupferstecher Johann Ladenspelder (entstanden zwischen 1540 und 1560). Der Faksimile-Ausgabe ist eine ausführliche Erläuterung beigelegt.

Marseiller Tarock

(Nr. 100 bis 113)

Um die Wurzeln des Tarot zu finden, wird tief, sehr tief gegraben. In den frühen Hochkulturen sucht man die Urbilder dieser Karten, über die sich heute Millionen von Menschen andachtsvoll beugen. Bis in das alte Ägypten geht man zurück, selbst bis zum mythischen Atlantis, von dem Platon im *Timaios* berichtet. Den Tarot fand man dort freilich nicht. Aber unerschütterlich beharren die meisten Autoren darauf, daß die Tarot-Esoterik uralt sei. Tatsache jedoch ist: Das Mysterium Tarot wurde nicht etwa in grauer Vorzeit, sondern an der Schwelle des wissenschaftlichen Zeitalters geboren. Sein erster Protagonist war kein Wahrsager oder Magier, sondern ein aufgeklärter Intellektueller mit starker Intuition

(*Court de Gébelin). Gewissermaßen eine Nebenwirkung seiner Spekulationen war, daß seither nur eine Form des Tarockspiels als Urbild des »Ewigen Tarot« gilt: das Marseiller Tarock. Für noch ältere Tarock-Karten (Nr. 139 und 172-74) besteht weniger unter Esoterikern als bei Historikern und Kunstliebhabern Interesse. Nun ist es eine wenig beachtete, aber unumstößliche Tatsache, daß das Marseiller Tarock vor Court de Gébelin nichts mit Wahrsagerei, aber viel mit der menschlichen Leidenschaft für das Kartenspiel zu tun hatte. Seine Geschichte beginnt in Norditalien, wo das Tarock im 15. Jahrhundert entstand. Um die Wende zum 16. Jahrhundert wurde dort ein Tarock-Spiel gezeichnet, das auffallende Ähnlichkeiten mit Karten jener Art aufweist, die wir heute »Marseiller« Tarock nennen ([17] S. 21). Seine Blüte erlebte dieser Kartentyp im 17./18. Jahrhundert in Frankreich. Erst im 18. Jahrhundert jedoch wurde der Begriff »Marseiller Tarock« *(Tarot de Marseille)* geprägt, da Blätter dieser Art nun vorwiegend in Marseille hergestellt wurden. Die ältere Form des Marseiller Tarock pflanzte sich im **Besançon Tarock** und im **Lombardischen Tarock** fort. Die heute als *Tarot de Marseille* verkauften Blätter dagegen gehen auf eine jüngere Form, meist auf ein und dasselbe Spiel des Nicolas Conver von 1760 (Nr. 100), zurück. Im 18. Jahrhundert trat das Marseiller Tarock auch in Italien seinen Siegeszug an (s. **Piemonteser Tarock, Lombardisches Tarock**). Darüberhinaus erfreute es sich im deutschsprachigen Raum und in Südosteuropa großer Beliebtheit. Beim Kartenlegen dagegen spielte das Marseiller Tarock noch im 19. Jahrhundert kaum eine Rolle. Dazu bevorzugte man entweder Orakelspiele (vgl. *Lenormand) oder den Tarot von *Étteilla. Erst im Jahre 1889 erschien eine rein esoterische Bearbeitung des Marseiller Tarock (**Oswald Wirth Tarot**). Der **Waite Tarot** aus dem Jahre 1910 sorgte dafür, daß die Ikonographie des Marseiller Tarock noch heute in den meisten esoterischen Tarots nachwirkt. Doch erst im Jahre 1930 wurde das historische Marseiller Tarock selbst als zeitgemäßes Wahrsagespiel herausgegeben (s. Nr. 105).

100 (Marseiller Tarock)
Tarot de Marseille
Original 1760 Nicolas Conver; Nachdruck 1980
Verlag: Boéchat Héron
78 Blatt. KT u. BT frz.

Das Original dieser Ausgabe ist eines der ältesten erhaltenen Marseiller Tarocke und wird heute von der Bibliothèque Nationale, Paris, verwahrt. Es entstand in der Kartenmanufaktur von Nicolas Conver, die von 1760 bis 1803 in Marseille existierte. Convers Spiel dient als Grundlage der meisten aktuellen Bearbeitungen des Marseiller Tarock. Seine Motive wurden in Holz geschnitten und die Drucke mit Hilfe von Schablonen koloriert. Dieses Verfahren ermöglichte es, einen ausgereiften künstlerischen Entwurf auch beim Stand der damaligen Technik in hohen Auflagenzahlen bei vertretbaren Kosten zu vervielfältigen. Die Schablonenkolorierung bringt es mit sich, daß jedes Motiv aus größeren monochromatischen (einfarbig gestalteten) Flächen besteht. Durch die zurückhaltende Farbgebung allein in Rot, Gelb, Blau und Schwarz wurde ein ausgewogener Gesamteindruck erzielt. Ganz abgesehen von seiner historischen Bedeutung für die Geschichte von *Tarock und *Tarot ist dieses Spiel ein ausgezeichnetes Beispiel angewandter Kunst des 18. Jahrhunderts. Der Nachdruck ist Kartenlegern gewidmet; nichts wird über den geschichtlichen Hintergrund mitgeteilt.

101 (Marseiller Tarock)
Le Tarot de Marseille
Original 1760 Nicolas Conver; Neubearbeitung 1985 Gilles und Anne Marie Hipeau
Verlag: Imagerie Maat
78 Blatt in Übergr. KT u. BT frz.; handkolorierte Nachzeichnung in limitierter Aufl. v. 250 Ex., von den Künstlern signiert und numeriert.
Dieses in der Künstlerwerkstatt *Imagerie Maat entstandene Spiel ist so etwas wie eine kunsthandwerkliche Wiedergeburt des Marseiller Tarock von Nicolas Conver (Nr. 100). Gilles und Anne Marie Hipeau haben sich gewiß mehr Mühe in der Nachschöpfung dieses klassischen Spiels gegeben, als das selbst bei der Herstellung des Originals der Fall war. Denn in der Marseiller Kartenmanufaktur des Nicolas Conver produzierte man ja nicht für Sammler, sondern für Kartenspieler, und zwar in möglichst hohen Auflagen, ohne Rücksicht auf filigrane Feinheiten des Pinselstrichs. Woher kommt die Motivation für soviel kunsthandwerkliche Akribie in der Imagerie Maat? Der beigefügte Text verrät es: aus der ernsthaft empfundenen Überzeugung, daß der Tarot eine Manifestation ewiger Wahrheiten sei.

102 (Marseiller Tarock)
Tarocco di 78 Carte Bologna Sec. XVIII
Original Mitte bis Ende des 18. Jahrhunderts Giacomo Zoni; miniaturisierte Faksimile-Ausgabe 1989
Verlag: Il Meneghello
78 Blatt im Buchdeckeleinband. KT frz., ohne BT.
Obwohl dieses Spiel in Bologna entstand, ist es kein **Bologneser Tarock** im stilgeschichtlichen Sinn, sondern ein Marseiller Tarock. Im 18. Jahr-

hundert entstanden in Italien zwei neue Varianten des Marseiller Tarock, die für die dortige Entwicklung des Tarockspiels maßgeblich wurden: das **Piemonteser Tarock** und das **Lombardische Tarock**. Es gab jedoch auch Kartenmacher, die aus der Ikonographie dieser beiden Typen Mischformen schufen (vgl. auch Nr. 109), darunter auch Giacomo Zoni aus Bologna. Wie in einem frühen Piemonteser Tarock ([17] Abb. Nr. 33) trägt auch in seinem Spiel die KAISERIN Flügel. Die Farben der in Holz geschnittenen und schablonenkolorierten Kartenmotive sind geschmackvoll ausgewählt; es wurden zwei Blautöne, Grün, Braun und Umbra verwendet. Das Mini-Faksimile im Buchdeckeleinband ist sicher nicht ohne Reiz für Sammler. Allerdings wäre es hilfreich gewesen, hätte der Verlag diesem Mini-Paket wenigstens eine Mini-Information beigelegt.

103 (Marseiller Tarock)
Tarot des Centuries

Original 1713 J. P. Payen; Neubearbeitung 1984
Verlag: Boéchat Héron
78 Blatt. KT u. BT frz.

Die eigentümliche Zwitterstellung des Tarock zwischen Kommerz und Kunstgeschichte wird an diesem Spiel besonders deutlich. Dem *Tarot des Centuries* liegt ein historisches Spiel des Avignoner Kartenmachers J. P. Payen aus der Sammlung Borvo zugrunde, das im Jahre 1713 entstand ([7] S. 71, S. 144). Ausgenommen ein Spiel von Jean Noblet aus der Mitte des 17. Jahrhunderts im Besitz der Bibliothèque Nationale, von dem es jedoch keine gedruckte Ausgabe gibt, ist diese Vorlage das älteste erhaltene Marseiller Tarock überhaupt. Nicht sein kunsthistorischer Wert regte jedoch die Neubearbeitung an, sondern der Wunsch nach geschichtsträchtigem Flair, um endlich auch den berühmten südfranzösischen Arzt und Astrologen Nostradamus (1503-1566) als Galionsfigur der Tarot-Esoterik aufbauen zu können. Deshalb wurden die Titel einiger Trumpfkarten der eigentümlichen Ausdrucksweise seiner »prophetischen Centurien« (*centurias propheticas*) angepaßt. Außerdem ersetzte man auf der Zwei der Münzen und der Sieben der Becher die Initialen des Kartenmachers durch die Buchstaben N. D. (für Nostre-Dame). Zur Bemäntelung des Spiels als Orakel aus dem Besitz des legendenumwobenen Propheten trug Dominique Webb eine Menge charmanter Flunkereien bei. Auch ein Ausschnitt aus einem angeblichen Manuskript des 16. Jahrhunderts wird präsentiert; zu sehen sind darauf allerdings nur Umzeichnungen des Spiels von J. P. Payen.

104 (Marseiller Tarock)

Tarot Rhenan

Original um 1800 Ignaz Krebs; Nachdruck 1984
Verlag: Piatnik
78 Blatt. KT frz., BT dt.

Auch in Deutschland fertigten die Kartenmacher das Marseiller Tarock. Der sogenannte *Tarot Rhenan* entstand in der Freiburger Werkstatt des Ignaz Krebs. Man übernahm die Kartentitel, nicht ohne einige Rechtschreibfehler zu begehen, in französischer Sprache, unterwarf die Motive jedoch einiger Veränderung. Die Figuren wirken hier etwas stämmiger, und die Gesichter sind nicht so fein gezeichnet wie bei den französischen Vorbildern. Die Ausdrucksstärke liegt eher in der bewegten Dynamik: Der TOD etwa führt die Sense mit sausendem Schwung, und der Engel der MÄSSIGKEIT gießt mit auffällig koordinierter Körperbewegung die Flüssigkeit von einem Krug in den anderen. Insgesamt ist eine Tendenz zur Vergröberung bei der Linienführung und Kolorierung, ähnlich wie beim **Piemonteser Tarock**, unübersehbar. Doch auch hier zeigt sich der sichere Geschmack der alten Kartenmacher in der Auswahl der passenden Farben für die monochromatischen Flächen des Holzschnittes. Zum Lieferumfang gehört das Begleitheft des **Pointner Tarot** (Nr. 145).

105 (Marseiller Tarock)

Ancien Tarot de Marseille

Original 19. Jahrhundert; Neubearbeitung 1930
Verlag: Grimaud
78 Blatt. KT u. BT frz./engl.; auch in Mini; ergänzende Literatur von Colette Silvestre Haeberle: Tarot — Spiegel des Schicksals (Urania).

Paradoxien sind in der buntschillernden Welt des Tarot an der Tagesordnung. So steht auch die Bezeichnung *Ancien Tarot de Marseille* (»Altes Marseiller Tarock«) nicht für Bewahrung, sondern für Erneuerung des Überlieferten. Der *Ancien Tarot de Marseille* ist deshalb von großer Bedeutung, weil damit aus dem historischen Marseiller Tarock überhaupt erst ein modernes Wahrsagespiel entwickelt wurde. Als Vorlage für den *Ancien Tarot de Marseille* diente ein **Besançon Tarock** des 19. Jahrhunderts aus den Beständen der traditionsreichen französischen Kartenmanufaktur Grimaud. Nachdem die Trümpfe JUPITER und JUNO durch PAPST und PÄPSTIN ersetzt worden waren, wurde es im Jahre 1930 unter dem Namen *Ancien Tarot de Marseille* erneut herausgegeben ([7] S. 121). Es war die erste Edition des Marseiller Tarock, die einzig und allein auf das Kartenlegen ausgerichtet war. Sie bewirkte, daß sich das

Marseiller Tarock als esoterisches Kartenspiel durchsetzte. Dies war sicherlich in erster Linie das Verdienst des Firmenleiters, Paul Marteau, von dem die Gesamtkonzeption des *Ancien Tarot de Marseille* stammte. Marteau war nicht nur Geschäftsmann, sondern auch Kenner der Tarot-Esoterik und Verfasser eines Lehrbuches zur *Divination mit dem Marseiller Tarock (*Le Tarot de Marseille*, Paris 1949; vgl. [7] S. 141). Von der grafischen Gestaltung des *Ancien Tarot de Marseille* bis hin zu seiner literarischen Flankierung setzte Marteau Maßstäbe in der Kunst, dem Tarot-Publikum historisches Flair mundgerecht anzubieten. So konnte der *Ancien Tarot de Marseille* zu einem Trendsetter für den Tarot des 20. Jahrhunderts werden. Ob die optische Veränderung der archaischen Motive des Marseiller Tarock, vor allem die Kolorierung, auch geschmacklich ein Volltreffer ist, sei dahingestellt. In plakativen Farben stehen die Gestalten vor einem blütenweißen Hintergrund, als seien sie auf eine Leinwand projiziert. So könnten sie auch für einen Zeichentrickfilm gedacht sein, der das Mittelalter in bunten Bildern wiederauferstehen läßt. Das große Publikum allerdings hat längst sein Urteil abgegeben; die Verkaufszahlen sprechen eine deutliche Sprache. Marteau als Esoteriker wirkt noch bis in die Gebrauchsanleitung der aktuellen Ausgabe des *Ancien Tarot de Marseille* nach. Die Differenzierung in zwei Betrachtungsweisen bei der Auslegung jeder Karte (geistig-seelisch und körperlich) ist ein Nachhall jenes Deutungssystems, das er einst entwickelte. Allerdings enthielt es ursprünglich drei Aspekte, nämlich »Geist«, »Anima« und »Physis« ([26] S. 239 ff.). Das Buch von C. Silvestre-Haeberle (s. auch Nr. 165 und 207) interpretiert den *Ancien Tarot de Marseille* aus dem Blickwinkel der Lehren von *Papus. Besondere Berücksichtigung finden darin die Kleinen Arcana im Zusammenhang mit den zwölf Himmelshäusern der *Astrologie.

106 (Marseiller Tarock)
Tarot Classic
Original drittes Viertel des 19. Jahrhunderts Johannes Müller d. J.; Nachdruck 1971
Verlag: AG Müller
78 Blatt. KT u. BT dt.; ergänzende Literatur von Stuart R. Kaplan: Tarot Classic (U. S. Games).
Spätestens im 18. Jahrhundert begannen schweizerische Kartenmacher mit der Fabrikation des Marseiller Tarock ([8] S. 217 ff.). In den katholischen Gegenden des Landes wurde von den Kartenspielern die Variante des **Besançon Tarock** bevorzugt, weil sie ihnen das Ärgernis der Darstel-

lung von PAPST und PÄPSTIN ersparte. In den evangelischen Landesteilen dagegen erfreute sich der Standardtyp des Marseiller Tarock größter Beliebtheit. Diesem gehört auch der *Tarot Classic* an. Sein Prototyp war ein Spiel des Genfer Kartenmachers Gassmann aus der Mitte des 19. Jahrhunderts, das noch im Holzschnitt gearbeitet worden war. Es wurde gegen Ende des Jahrhunderts von Johannes Müller d. J. (s. auch Nr. 17) offenbar mit dem Farbstift für die Lithographie vorbereitet. Da die Handzeichnung auch noch im Nachdruck deutlich zu spüren ist, besitzt der *Tarot Classic* gegenüber dem kühlen Perfektionismus vergleichbarer Blätter einen ganz eigenen Reiz. Wohltuend ist die dezente Farbgebung in Gelb, Grün, Blau und Lila. Die Ikonographie der Trümpfe entspricht, ein paar Kleinigkeiten ausgenommen, den französischen Vorbildern aus dem 18. Jahrhundert. Die Gestalten wirken hier etwas gravitätischer als im Spiel Convers (Nr. 100) und zeigen ausdrucksvollere Gesichter. Die Zahlenkarten in den vier Spielfarben zeichnen sich durch dekorative Ornamentik aus. Im Kommentar widmet sich Stuart R. Kaplan neben dem Kartenlegen auch der Geschichte von *Tarock und *Tarot. Er stammt jedoch noch von 1971 und ist deshalb in seinen Aussagen teilweise veraltet.

107 (Marseiller Tarock)
Tarot de Marseille
1990
Verlag: AG Müller
78 Blatt. KT u. BT dt.

Auch der traditionsreiche schweizerische Spielkartenhersteller AG Müller konnte bei der Herausgabe eines modernisierten Marseiller Tarock auf ein Original aus eigenem Bestand zurückgreifen. Als Vorlage diente das Spiel des Genfer Kartenmachers Gassmann aus dem 19. Jahrhundert, das schon 1971 als *Tarot Classic* in überarbeiteter Form neu herausgegeben worden war (Nr. 106). Mit moderner Reprotechnik wurde eine absolut gleichmäßige Farbverteilung innerhalb der Umrisse der alten Holzschnittmotive sichergestellt. Der farbliche Gesamteindruck des *Tarot Classic* blieb aber weitgehend erhalten. So fiel die Modernisierung merklich zurückhaltender aus als bei vergleichbaren Ausgaben des Marseiller Tarock (Nr. 105, 109, 110, 111). Natascha Norton gibt neben der Anleitung zum Kartenlegen auch einen kurzen Einblick in die geschichtlichen Hintergründe.

108 (Marseiller Tarock)

Angel Tarot

1980
Verlag: U. S. Games
78 Blatt. KT u. BT engl.

Der *Angel Tarot* ist nicht, wie der Titel zu verheißen scheint, ein »Engel«-Tarot. Angel ist lediglich der Firmenname des japanischen Herstellers. Es handelt sich dabei um eine modernisierte Ausgabe des Marseiller Tarock. Da die Kolorierung mit Hilfe des Offsetdrucks und nicht, wie in früheren Jahrhunderten, mit Hilfe einfacher Schablonen von Hand vorgenommen wurde, wirkt die grafische Arbeit absolut sauber, aber eben auch spürbar steriler als bei den historischen Vorbildern. Um auch asiatischen Benutzern den Umgang mit den italienischen Spielfarbenzeichen Stab, Kelch, Schwert und Münze zu erleichtern, sind die weltweit bekannten französischen Zeichen Kreuz, Herz, Pik und Karo auf Hofkarten und Kleinen Arcana mit untergebracht; allerdings auf eine Art und Weise, daß sie im Gesamtbild eher wie Fremdkörper wirken. Stuart R. *Kaplan verrät im Begleitheft Wissenswertes zur Geschichte von *Tarock und *Tarot und natürlich darüberhinaus, wie ein altes europäisches Kartenspiel auch im Lande der aufgehenden Sonne das Unvorhersehbare sichtbar zu machen vermag.

109 (Marseiller Tarock)

Tarot Español

Original 1736 Guiseppe Ottone; Neubearbeitung 1975
Verlag: Fournier
78 Blatt. KT u. BT span./engl.

Gleichsam als Rohstoff dieser Ausgabe fungierte ein historisches Tarock-Spiel, das sich im Fournier Museum, Vitoria (Spanien), befindet. Es ist eine frühe italienische Version des Marseiller Tarock von dem Kartenmacher Ottone aus Serravalle bei Catania. Ikonographisch steht sie in der Mitte zwischen dem **Lombardischen** und dem **Piemonteser Tarock**, ähnlich wie das Tarock-Spiel des Giacomo Zoni aus Bologna (Nr. 102). Die alten holzgeschnittenen Kartenmotive wurden neu bearbeitet und mit einem modernen Farbenkleid versehen. An trendgerechter Gefälligkeit stehen sie damit dem **Ancien Tarot de Marseille** (Nr. 105) nicht nach. Doch zu einem auflagenstarken Marseiller Tarock gehört auch die Einbettung in eine adäquate Gedankenwelt. Dafür wurde Stuart R. *Kaplan engagiert. Langjährig geübt, mischt er im Begleittext Erkenntnisse der Spielkartenforschung und okkultistische Mythen zu einem unverwechselbaren Ensemble. Um die Herkunft des Produkts gegenüber den Erzeugnissen der französischen, schweizerischen und japanischen Konkurrenz zu profilieren, gab ihm der Hersteller zu guter Letzt noch den Namen *Tarot Español*.

110 (Marseiller Tarock)
Tarot de Marseille
1983 A. Aymerich
Verlag: Fournier
78 Blatt. KT frz., BT frz./engl./span.
Was auf diesem Spiel zu sehen ist, entspricht fast bis ins letzte Detail dem Marseiller Tarock des Nicolas Conver von 1760 (Nr. 100). Die Art und Weise der Gestaltung jedoch ist allein dem Zeitgeschmack verpflichtet. Mit einem popigen Farbenkleid wird das Marseiller Tarock der Ästhetik des *New Age* einverleibt. Das kontrastreiche Nebeneinander leuchtender Töne erinnert ein wenig an den **Balbi Tarot** (Nr. 14), einen modernen Klassiker unter den esoterischen Kartenspielen. Die beigelegte Einführung von Maritxu de Guler (s. auch Nr. 55) trägt der exorbitanten Grafik dieses Spiels Rechnung. Wo sonst wird mit so feurigem Pathos die mystische Tiefgründigkeit des Marseiller Tarock gefeiert?

111 (Marseiller Tarock)
Divination Tarot
1988
Verlag: Naipes Comas
78 Blatt. KT u. BT engl./span.
Auch der spanische Spielkartenverlag Naipes Comas ließ ein Marseiller Tarock gestalten, dessen Konzeption der des **Ancien Tarot de Marseille** (Nr. 105) sehr ähnlich ist. Während der *Ancien Tarot de Marseille* die herkömmlichen Farben Blau, Gelb und Rot in intensivere Töne steigerte, führt der *Divination Tarot* ganz neue Farben in das Marseiller Tarock ein. Auffallend ist das Überwiegen von Lila- und Türkis-Tönen. Die Lobrede auf dieses Erzeugnis verfaßte Margarita Arnal Moscardó (s. auch Nr. 46), eine Vertreterin der zeitgenössischen spanischen Esoterik mit sehr gefühlsbetontem Verhältnis zur Tarot-Mythologie.

112 (Marseiller Tarock)
22 Arcanos Mayores
1981
Verlag: Naipes Comas
22 Blatt in Übergr. KT u. BT engl./span.
Glaubt man dem Verlag, dann stammen diese Karten von einem »proven-

çalischen Renaissance-Kartenspiel ab, das vermutlich auf verloren gegangene gotische Prototypen Kataloniens zurückgeht.« In Wahrheit wandelte man jedoch dieselbe französische Vorlage aus dem 18. Jahrhundert ab wie beim **Divination Tarot** (Nr. 111). Um eine repräsentative, von der Atmosphäre des Historischen umgebene Ausgabe zu schaffen, wurde das Kartenformat vergrößert und die Farbgebung des Originals von Nicolas Conver (Nr. 100) weitgehend beibehalten. »Gotische Prototypen Katalaniens« im Bereich von *Tarock und *Tarot sind beim besten Willen nicht nachweisbar, auch wenn dafür als »Beweis« der spanische Dramatiker Juan de la Cueva (1543 oder 1550-1610) angeführt wird. Er dichtete einst die Erfindung der allerersten Spielkarten einem Bürger Barcelonas mit Namen Vilhan an. Weiter erfahren wir, »kabbalistische Juden« hätten den Tarot aus Indien eingeführt, und jener Vilhan habe ihn in Europa populär gemacht. So mögen schlichtere Gemüter daran glauben, die hebräischen Zauberbuchstaben auf diesen Karten stammten aus der berühmten spanischen Kabbala des Mittelalters. Tatsache bleibt jedoch: Buchstaben und Karten wurden nach einem Schema einander zugeordnet, das der kalifornische Okkultist John H. Dequer austüftelte und im Jahre 1930 veröffentlichte (vgl. Nr. 24 und 59 sowie [8] S. 160 f.).

113 (Marseiller Tarock)
Tarocco Popolare di Marsiglia
1984
Verlag: Il Meneghello
78 Blatt. KT frz., BT ital.

Wie der *Tarocco Popolare di Marsiglia* beweist, kann eine komplette Nachschöpfung des Marseiller Tarock dem historischen Vorbild selbst dann gerecht werden, wenn sie kein aufwendiges und teures Kunsthandwerk (Nr. 101), sondern ein normales, industriell gefertigtes Spielkartenblatt darstellt. Als Vorlage diente hier offenbar der **Tarot Classic** (Nr. 106) oder ein anderes schweizerisches Spiel, das aus dem 19. Jahrhundert stammte. In der Nachzeichnung bleibt die Ikonographie weitgehend unverändert, während die Ornamentik, vor allem der Hof- und Zahlenkarten, behutsam modernisiert wurde. Die Kolorierung verwendet gedeckte, aber kräftige Farben. Geschmackvoll aufeinander abgestimmte Kleinigkeiten ahmen das Aussehen von Faksimile-Ausgaben alter Kartenspiele nach (ungerundete Ecken sowie derber und unlackierter, leicht marmorierter Kartenkarton). Ein Faltblatt enthält die obligatorische Anleitung zum Kartenlegen; über das Marseiller Tarock hingegen erfährt man nichts.

114
Maya Xultun Tarot

1976 Peter Balin
Verlag: Arcana Publishing
78 Blatt. Ohne KT, BT engl.; ergänzende Literatur von Peter Balin: Der Flug der gefiederten Schlange (Sphinx).

Die völkerkundliche Fakultät der *University of California Los Angeles (UCLA)*, einer der renommiertesten Hochschulen der Vereinigten Staaten von Amerika, veröffentlichte im Jahre 1968 *Die Lehren des Don Juan*, einen »wissenschaftlichen Erlebnisbericht« ihres Doktoranden Carlos Castaneda über die Zauberpraktiken eines Schamanen vom Stamm der Yaqui-Indianer. Einige Jahre später nahm sie sogar den Fortsetzungsband *Die Reise nach Ixtlan* als Doktorarbeit an. Es verursachte einen kleinen Skandal in der akademischen Welt, als sich herausstellte, daß in diesen »Forschungsarbeiten« die Grenze zwischen Dichtung und Wahrheit gezielt verwischt worden war. Schon längst hatte Castanedas literarische Fiktion, die Person des Yaqui-Schamanen Don Juan, den Charakter einer Kultfigur angenommen. Auch Peter Balin erhielt den Anstoß zur Beschäftigung mit den frühen amerikanischen Hochkulturen von Castaneda. Er wählte hierbei nicht den akademischen, sondern den künstlerisch-imaginativen Weg. Ausgehend von der Überzeugung, daß alle spirituellen Wege zu ein und demselben Ziel führen, schlug er eine Brücke zwischen der Tarot-Esoterik und der Religion der Mayas. Da hier zwei völlig verschiedene geistige Welten aufeinandertreffen, überrascht es kaum, daß der *Maya Xultun Tarot* nicht ganz einfach zu verstehen ist. Die Symbolik des Tarot wurde in die Mythologie und Götterwelt der Mayas verwoben und den historischen Zeugnissen ihrer Bildkunst nachempfunden. An der Stelle von Kartentiteln findet man die Zahlzeichen der Mayas vor. Balin legte die 22 Großen Arcana als Ausschnitte eines einzigen großen Bildes an, das erkennbar wird, wenn man diese Karten wie ein Puzzle zusammenlegt (vgl. auch Nr. 216). Den gedanklichen Einstieg in die farbenfreudige, exotische Welt des *Maya Xultun Tarot* ermöglicht das dazugehörige Buch.

115
Medieval Scapini Tarot

1984 Luigi Scapini
Verlag: U. S. Games
78 Blatt. KT u. BT engl.

Nachdem Luigi Scapini für Faksimile-Editionen des **Visconti und Visconti-Sforza Tarock** (Nr. 173 und 174) die verlorengegangenen Karten im

Kunststil der damaligen Zeit gemalt hatte, entwarf er einen eigenen Tarot. Nicht nur der Malstil und ein Teil der Motive des *Medieval Scapini Tarot* enthalten Anklänge an die berühmten Visconti-Spiele, auch im Geiste will Scapini damit diesen großen Vorbildern gerecht werden. So gibt es in diesem Kartenspiel nichts, was mysteriös, geheim oder gar obskur wäre. Die esoterische Emblematik und Symbolik der Großen Arcana ist reichhaltig, aber es wird ein ausgesprochen lockerer Umgang damit gepflegt. Heitere Beschwingtheit, ja eine gute Portion Humor durchdringt diese Bilder wie ein allgegenwärtiges Fluidum. Selbst der TOD tanzt. Anleihen bei den Weltmythologien wechseln sich mit Anspielungen auf Gegebenheiten der modernen Welt ab. So erinnert der TURM in seiner stufenförmigen Gestaltung an den Turmbau zu Babel, aber die Katastrophe, von der er heimgesucht wird, scheint nach der pilzförmigen Rauchwolke zu urteilen eine Atomexplosion zu sein. Nachdenklichkeit, Schabernack und romantische Leidenschaft beherrschen das Leben und Treiben auf den Kleinen Arcana. Alle dargestellten Personen sind offenbar im gelassenen Umgang mit dem ganz alltäglichen Chaos sehr geübt. Das gilt auch für die Acht der Münzen, wo sich der Künstler inmitten seiner Familie zeigt.

116
Merlin Tarot
1988 R. J. Stewart und Miranda Gray
Verlag: Aquarian Press
78 Blatt. KT engl.; im Set m. Begleitbuch von R. J. Stewart: The Merlin Tarot.
R. J. Stewart ist unbeirrt im Glauben an die jahrtausendelange Überlieferung des Tarot im Untergrund der Geistesgeschichte. Den wahren Ursprung der magischen Karten meint er bei Geoffrey von Monmouth (geb. um 1100), dem englischen Historiker, Dichter und Bischof von St. Asaph, ausgemacht zu haben. Im literarischen Werk Geoffreys spielt auch der legendäre Zauberer Merlin eine Rolle. In diesem Zusammenhang will Stewart den »Proto-Tarot« gefunden haben, ein esoterisches System, das seiner Meinung nach die Grundlage des Tarot überhaupt ist. Wo allerdings sind die Beweise für solche Vermutungen? Es gibt sie nicht. Es gibt nur die Schlußfolgerungen Stewarts, die er aus seiner eigenen Präsentation des geschichtlichen Materials zieht. Dabei greift er auch auf den kabbalistischen Baum der Sefirot zurück. Darf man fragen, was dieser in einer »keltischen« Überlieferung zu suchen hat? Darüberhinaus ist die Gliederung dieses jahrhundertealten Sinnbildes in drei Sphären oder Welten, wie Stewart sie vornimmt, der jüdischen Kabbala fremd. Diese Idee geht vielmehr auf den französischen Okkultisten Éliphas *Lévi

zurück ([24] S. 147), der auf vielerlei Weise die gedankliche Vorarbeit für die moderne Tarot-Esoterik leistete. Von seinem wissenschaftlichen Anspruch einmal ganz abgesehen, ist der *Merlin Tarot* von der esoterischen Seite her ein phantasievoll ausgearbeiteter, hervorragend systematisierter Tarot. Die schlichten Illustrationen Mirinda Grays bilden den wohltuenden Gegenpol zur nicht unbeträchtlichen Gedankenlast des dazugehörigen Buches. Allerdings sind alle Zahlenkarten von der Zwei bis zur Zehn, verglichen mit der professionellen Gestaltung der anderen Karten, doch allzu bescheiden geraten. Wie zur Entschuldigung deutet Stewart im Vorwort an, daß die Künstlerin unter großem Zeitdruck gearbeitet hat. Der Sachzwang eines festen Publikationstermins konnte offenbar auch mit Hilfe des großen Zauberers Merlin nicht abgewendet werden.

117
Mestieri e Vedute di Milano
Original um 1820 Ferdinando Gumppenberg; Faksimile-Ausgabe 1982
Verlag: Edizioni del Solleone
78 Blatt. Ohne KT, BT ital.; limitierte und numerierte Aufl. v. 1000 Ex.

Mestieri e Vedute di Milano heißt, frei übersetzt, »Ansichten vom Handel und Wandel der Mailänder«. Dieses Spiel zeigt die künstlerische Freiheit, die sich das 19. Jahrhundert in der Gestaltung des Tarockspiels nahm. Es stammt aus der Werkstatt des berühmten Mailänder Kartenmachers Ferdinando *Gumppenberg, eines gebürtigen Münchners. Heute würde man es sicher ein *Souvenirspiel nennen. Vom Hersteller als Huldigung an seine Wahlheimat gedacht, zeigen die 22 Trumpfkarten die architektonischen Attraktionen ebenso wie alltägliches Leben und Treiben in der lombardischen Metropole. Erstaunlich viel paßt doch auf die winzigen Flächen eines doppelfigurigen Kartenspiels. Heute würde sich bestimmt niemand mehr die Mühe machen, bei einem Souvenirspiel auf diese Weise auch noch die Anzahl der Motive zu verdoppeln! Da wird auf Sehenswürdigkeiten aufmerksam gemacht, es werden stadtbekannte Originale und gar technische Sensationen jener Zeit vorgeführt. Die 22 Trümpfe muten fast wie ein Stadtführer an, wie geschaffen für ein Publikum, das noch kein *Tourist Information Office* kannte. In diesen Karten dokumentiert sich die Fähigkeit einer Zeit ohne Telekommunikation, die angewandte Kunst als Nachrichtenmedium zu nutzen. Der Faksimile-Ausgabe ist ein Faltblatt beigelegt, das auch Informationen über die auf den Karten dargestellten Stadtansichten liefert.

Tarocco Milano 1850
S. Nr. 94.

Minchiate

(Nr. 118 bis 120)

Minchiate heißt ein Kartenspiel, das sich aus dem Tarockspiel entwickelte und seit 1530 in Florenz nachweisbar ist. Bald wurde es in ganz Italien gespielt. Bis zum 18. Jahrhundert hatte es das Tarock fast völlig verdrängt. Ohne die Befruchtung durch das **Marseiller Tarock** wäre das Tarockspiel damals in Italien womöglich ganz ausgestorben (vgl. **Lombardisches Tarock, Piemonteser Tarock**). Bis in unser Jahrhundert hinein ist das Minchiate in Italien in ungebrochener Tradition gespielt worden. Heute wird dieses klassische Spiel durch Neuausgaben wieder aktuell. Wie beim **Bologneser Tarock** wurde im Minchiate die Anzahl der Karten gegenüber dem klassischen Tarock verändert. Anstatt zu reduzieren, wurde das 78er Blatt jedoch aufgestockt. Es kamen 20 Karten hinzu, eine wurde herausgenommen (die PÄPSTIN). Wie im Falle des Bologneser Tarock und des **Besançon Tarock** dürfte dies auf Betreiben der Kirche geschehen sein, zumal das Minchiate während der Gegenreformation seine erste Blüte erlebte ([17] S. 15). Unter den insgesamt 97 Karten des Spiels sind 41 Trümpfe. Es gelangten weitere Symbole und Allegorien ins Spiel, nämlich die 12 Tierkreiszeichen, die vier Elemente und die vier Tugenden Glaube, Hoffnung, Liebe und Klugheit. Für die Esoterik wurde das Minchiate erst in allerjüngster Vergangenheit entdeckt.

118 (Minchiate)
Minchiate Fiorentine

1980 Constante Constantini

Verlag: Edizioni del Solleone
97 Blatt. Ohne KT, BT engl./ital.; limitierte u. numerierte Aufl. v. 2000 Ex.

Der engagierte Herausgeber Vito *Arienti veröffentlichte dieses Spiel im Einvernehmen mit der International Playing Card Society. Die Gestaltung beruht auf historischen Vorbildern. Selbst die Holzschnitt-Technik wird vom Stil her nachempfunden. Stuart R. *Kaplan gibt einen Einblick in Geschichte und Regeln des Minchiate. Darüberhinaus legt er die 41 Trümpfe unter esoterischen Gesichtspunkten aus und stellt auch eine Methode bereit, um sie zum Kartenlegen einzusetzen.

119 (Minchiate)
Tarocco Fiorentino
1981 Constante Constantini
Verlag: Edizioni del Solleone
97 Blatt. KT u. BT ital.

Derselbe Künstler, der nach alten Vorlagen das *Minchiate Fiorentine* (s. o.) malte, gestaltete auch dieses moderne Minchiate-Spiel. Mit der harten Konturierung der Motive und den monochromen Farbflächen wird die Holzschnitt-Technik und Schablonenkolorierung der alten Bilder nachempfunden. In Verbindung mit der modernen, plakativen Darstellungsweise entsteht ein Gesamteindruck von eigenwilligem Reiz. Im Gegensatz etwa zu manchen »zeitgemäßen« Ausgaben des **Marseiller Tarock**, die ein ähnlich popiges Erscheinungsbild bieten, ist hier die künstlerische Ambitioniertheit der Modernisierung beachtlich.

120 (Minchiate)
Le Nuove Minchiate di Firenze
97 Blatt. KT u. BT ital.; im Set mit Spielplan, 2 Würfeln und 2 Spielchips.

Der *Tarocco Fiorentino* mit zusätzlicher Ausstattung, als modernes Wahrsagespiel aufgemacht.

121
Minotarot
1982 Eric Provoost
78 Blatt. KT frz., BT engl./frz.; limitierte Aufl. v. 2000 St., v. Autor signiert und numeriert.

Minos, König von Kreta, erhielt vom Gott der Meere, Poseidon, einen weißen Stier zum Geschenk. Statt jedoch Dankbarkeit zu zeigen, verbarg der König das prächtige Tier in seiner Herde. Der erzürnte Poseidon rächte sich, indem er Persiphae, die Gemahlin des Minos, zur Sodomie mit dem Stier verleitete. Daraufhin gebar die Königin den Minotaurus, ein Ungeheuer, halb Stier und halb Mensch. Es wurde in einem Labyrinth gefangengehalten, und um seinen Hunger zu befriedigen, mußte die Stadt Athen jährlich sieben Knaben und sieben Mädchen nach Kreta schicken. Erst der jugendliche Held Theseus, der Sohn des Königs von Athen, besiegte den Minotaurus. Dank eines langen Fadens, den ihm Ariadne, die Tochter des Minos, mitgegeben hatte, fand er glücklicherweise auch wieder aus dem Labyrinth heraus. Diese uralte griechische Sage diente als Anregung für ein wenig bekanntes, dafür aber um so phantasievolleres Tarot-Spiel. Die Mythologie ist hier mehr als nur ein dekoratives Beiwerk.

Mit ihrer Hilfe können Benutzer des *Minotarot* versuchen, einen eigenen Weg durch das Labyrinth der Fährnisse von Liebe und Leidenschaft, Glück und Untergang des menschlichen Lebens zu finden. Die 78 Karten erzählen die alte Legende in Form eines melodramatischen Bildzyklus nach, und je nach persönlicher Entscheidung über den Weg durch das Labyrinth nimmt die Geschichte einen anderen Verlauf. So bizarr und ausgefallen wie die Idee, so stilvoll ist ihre Verwirklichung. Schachtel und Rückseite jeder Karte ziert das weltberühmte Schneckenmuster des Labyrinths des Minotaurus, das auch antike kretische Münzen zeigen. Die delikate Aufgabe der Darstellung des Minotaurus wurde in enger Anlehnung an die kleinasiatische Bronzegruppe »Theseus und Minotaurus« in den Staatlichen Museen von Berlin elegant gelöst. Trotz der sinistren Stimmung, die im Aktionsradius des Monstrums herrscht, entbehren die Szenen, die sich in seiner Gegenwart abspielen, nicht einer gewissen Siuationskomik. Es darf gelacht werden, auch im unterirdischen Reich blutrünstiger Fabelwesen. Ist das nicht eine tröstliche Botschaft, selbst wenn die Wirklichkeit ihre Schrecken nicht verloren hat?
Vgl. Nr. 41 und 122.

122
Il Tarocco Mitologico
1988 Andrea Gamboni und Amerigo Folchi
Verlag: Italcards
78 Blatt. KT u. BT ital./engl.; limitierte u. numerierte Aufl. v. 3000 Ex.
Amerigo *Folchi, der verspielte Romantiker und Liebhaber lyrischer Traumgestalten, wendet sich hier überraschend der schlichten Monumentalität des Klassizismus zu: Gestalten wie aus kühlem weißem Marmor gemeißelt, in edler Einfalt und stiller Größe als Botschafter eines idealen Griechentums. Dieser Wandel hat seinen guten Sinn, denn damit soll ein Dienst an den geistigen Horizonten des Tarot geleistet werden. Die reichhaltige Allegorik der griechischen Sagenwelt wird von Folchi in die Motivwelt des Tarot »übersetzt« und von Andrea Gamboni in Anlehnung an die Freudsche Psychoanalyse gedeutet. Gamboni wendet eine in Tarot-Begleitheften sonst ungewohnte gedankliche Sorgfalt auf, um diese anspruchsvolle Aufgabe zu bewältigen. Fast klingt es wie eine Entschuldigung, wenn er beteuert, er verfolge damit »keine wissenschaftlichen Ziele«. Das Ergebnis seiner Zusammenarbeit mit Folchi sei einfach nur ein »gut aussehender Tarot«. In einem Ressort, wo gerne dick aufgetragen wird, um die eigenen Leistungen ins rechte Licht zu rücken, ist das als wohltuendes Understatement zur Kenntnis zu nehmen, denn tatsächlich

ist das Ergebnis ihrer Zusammenarbeit ein künstlerisch und gedanklich ambitioniertes Tarot-Spiel.
Vgl. Nr. 41, 121, 140.

123
Tarot Moretti
1984 Charles Pasino
Verlag: Moretti
78 Blatt. Ohne KT u. BT; limitierte u. numerierte Aufl. v. 300 Ex.

Bei Pasinos Karten ist es schwer zu entscheiden, ob sie nun *Tarock- oder *Tarot-Karten sind. Eine Zusatzkarte trägt die Beschriftung »à l'usage des joueurs de Tarot« (»zum Gebrauch für Tarock-Spieler«). Die Zahlenkarten zeigen, wie bei modernen Tarock-Spielen üblich, die Spielfarben Kreuz, Herz, Pik und Karo. Doch dürfte sich das Blatt beim Kartenspiel als etwas unhandlich erweisen: Es ist auf rauhen Karton ohne gerundete Ecken gedruckt und hat ein zu kleines Format, um es bequem auf der Hand zu halten. Die künstlerische Gestaltung könnte auch einem esoterischen Gebrauch des Blattes gerecht werden. Da ist ein Zug ins Archaische: ähnlich wie bei den Holzschnitten alter Tarock-Karten werden die Figuren in robuster Einfachheit dargestellt. In den kraftvollen Linien, oft in spitzwinklig-eckiger Manier gezogen, tritt eine expressionistische Tendenz zutage. Die Kolorierung erfolgte in bunten, leuchtkräftigen Farben, die raffiniert gegeneinander abgestuft sind. All dies würde, zusammen mit einer entsprechenden Broschüre, gut in das Bild eines »avantgardistischen« Orakelspiels passen. Doch eine solche Broschüre fehlt. Es wird wohl das Geheimnis von Charles Pasino bleiben, für wen er seine dekorativen Karten geschaffen hat. Vielleicht wollte er sich auch einfach nur nicht festlegen lassen.

Morgan's Tarot
S. Nr. 229.

124
Morgan-Greer Tarot
1979 Lloyd und William Greer
Verlag: U. S. Games
78 Blatt. KT u. BT engl.; ergänzende Literatur von Susan Gerulkis-Estes: The Book of Tarot (U. S. Games).

Zwei amerikanische Tarot-Freaks hatten es sich in den Kopf gesetzt, das »Wissen, die Weisheit und die Deutungen von Paul Foster Case und

Arthur Edward Waite« (s. Nr. 23 und 176) in einem neuen Tarot-Spiel miteinander zu vereinigen. Soll man also annehmen, es handele sich beim *Morgan-Greer Tarot* um eine recht kopflastige Angelegenheit? Weit gefehlt. Wenn etwas den *Morgan-Greer Tarot* zu einem Evergreen gemacht hat, dann die ebenso klare wie gefühlsbetonte Sprache seiner Bilder. Nicht nur der *Rider-Waite Tarot*, auch der **Aquarian Tarot** (Nr. 9) stand ihnen Pate. Die Greers sind Kinder der esoterischen Kultur der sechziger und siebziger Jahre, als die Hippies vom Zeitalter der Liebe und des Friedens träumten. Ihr Tarot ist eine Manifestation der Aufbruchsstimmung und des träumerischen Schönheitsideals jener Zeit: die Männer entweder von androgyner Weichheit (DER NARR) oder mit Bart und fließender Haarpracht (DER MAGIER, DER KAISER, DER WAGEN); die Frauen entweder in wallenden Gewändern (DIE HOHE-PRIESTERIN, DIE KAISERIN, KRAFT) oder ganz »ohne«, in barocken Formen (DIE LIEBENDEN, DER STERN). Alles ist so gut, so frei, so schön, daß nicht irgendein Schatten auf diese Märchenwelt zu fallen scheint. Positives Denken beherrscht auch die Gestaltung des TODES: Der Sensenmann hat zwar ein furchtbares Antlitz, doch eine weiße Rose wächst als Symbol der Hoffnung aus dem Vordergrund des Bildes heraus.

125
Motherpeace Round Tarot
1981 Karen Vogel und Vicki Noble
Verlag: Motherpeace
78 Blatt. KT u. BT engl.; ergänzende Literatur von Vicki Noble: Motherpeace. A Way to the Godess through myth, art, and Tarot (U. S. Games).

Zum modernen Klassiker des Tarot wurde dieses Spiel sicher nicht, wie manche (vor allem Männer) meinen, weil es eine so ungewöhnliche Form hat. Die Schöpferinnen des *Motherpeace Round Tarot* dachten sich natürlich einiges dabei, als sie die Karten rund gestalteten. Jedes der 78 Motive soll einen nach allen Seiten offenen Kreis von Sinn und Bedeutung bilden, und auch nach C. G. *Jung ist der Kreis das archetypische Symbol der unversehrten Ganzheit des Menschen. Bedeutung erlangte dieser Tarot aber eher wohl deswegen, weil er starke Impulse aus der Frauenbewegung erhielt, ihre Ideale in lebendigen, allgemein verständlichen Bildern ausdrückte und deshalb auch anregend auf sie zurückwirkte. Das prähistorische Szenario ist wohl eher als Gleichnis denn als Geschichtslektion zu verstehen: Benutzer des *Motherpeace Round Tarot* begeben sich auf eine Reise in die Tiefen der Geschichte. Sie betreten eine »friedliche matriarchale Welt. Diese wurde von patriarchalen Eroberern aus kalten nördlichen Ländern, die dem monotheistischen Kult eines Gottvaters im Himmel huldigten, systematisch ausgerottet.« Einfache, aber eindringliche Bilder beschwören diese heile Welt, in der Frieden statt Krieg und Solidarität statt Konkurrenz geherrscht haben sollen. Die Gestalterinnen ließen sich von Zeugnissen der Geschichte ebenso anregen wie von typischen Merkmalen und Symbolen ihrer eigenen Lebenswelt. Mit diesen Bildern geben sie der Spiritualität des Tarot einen charakteristisch weiblichen Ausdruck. Oft ist darüber gestritten worden, ob dies »Kunst« sei oder nicht. Doch mit solchen Diskussionen wird man der eigentlichen Aufgabe dieses Werkes kaum gerecht. Jene Raffinesse des Einfachen, die sowohl an Höhlenzeichnungen wie an der Graffiti-Kunst zu bewundern ist, sie finden wir auch hier. Um so direkter kommt die Botschaft des *Motherpeace Round Tarot* an.

126
Tarocco della Musica
1981 Osvaldo Menegazzi
Verlag: Il Meneghello
78 Blatt. KT ital., BT engl.; limitierte Aufl. v. 2000 Ex., davon 500 Ex. v. Autor signiert u. numeriert; auch in Mini.

Eine weitere Kostprobe seines karnevalesken Treibens mit der Figurengalerie des Tarot liefert Osvaldo *Menegazzi mit dem *Tarocco della Musica*. Hier werden die Motive des Tarot in die Welt der großen Musik transponiert. Der MAGIER singt den *Rigoletto* und der HERRSCHER den *Don Carlos* von Verdi, die HERRSCHERIN *Turandot* von Puccini. Die Hofkarten und Kleinen Arcana zeigen große Bühnen, wie die Mailänder Scala und das Bolschoi-Theater, daneben berühmte Komponisten und vor allem Musiker mit alten Instrumenten. In der Spielkartenkunst hat es Tradition, bebilderte Kartenspiele, vor allem das *Tarock, zur Darstellung der unterschiedlichsten Themen zu verwenden. Menegazzi führt diesen Brauch fort, er versteht seine historisierenden Spiele (s. auch Nr. 127) aber als Beitrag zum esoterischen *Tarot. Wer es nicht glauben mag, möge sich das *Nocturno* von Franz Schubert anhören und dabei dem MOND des *Tarocco della Musica* eine kleine Meditation widmen.

127
Tarocco con Personaggi Napoleonici
1983 Osvaldo Menegazzi und Giovannini Scarsato
Verlag: Il Meneghello
78 Blatt im Buchdeckeleinband. KT u. BT ital.; limitierte u. numerierte Aufl. v. 2000 Ex.

Obwohl diesem Spiel eine Anleitung zum Kartenlegen beigegeben wurde,

setzt es von der Gestaltung her doch eher die Tradition des *Tarock fort. Tarock-Spiele waren früher, wie Kartenspiele überhaupt, auch Medien zur Übermittlung von politischen Meinungen und Informationen (Nr. 37), zu Zwecken der Bildung (Nr. 75) oder auch der Werbung (Nr. 4). Dieses Blatt ist als eine Reminiszenz an die Napoleonische Zeit gedacht. Fast macht es den Eindruck einer Faksimile-Ausgabe eines Originals aus dem frühen 19. Jahrhundert. Nicht nur der derbe Karton und das Format der Karten ahmen das Aussehen von Spielen aus jener Zeit nach, sondern auch, daß der Maler mit dem Zeichenstift stilistische Eigenarten des Kupferstichs nachvollzieht. Die Bebilderung zeigt Soldaten und Ehrenzeichen der Großen Armee des Imperators sowie Porträts von historischen Persönlichkeiten jener Zeit. Diesem Kartenblatt ging ein anderer »Napoleonischer Tarot« voraus, der 1978 als erstes Spiel von Osvaldo *Menegazzi veröffentlicht wurde.
Vgl. Nr. 126, *Napoleon.

128
Native American Tarot
1982 Magda Weck-Gonzales und J. A. Gonzales
Verlag: U. S. Games
78 Blatt. KT u. BT engl.

M. Weck-Gonzales hat indianische Vorfahren und versetzte die Motive des Tarot in eine Welt, die sie ehren und bewahren möchte. Statt des MAGIERS tritt uns HOSTEEN COYOTE gegenüber, eine Figur aus der Götterwelt der nordamerikanischen Stammeskulturen. Die HOHE-PRIESTERIN ist zur CORN MAIDEN geworden, die das Mysterium der Fruchtbarkeit zelebriert. Statt mit anderen Wesen auf das RAD DES SCHICKSALS gespannt zu sein, hat der Mensch durch das MEDICINE WHEEL auf geheimnisvolle Weise am Einklang von Mikro- und Makrokosmos teil. Ein Gastspiel inmitten dieser heilen, bunten Welt bäuerlichen und kriegerischen Tuns, großer Geister und bescheidener, aber tapferer Menschen gibt auch ein Bleichgesicht: ein Trapper, ausgerüstet mit der bekannten Laterne des EINSIEDLERS. Im Begleitheft erfährt man Wissenswertes und Unterhaltsames über das Leben in der Neuen Welt, bevor dort alles anders wurde. Engagiert wirbt die Schöpferin des *Native American Tarot* für die zerbrechliche Schönheit und seelische Intaktheit einer versunkenen Kultur. Dort spielten ihrer Darstellung nach Frauen die dominante Rolle: Dem »Häuptling«, dem »Krieger« und der »Jungfrau« (sie ersetzen Königin, Ritter und Bube) steht in diesem Spiel deshalb die »Stammesmutter« vor (anstatt des Königs). Jedoch auch im *Native Ame-*

rican Tarot (»Einheimischer amerikanischer Tarot«) behalten die Grundsätze europäischer Esoterik des 19. Jahrhunderts offensichtlich ihre Gültigkeit. Wie der Erklärungstext beweist, fließt viel Gedankengut des *Golden Dawn mit ein.

Vgl. *Indianer.

129
Tarocco Neoclassico Italiano
Original um 1810 Ferdinando Gumppenberg; Faksimile-Ausgabe 1980
Verlag: Edizioni del Solleone
78 Blatt. KT u. BT ital.; limitierte und numerierte Aufl. v. 999 Ex.

Der *Tarocco Neoclassico Italiano* erschien, als sich in Italien die Epoche des *Risorgimento* ankündigte, in der die Italiener den Kampf um ihren Nationalstaat aufnahmen. Die Einstimmung auf den Freiheits- und Einheitsgedanken der Nation erfolgte nicht zuletzt durch eine Besinnung auf das Goldene Zeitalter des Römischen Weltreiches. Das muß man sich hinzudenken, um zu verstehen, was es im von *Napoleon besetzten Italien bedeutete, wenn im *Tarocco Neoclassico Italiano* der HERRSCHER beispielsweise im Habit eines römischen Kaisers erscheint und GERECHTIGKEIT und MÄSSIGKEIT als antike Göttinnen auftreten. Auch ein Kartenspiel war ein willkommenes Medium, um das Gedankengut des *Risorgimento* ins Gespräch zu bringen (vgl. Nr. 37). Wie die anderen der heute wieder aufgelegten Spiele *Gumppenbergs war auch dieses Blatt ein Luxusspiel für gehobene und gebildete Schichten. Dieser Zielgruppe entspricht nicht nur der anspruchsvolle gedankliche Hintergrund, sondern auch die kunsthandwerkliche Qualität. Um eine feine Linienführung und detailreiche Darstellungen zu ermöglichen, wurden die Motive nicht mehr in Holz geschnitten, sondern entweder in Kupfer oder in Holz gestochen. Statt mit der Schablone kolorierte man nur mit dem Pinsel in der Hand. Mit diesem Spiel beginnt die Reihe der künstlerisch hochwertigen italienischen Tarocke des 19. Jahrhunderts (vgl. **Lombardisches Tarock**). Davon verrät der Spielprospekt allerdings nichts, da sich sein Inhalt allein auf das Kartenlegen bezieht.

130
Neuzeit Tarot
1982 Walter Wegmüller
Verlag: U. S. Games
78 Blatt. KT dt./engl./frz., BT dt.

Das erwartungsfroh begrüßte *New Age*, das Zeitalter der Erneuerung des Menschen »von innen«, hat W. Wegmüller zu diesem Tarot-Spiel angeregt. Er selbst hat seine geistige Heimat weniger in der *New Age*-Bewegung als in der vorigen Generation des spirituellen Nonkonformismus. Doch bereitete es Wegmüller, einem erfahrenen Grafiker, keinerlei Probleme, auch für einen *New Age*-Tarot stimmungsvolle Bilder zu malen. Sie werden dem Hunger nach alter (oder wenigstens alt wirkender) Symbolik ebenso gerecht wie dem Bedürfnis nach einer neuen, paradiesischen Welt. Doch wo, so möchte man fragen, ist zwischen dem großen Thema und der zeitgemäßen Gestaltung eigentlich die zündende Idee? Attraktive Grafik ist eines, gedankliche Originalität ein anderes. Zugute halten muß man dem *Neuzeit Tarot* die Unvermeidlichkeit des Dilemmas von Projekten aller Art, die sich mit diesem Thema beschäftigen: Sie künden von einer neuen Zeit — aber sie kennen sie noch gar nicht. Überzeugend wirken »*New Age*-Tarots«, wenn sie die alte, zu überwindende Welt in beredten Bildern kommentieren bzw. sie einfach mit einem nachdenklichen Fragezeichen versehen (Nr. 9 und 175), oder indem sich darin jemand mit seinen ganz persönlichen Erfahrungen einbringt (Nr. 45, 51, 131). Vielleicht wäre Wegmüller dazu auch in der Lage gewesen; doch ohne sich mit den Ecken und Kanten der eigenen Künstler-Persönlichkeit zu präsentieren, wollte ein großer Wurf wie mit dem **Zigeuner Tarot** (Nr. 187) kein zweites Mal gelingen.

131
The New Tarot
1974 Jack Hurley, Rae Hurley und John Horler
Verlag: U. S. Games
78 Blatt schwarzweiß. Ohne KT, BT engl.
Up to date wirken diese Karten in ihrer amateurhaften Schlichtheit heute sicher nicht mehr. Aber sie stehen für ein Stück Tarot-Geschichte. Als *The New Tarot Deck* erschien, erlebten die USA gerade eine Verankerung alternativer Ideen und Lebensweisen in weiten Teilen der Gesellschaft. Es war nicht mehr nur der ausgeflippte Hippie und der Künstler-Bohémien, der als Träger dieses Umbruches auftrat, sondern auch der Nachbar von nebenan. Menschen wie zum Beispiel auch die Hurleys aus Sausalito, California. Emotionale Wärme, spirituelle Erfüllung, Lebens- und Sinnenfreude, Schlichtheit der Lebensführung: das waren die kleinen Utopien, die sie verwirklichen wollten. Dazu gehörte für sie auch die Arbeit an einem eigenen Tarot, und deshalb zeigt dieses Werk die Menschen ungeschminkt und das Leben so, wie es ist (unbeschadet der hochfliegenden Träume). Seine Bilder sind spartanisch gestaltet (Holzschnitt?), doch sie besitzen eine erzählerische Kraft. Im Stil sind sie schwer festzulegen: Rein vom Aussehen her liegen sie zwischen dem abstufungslosen Schwarzweiß von Scherenschnitten und dem sogenannten *wildstyle* von

Graffiti-Pieces. Inhaltlich, vor allem in Verbindung mit dem Bildkommentar, dokumentiert sich eine unverwüstliche Aufbruchsstimmung in eine bessere Welt. Eine Art von frühreifem *New Age* tritt uns gegenüber: Die Grundhaltung ist nonkonformistisch, aber nicht exzentrisch; die alte Welt soll überwunden, aber nicht zertrümmert werden. Gerade weil es dem *New Tarot* an der Geschliffenheit eines kühl und professionell gestylten Tarot-Spiels fehlt, wirkt sein Pathos noch echt.

132
Rolla Nordic Tarot
1980 Rolla K. Nordic und Paul Mathison.
Verlag: U. S. Games
78 Blatt schwarzweiß. BT u. KT engl.
Im Kartenlegen liegt eine Psychologie von ganz eigener Gesetzmäßigkeit. Unverzichtbar ist in den Augen aller Könner dieser Kunst, daß ein jeder, der sie erlernen will, in eine Art persönlicher Beziehung zu seinen Karten tritt. Allgemein lautet die Empfehlung, das eigene Tarot-Spiel mit großer Sorgfalt zu behandeln und seiner Benutzung ein feierliches Gepräge zu geben. Manche halten es sogar für wichtig, es von niemandem sonst anfassen zu lassen. Um psychologischen Erfordernissen dieser Art gerecht zu werden, bietet der *Rolla Nordic Tarot* eine spezielle Möglichkeit. Diese Karten nehmen unter den Händen ihrer Besitzer nämlich erst ihr endgültiges Aussehen an. Sie zeigen Umrißzeichnungen, die mit Hilfe von Anweisungen Rolla Nordics ausgemalt werden sollen. Im Gegensatz zum **Ravenswood Eastern Tarot** (Nr. 148) sind die Motive recht konventioneller Art; sie entsprechen weitgehend denen des **Marseiller Tarock**.

133
The Norse Tarot
1990 Clive Barrett
Verlag: Aquarian Press
78 Blatt. KT engl.; im Set m. Begleitbuch von Clive Barrett: The Norse Tarot.
Der Anschluß der nordischen Götterwelt an das Reich des Tarot ist unwiderruflich Wirklichkeit geworden. Odin und Thor, Freya und Frigga, Baldur und Loki halten Einzug in die Großen Arcana, geleitet von der nordischen Stammeskultur, die in den Kleinen Arcana Platz gefunden hat. Doch man würde dem *Norse Tarot* mit der Behauptung, zu diesem Schulterschluß des Tarot mit einer der großen Weltmythologien sei es allein mit Hilfe des Klebstoffs der Phantasie gekommen, Unrecht tun. Neben der imaginativen Seite besitzt der *Norse Tarot* nämlich auch einen beachtlichen Informationswert. Das dazugehörige Buch berichtet über die Wikin-

ger, die Auseinandersetzungen zwischen Christen und »Heiden« in England und, natürlich, über die *Runen. Selten genug für ein Buch dieser Art: Die Lektüre ist nicht nur spannend, sondern sie beruht auch auf gesicherten Erkenntnissen. Im Mittelpunkt steht beim *Norse Tarot* die Auslegung der Großen Arcana. Jede der Karten wird mit einem Gott bzw. mit einer Göttin in Zusammenhang gebracht. Dafür wird mit Hilfe einer Sage und durch entsprechende Gestaltung des Kartenbildes der erforderliche gedankliche Hintergrund bereitgestellt. In schöpferischer Freiheit neu ausgelegt, bilden die Großen Arcana einen inneren Entwicklungsvorgang ab, der die seelische Reifung des Menschen im Lichte der nordischen vorchristlichen Religion erfaßt. Gegenüber dieser recht subtilen Gedankenwelt wirkt die grafische Gestaltung des *Norse Tarot* schon etwas wunderlich. Zu den rauhen Lebensbedingungen und dem herben Naturell der nordischen Völker will ihr süßlich-lieblicher Stil so gar nicht passen. Diese Bilder könnte man sich eher als Illustrationen für ein Märchenbuch oder für Geschichts-Comics denken.

134
Tarot Numérologique
1986 Richard Bennett.
Verlag: France Cartes
88 Blatt. KT u. BT frz./engl.

Die Numerologie ist meist eine verspielte Orakelei und keine ernsthafte Schicksalsbefragung. Von schlichter Denkungsart indessen ist der *Tarot Numérologique* nicht; zumindest verlangt er seinen Benutzern einige intellektuelle Betätigung ab. Richard Bennett hat die Tarot-Karten in ein ziemlich komplexes Zahlen- und Buchstabensystem eingeordnet. Bilder sind darin nur Beiwerk. Was zählt, ist die gedanklich-systematische Komponente. Um den *Tarot Numérologique* in uraltem Ideengrund zu verankern, holt Richard Bennett sehr weit aus. Er spinnt einen Faden, der von Atlantis über die alten Ägypter und mittelalterliche Geheimtraditionen bis hin zu C. G. *Jung reicht. In Wahrheit schrieb er an ganz anderer Stelle ab: Zum einen aus dem *Tarot der Zigeuner* ([27]) des französischen Okkultisten *Papus, der einer einfachen, seit Jahrhunderten geübten numerologischen Berechnungsweise den wohlklingenden Namen »theosophische Addition« gab. Zum anderen aus dem 20. Kapitel des zweiten Buches der *Occulta Philosophia* des Agrippa von Nettesheim (1486-1535) oder, was wahrscheinlicher ist, bei irgendeinem modernen Autor, der seinerseits bei Agrippa abschrieb. Der hellseherischen Trefferquote beim Kartenlegen mit dem *Tarot Numérologique* muß das natürlich keinen Abbruch tun.

135
Tarot Orakelspiel Rå
1985 Marios Sgouros und Aghios Markos
Verlag: Editions Rå
22 Blatt. Ohne KT, BT dt.; im Set mit 4 Würfeln.

Aus der Ideen-Hexenküche von echten Tarot-Freaks hervorgegangen und im Selbstverlag produziert: das *Tarot Orakelspiel Rå* dokumentiert die Regsamkeit engagierter Amateure auf einem Gebiet, das zunehmend von den Profis der Weisheits-Branche bestimmt wird. Im Mittelpunkt dieses Spiels stehen die 22 Großen Arcana nach »ägyptischer« Art. Der Reiz dieses Kartenblatts liegt gerade nicht in seinem Perfektionismus, sondern in der unverbildeten, vielleicht sogar naiven Frische, mit der hier (zum wievielten Male eigentlich?) wieder ein »ägyptischer« Tarot aus der Taufe gehoben wird. Zum Set gehören vier Würfel (davon einer in Pyramiden-form, aus Gips handgefertigt) sowie ein kleines Spielfeld mit 22 Feldern. Das Spiel beginnt mit der spontanen Auswahl einer Tarot-Karte, des »Signifikators«. Durch Addition der Augenzahl jedes Würfelwurfs mit der Kennzahl des Signifikators werden weitere Karten zur Interpretation ausgewählt. Hat man 11 Karten beisammen, beginnt die Auslegung. Dazu gibt das Begleitheft Hilfen. Sein Inhalt orientiert sich an Aleister *Crowley und der Götterlehre des alten Ägypten, vor allem aber an der persönlichen Tarot-Philosophie der Spielautoren. Ihr Wunsch ist es, dazu beizutragen, daß »die Phantasie, die in jedem Menschen vorhanden ist, geweckt werden kann.«

Tarot Oriental
S. Nr. 253.

136
I Tarocchi delle Origini
1989 Sergio Toppi
Verlag: Lo Scarabeo
22 Blatt. KT u. BT ital.

Der Grafiker Sergio Toppi zeigt hier seine Vorliebe für die Steinzeit. Schon als namhafter Comic-Zeichner hatte er Gelegenheit, dieses Thema zu bearbeiten. Die *Tarocchi delle Origini* (*Tarot der Ursprünge*) werden von Giordano Berti als »Reportage aus einer Millionen Jahre entfernten Epoche« enthusiastisch begrüßt. Die Ur- und Frühgeschichte der

Menschheit spielt von jeher eine schillernde Rolle in dem modernen Mythos des Tarot. Da mag die Versuchung groß gewesen sein, einen Künstler, der sich auf das Zeichnen von Urmenschen, Findlingen und Bärenzahn-Halsketten versteht, auch einmal an einen Steinzeit-Tarot heranzulassen. An grafischer Akkuratesse können Toppis *Tarocchi delle Origini* es wohl mit seinen *Tarocchi Universali* (Nr. 169) aufnehmen, jedoch kaum an geistvollem Ausdruck. Einfühlsames ist Spektakulärem, der individuelle Charakter dem Klischee gewichen. Dicke Steine gehören zu diesem urzeitlichen Szenario ebenso wie dicke Busen, fossile Knochen und ein Stonehenge-Verschnitt als sogenannter »Ort der Kraft«.

137
Tarocco dell'Orror
1987 Gianni Maiotti
Verlag: Il Meneghello
78 Blatt im Buchdeckeleinband. KT u. BT ital.; limitierte u. numerierte Aufl. v. 2500 Ex.

Ein Tarot-Spiel als Schreckenskabinett: Wo wäre so etwas denkbar, wenn nicht in Italien? Und welcher Verlag würde sich bereitfinden, es unter die Leute zu bringen, wenn nicht der von Osvaldo *Menegazzi? Gianni Maiotti gestaltete die Motive der Großen Arcana des *Tarocco dell'Orror* (*Grusel-Tarot*) im bunten, fröhlichen Comic-Stil zu einer grotesken Gruselshow aus. Hier wird im *fortissimo* auf der Klaviatur des Schreckens und der Widerwärtigkeiten gespielt: Die PÄPSTIN eine sadistische Krankenschwester, bereit zum Spritzen mit der ganz dicken Nadel. Der PAPST als Chirurg, mit dem Fuchsschwanz in der Rechten, einen bluttriefenden, abgesägten Unterschenkel in der Linken. Die LIEBENDEN ein Vampir-Pärchen, vereinigt im Doppelsarg. Und die MÄSSIGKEIT? Ein zügelloser, ekelerregender Vielfraß. Unbarmherzig werden Klischees aus Horrorfilm und Groschenroman der Lächerlichkeit preisgegeben. Man darf wohl annehmen, daß Maiotti sich etwas dabei gedacht hat, zu diesem Zweck ausgerechnet die Motive eines Kartenspiels, das in der heutigen Zeit den Ruf eines Weisheitsbuches genießt, zu nutzen. Um das Tarot-Pharisäertum vom Sockel zu stoßen, hält er es mit Ludwig Thoma, dem gefeierten Satiriker des *Simplicissimus*: »Spott«, so sagte dieser, »ist erlösender als schwerblütiger Tadel.«
Vgl. Nr. 30, 60.

138
Papus Tarot

1909 Gérard Encausse (»Papus«) und Gabriel Goulinat; Neubearbeitung
1981 Olivier Stéphane
Verlag: U. S. Games
78 Blatt. KT u. BT engl.

In den achtziger und neunziger Jahren des 19. Jahrhunderts spielte die Esoterik eine nicht unwichtige Rolle im Geistesleben Frankreichs (vgl. Nr. 24, 217, 241). Keimzelle dieser Entwicklung war die berühmte Pariser Bohème im Künstler- und Studentenviertel des Montmartre. Kein Esoteriker erwarb sich damals mehr Ansehen in der intellektuellen Elite des Landes als *Papus. Naturwissenschaftler (Mediziner) und Magier in Personalunion, galt er als Verkörperung faustischen Strebens, das rastlos nach Erkenntnis und Erlösung drängt. Auf dem Gebiet des Tarot setzte er noch heute gültige Maßstäbe. 1889 hatte er seine theoretischen Vorstellungen in dem Werk *Le Tarot des Bohémiens* (deutsch: *Der Tarot der Zigeuner*, [27]) niedergelegt. 1909 folgte *Le Tarot divinatoire* (*Der Tarot der Divination*, [28]), ein Standardwerk des professionellen Kartenlegens. Ursprünglich erschien der *Papus Tarot* als Illustration zu diesem Buch (und nicht etwa zum *Tarot der Zigeuner*, wie Stuart R. *Kaplan im Begleitheft der Karten behauptet). Die Bilder, schlichte Zeichnungen mit ägyptischen Motiven, schuf Gabriel Goulinat nach Anweisungen von Papus. In der Motivauswahl ist der Einfluß der »22 Lames Hermétiques« von Falconnier (Nr. 24, 48, 49) spürbar. Allerdings gab Goulinat den flächigen Reliefstil auf und verlieh allen Gestalten eine plastische Körperlichkeit. Solche Feinheiten sind bei der überstilisierten Neubearbeitung von Stéphane nur noch zu erahnen. Die Eingängigkeit, die von einer auflagenstarken Neuausgabe des *Papus Tarot* erwartet wurde, war nur um den Preis rigoser Abstriche beim Original zu erreichen. Papus hatte sich eine Menge einfallen lassen, um möglichst viel Systematik auf seine Karten zu bannen. Auf breitem Rand trugen die Großen Arcana astrologische Symbole, numerologische und und kabbalistische Zuordnungen sowie stichwortartige Verständnishilfen zu seiner Tarot-Lehre. Die Kleinen Arcana besaßen Untertitel mit Wahrsagebedeutungen. Auf all das verzichtet die Neuausgabe. Auch ihre plakative Farbenpracht dürfte kaum der Absicht des Urhebers entsprechen, bei einem schlichten Erscheinungsbild eine kompakte Vielfalt von Informationen zu vermitteln. Die Gestaltung der Kleinen Arcana des Originals belegt, daß Papus *Étteilla als Meister der Tarot-Divination huldigte. Auf ihn stützt sich auch die Methodenlehre in *Le Tarot divinatoire*. Dieses Buch benutzte Stuart R. Kaplan wiederum bei der Herausgabe des *Papus Tarot*.

So mußte es, wie so oft in der Tarot-Esoterik, zu einem Kuriosum kommen: Einerseits ist der heutige *Papus Tarot* keine authentische Ausgabe des originalen *Papus Tarot*; andererseits aber wird im Begleitheft eine Methode des Kartenlegens vermittelt, die sich konsequenter an Étteilla hält als selbst die Anleitung zur heutigen Ausgabe von Étteillas eigenem Tarot. Vgl. Nr. 26, 52, 56.

139
Pariser Tarock

Original Anfang 17. Jahrhundert; Faksimile-Ausgabe 1985
Verlag: Grimaud
78 Blatt. KT u. BT frz.

Im 17. Jahrhundert hatte des Tarockspiel in Frankreich eine außerordentliche Popularität erlangt. Doch sind aus dieser Zeit nur vier Spiele (zum Teil unvollständig) erhalten geblieben. Das älteste von ihnen ist zugleich auch das älteste vollständige Tarock-Spiel überhaupt. Es wird *Pariser Tarock* genannt, doch diese Bezeichnung ist nur eine Verlegenheitslösung. Den Beschriftungen der Karten ist zu entnehmen, daß sie in Paris hergestellt wurden, jedoch wurde die Signatur des Kartenmachers entfernt. Das Original dieses Spiels befindet sich heute in der Pariser Bibliothèque Nationale. Hinweise auf die Kreise, in denen es benutzt wurde, könnten vielleicht die Wappen französischer und italienischer Adelsgeschlechter auf den Karten der Spielfarbe Münzen geben. Die Bilder des Spiels sind sehr ungewöhnlich. Der Künstler verarbeitete französische, italienische und spanische Stilmerkmale der Spielkartenkunst seiner Zeit zu einer einzigartigen Komposition. Die Holzschnittechnik ermöglichte ihm weder filigrane Detaildarstellungen noch raffiniertes Schnörkelwerk. Seine Figuren besitzen deshalb nicht die grazile Eleganz wie auf den handgemalten frühen italienischen Tarocken (Nr. 173 und 174), dafür sind ihre Bewegungen von außerordentlicher Dynamik. Mit einfachen Linien wurde eine lebensnahe Ausdruckskraft der Gesichtszüge erzielt: Die Verschlagenheit steht dem GAUKLER, das Staunen seinen Zuschauern förmlich ins Gesicht geschrieben. Von den LIEBENDEN scheint die Frau nicht so sehr vom Wunsch nach trauter Zweisamkeit beseelt zu sein wie ihr Partner. Das Gesicht der Frau auf der Karte KRAFT ist deutlich von der Anstrengung gezeichnet, die es tatsächlich kosten dürfte, einem Löwen den Rachen aufzureißen. Es entfaltet sich ein ereignisreicher Bildzyklus, dessen Hauptdarsteller noch nicht ikonenhaft typisiert sind, wie später beim **Marseiller Tarock**. Die Rangfolge der Trumpfkarten des

Pariser Tarock entspricht dem Lyoner Tarock des Catelin Geofroy von 1557 (bis heute unveröffentlicht; Original im Museum für Kunsthandwerk, Frankfurt/M.). Dies ist die Anordnung, die in das Marseiller Tarock übernommen wurde und von dort auf die Großen Arcana des esoterischen Tarot überging (vgl. **Waite Tarot**). Dem Nachdruck des *Pariser Tarock* schickt Thierry Depaulis eine sachliche Einleitung voran. Der Herausgeber jedoch mochte bei der Anleitung zum Kartenlegen nicht auf die kecke Behauptung verzichten, daß »diese uralte Methode von den Zigeunern überliefert wurde.«

Tarot Persan de Mme. Indira
S. Nr. 240.

140
I Tarocchi di Andrea Picini

1978 Andrea Picini
Verlag: Galleria Eros Libreria
78 Blatt in solider Holzschachtel. KT ital., BT ital./engl./frz./dt.; limitierte Aufl. v. 1000 Ex., vom Künstler signiert u. numeriert.

Die *Tarocchi Picini* zählen heute zu den modernen Tarot-Klassikern. Ugo Moretti kommentiert, Picini habe dem Tarot »eine leichter assimilierbare Bildgestaltung und eine aktuelle Symbolik verliehen, jedoch ohne ihm irgendetwas von seinen magischen Kräften oder seinem Wahrsagezauber zu nehmen.« Modern ist die Grafik Picinis sicherlich, Ende der siebziger Jahre war sie sogar hochaktuell in ihrer Verbindung von Pop Art und Op Art. Menschen erscheinen in diesem Tarot nur silhouettenhaft, eingebunden in Konstellationen zweidimensionaler Gebilde: übereinandergelegte und ineinander verschachtelte geometrische Figuren, Ornamente, Buchstaben und Zahlen. »Leicht assimilierbar«, jedenfalls im Sinne von eingängig, ist diese Kunst gewiß nicht. Sie bedarf des magischen Wortes, das den Schlüssel zu ihrem Verständnis in die Hand gibt: dieses Wort heißt Psychoanalyse. Selten genug für ein Tarot-Spiel, ist dabei nicht die Archetypenlehre C. G. *Jungs, sondern die Libido-Theorie seines Lehrers Sigmund *Freud der gedankliche Bezugspunkt. Erotische Spannung liegt über vielen Darstellungen, und indem das Geschlecht der Personen nicht immer klar zu bestimmen ist, wird auch die gleichgeschlechtliche Liebe mit in den gedanklichen Horizont dieses Tarot einbezogen (vgl. Nr. 231). Dieser liberalen Grundtendenz werden Morettis Ausführungen allerdings nicht immer ganz gerecht. Er legt die vielschichtigen Motive Picinis im Sinne einer doch recht starren Charakterologie aus. In ihrer coolen

Abstraktheit steht die künstlerische Gestaltung in offenbar gewolltem Gegensatz zum emotionsgeladenen Leitmotiv der Sexualität. Gerade darin liegt der intellektuelle Reiz dieses Werkes; seine Bilder und Zeichen wollen mit Phantasie *und* Verstand zum Sprechen gebracht werden.

Piemonteser Tarock

(Nr. 141)

Man spricht heute viel von einer *»Tarot-Renaissance«, doch kaum jemand weiß, daß Italien schon im 18. Jahrhundert seine »Tarock-Renaissance« erlebte. Nachdem das Tarock dort immer mehr vom **Minchiate** verdrängt worden war, ging der Anstoß zu seiner neuen Blüte vom Nachbarland Frankreich aus. Es war das **Marseiller Tarock,** das von den Kartenmachern der Lombardei und des Piemont nun zum Vorbild genommen und in zwei selbständigen Traditionen fortgeführt wurde: dem Piemonteser und dem **Lombardischen Tarock.** Im Piemonteser Tarock lebt der jüngere Typ des Marseiller Tarock fort. Natürlich wurden die Motive teilweise geändert. Den TEUFEL etwa versah man mit einem zusätzlichen Gesicht auf dem Bauch. Mit der GERECHTIGKEIT vollzog sich eine Steigerung ins Mythologische: sie wurde zu einem geflügelten Engelwesen. Dahinter verbirgt sich keinerlei Tiefsinn, sondern wieder einmal ein Mißverständnis (vgl. Nr. 65 und 172). Im frühen Piemonteser Tarock nämlich wurden manche Details des Marseiller Tarock durch zu krude Holzschnitte geradezu verstümmelt. Vom Thron der Göttin Justitia (DIE GERECHTIGKEIT) blieb nur eine unförmige Masse, die von den Piemonteser Kartenmachern der folgenen Generationen wiederum zu Flügeln »verfeinert« wurde ([17] S. 12). Der rustikale Charakter des Piemonteser Tarock bildet einen reizvollen Kontrast zu den kunsthandwerklich hochstehenden Spielen des **Lombardischen Tarock.** In ungebrochener Tradition wird es bis in die heutige Zeit hergestellt.

141 (Piemonteser Tarock)
Antico Tarocco Ligure Piemontese

Original zwischen 1874 und 1879 Antonio Rossi; Faksimile-Ausgabe 1979
Verlag: Edizioni del Solleone
78 Blatt. KT ital., ohne BT.; limitierte und numerierte Aufl. v. 2500 Ex.

Im Festhalten an der herkömmlichen Holzschnitttechnik stellt das Original dieses Spiels den altertümlichen Charakter des Piemonteser Tarock unter Beweis. Durch die grobe Linienführung erhält es einen fast archaischen Charakter; aus den Augen heutiger Tarot-Liebhaber gesehen könnte dies schon wieder besonders reizvoll erscheinen. Die Gesichter der

Figuren zeigen nur selten einen individuellen Ausdruck, wie etwa beim NARREN oder beim HERRSCHER. Die Kolorierung wurde offenbar im Schnellverfahren vorgenommen; nonchalant wurden kräftige Farben aufgetragen, ohne daß man sich um ein harmonisches Miteinander der einzelnen Töne sonderlich gemüht hätte. Dies sind Anzeichen dafür, daß in hohen Auflagen produziert wurde, um die Popularität des Tarockspiels kommerziell zu nutzen. Spieler, die diese Karten als preiswerte Gebrauchsgegenstände ansahen, dürften sich an ihrem unvollkommenen Äußeren nicht gestört haben. Künstlerisch anspruchsvoll gestaltete Blätter, die in der aufwendigeren Technik der Farblithographie hergestellt wurden (vgl. **Lombardisches Tarock**, *Gumppenberg), konnte sich eben auch in jener Zeit nicht jeder leisten.

142
I Tarocchi di Pinocchio
1988 Armando Valcauda
Verlag: Lo Scarabeo
22 Blatt. KT u. BT ital.; limitierte u. numerierte Aufl. v. 888 Ex.
Wie viele italienische Tarot-Designer ist A. Valcauda zunächst als Zeichner von Comics, Zeichentrickfilmen und Werbegrafik hervorgetreten. Im Gegensatz zu anderen Kollegen (vgl. Nr. 67, 136, 166) hat er dabei nicht für Erwachsene, sondern für Kinder gezeichnet. Vielleicht setzte er deshalb das Märchen von Pinocchio als Tarot in Szene. In bunt-fröhlichen Farben, humorvoll und nicht ohne psychologischen Hintersinn werden Meister Gepetto, die gute Fee, die Grille und andere Gefährten der hölzernen Puppe in die Gefilde der Großen Arcana versetzt. Nur zum Kartenlegen allein sind die *Tarocchi di Pinocchio* wohl nicht gedacht. Warum soll ein Tarot-Spiel nicht auch einmal als Animation zu einer Märchenstunde seinen guten Sinn haben?
Vgl. Nr. 79.

143
Tarocco Storico del Palio di Pistoia
1985 Amerigo Folchi
Verlag: Edizioni del Solleone
78 Blatt. KT u. BT ital.; limitierte u. numerierte Aufl. v. 2000 Ex.
Das zweite Tarot-Spiel Amerigo *Folchis ist ein *Souvenirspiel für seine Heimatstadt Pistoia. Die große Attraktion dieser Stadt ist der *Palio*, eine italienische Festivität mit langer Tradition (vgl. auch Nr. 170), bei der die verschiedenen Teile einer Stadt einen Wettkampf zu Pferde austragen.

Folchi kreierte die Großen Arcana gleichsam als Rundgang durch das historische Pistoia. Der KAISER (L'IMPERATORE) wird als oberster Ratsherr des Magistrats dargestellt, der im 13. Jahrhundert die damals noch freie Stadt regierte. Die Karte DER STERN gibt hinter dem üblichen Motiv einen Ausblick auf das mittelalterliche Stadtbild. Die WELT zeigt den Preis, um den die Teilnehmer des *Palio* kämpfen: ein prächtiges Banner aus Samt, das mit einem Wappen und einem rot-weißen Schachbrettmuster bestickt ist. Dieses Muster kehrt als Hintergrund auf den Kleinen Arcana wieder; die vier Spielfarben repräsentieren die Mannschaften beim *Palio*. Auch in die Gestaltung der Hofkarten ist das Fest einbezogen: König und Königin stellen die Kraft und Geschicklichkeit jeder Stadtteilmannschaft dar. Der Ritter ist ihr Vertreter im Wettkampf, und der Bube verkörpert den Tambour, der das festliche Geschehen eröffnet. Abgerundet wird dieser geschichtsträchtige Augenschmaus durch einen Aufsatz von Giancarlo Jori über die Pistoieser Stadtgeschichte.

144
22 Pittori in 22 Arcani
1989
Verlag: Il Meneghello
22 Blatt in Übergr. KT u. BT ital.; limitierte u. numerierte Aufl. v. 2000 Ex.
In der Präsentation dieser Karten schreibt Osvaldo *Menegazzi, jede Epoche sei durch ihre Tarot-Karten charakterisiert worden, indem die Spielkartenkünstler in sie »das Vermächtnis ihrer geschichtlichen Gegenwart legten.« Um diese Tradition fortzuführen, bat er 22 Maler, jeweils eine Karte zu einem Tarot-Spiel als »Epochenpanorama« der heutigen Zeit beizusteuern. Jeder der Angesprochenen erhielt den Auftrag, ein Großes Arcanum nach freiem Ermessen in seinem eigenen künstlerischen Stil zu gestalten. Das Ergebnis ist ein eindrucksvoller Beweis dafür, wie vielgestaltig die italienische Tarot-Illustration heutzutage ist. Unter den 22 Beitragenden befinden sich, neben Menegazzi selbst, weitere Künstler, die bereits mit eigenen Spielen hervorgetreten sind: Piero Alligo (Nr. 60 und 151), Domenico Balbi (Nr. 14), Gianni Maiotti (Nr. 137), Giovanni Scarsato (Nr. 70 und 127) und Giorgio Tavaglione (Nr. 52, 156, 236). Sie alle werden persönlich vorgestellt und ihre Bilder erläutert.

145
Pointner Tarot
1974 Rudolf Pointner
Verlag: Piatnik
78 Blatt. KT frz., BT dt.

Rudolf Pointner, ein Grazer Maler, fühlte sich als einer der ersten europäischen Künstler herausgefordert, seine eigene Formensprache im Rahmen eines modernen Tarot-Spiels zu erproben. Seine Karten haben für Liebhaber bis heute nichts von ihrer Anziehungskraft verloren. »Esoterischer Allerweltsgeschmack« sind ihre Bilder sicher nicht. Jeder Gefühlstümelei abhold, verkünden sie die Botschaft des Tarot in grellbunten Farbenklängen, mit unrealistischen Figurationen, mit den gewollten Primitivismen und Entstellungen expressionistischer Kunst. Doch ein reiner Expressionist ist Pointner wohl nicht. Wie durch die Hintertür schleichen sich in diese Bilder auch Merkmale des Stils seines Landsmannes Friedensreich Hundertwasser ein. Im Katalog des amerikanischen Vertreibers wird gar behauptet, dies sei ein »Graffiti«-Tarot. Von einem gefühlsmäßigen Kunstverständnis her trifft das (fast) den Nagel auf den Kopf. Vom Standpunkt der Tarot-Praktiker sind solche Fragen überhaupt unnötig. Worauf es ankommt, ist das seelische Feedback mit den Bildern. Die geistige Schwingung des *Pointner Tarot* ist intellektuell, aber nicht unterkühlt, durchdrungen mit intensiven Empfindungen von Farbe, Form und Geheimnis. Das Außerordentliche dieser Edition erstreckt sich indessen nicht auf die schriftliche Beilage. In völliger gedanklicher Unabhängigkeit von der künstlerischen Arbeit Pointners verkündet Georg Gottlob »Forschungsergebnisse« zur Geschichte und Symbolik des Tarot. Seine Auslegungen und Anweisungen stützen sich auf die numerologischen Teile des *Tarot der Zigeuner* von *Papus ([27]). Mit einer gewissen Geringschätzung werden die Kleinen Arcana behandelt, da sie angeblich »weniger phantasieanregend sind.«

Tarocco Popolare di Marsiglia
S. Nr. 113.

146
Prager Tarot
1980
Verlag: U. S. Games
54 Blatt. Ohne KT, BT engl.

Der *Prager Tarot* verkündet eine vorher noch nicht gehörte Offenbarung, nämlich daß der Tarot »auf den ältesten, nach den Fixsternen zusammen-gestellten Mondkalender« zurückgehe. Der »chaldäische« (eigentlich: sumerische) Ursprung der Mondastrologie war dem anonymen Schöpfer dieses Kartenblatts bekannt. Allerdings sind alle kosmischen Bezüge des *Prager Tarot* nicht etwa der sumerischen, sondern der griechischen Astral-mythologie und (wen wundert's?) sogar der Astrophysik des 20. Jahrhun-derts entnommen. Mit festem Griff werden diverse Geistestraditionen in die Pflicht genommen, um ein zeitgemäßes Tarot-Wahrsagespiel auf die Beine zu stellen. Die Geheimnisse der *Kabbala dürfen dabei natürlich nicht fehlen; also wurden den 22 Großen Arcana die 22 Buchstaben des hebräischen Alphabets zugeordnet (nach dem Schema von Éliphas *Lé-vi). Doch damit nicht genug. Hat nicht der Prager Romancier Gustav Meyrink mit seinem Okkult-Thriller *Der Golem* (erschienen 1915) der Tarot-Esoterik in Mitteleuropa den Boden bereitet? Und spielt nicht seit den Tagen Kaiser Rudolphs II. (1576-1612) die magische Folklore der Goldenen Stadt eine Rolle in der Esoterik des Abendlandes? Schließlich gehörte zum Hofstaat dieses mystisch gestimmten Herrschers auch der weltberühmte englische Spiritist John *Dee. Ein *Prager Tarot* war also schlichtweg unvermeidlich. Da dessen Konzeption auch noch Sachkennt-nis im Tarockspiel »nach böhmischer Art« verrät, kann sein Urheber wohl nur Stuart R. *Kaplan heißen.

147
Prediction Tarot
1985 Bernard Stringer und Peter Richardson
Verlag: Aquarian Press
78 Blatt. KT u. BT engl.; ergänzende Literatur von Sasha Fenton: Fortune Telling by Tarot Cards (1985).

Es wurde still um die britische Tarot-Gemeinde, nachdem die reiche Ernte des *Golden Dawn (einschließlich der amerikanischen Nachlese) in die Scheuern gefahren war. Dieser Eindruck entsteht jedenfalls dann, wenn man die relativ geringe Anzahl von Tarot-Veröffentlichungen in Großbritannien zum Maßstab nimmt. Doch Quantität ist nicht gleich Qualität, und da ist ja auch der *Prediction Tarot*, ein Kartenblatt von ästhetischem Äußeren und mysteriösem Inhalt. Indem auf den Großen Arcana alle Personen auf massiven Podesten, vor bewegten Wolkenland-schaften auftreten, erscheinen HOHEPRIESTERIN, HERRSCHERIN, HERRSCHER und HIEROPHANT wie Abgesandte eines fernen Traumreiches. Andere Charaktere werden als skurrile Käuze porträtiert, wie der NARR als Tramp, mit weinroter Nase, in Begleitung einer undefinierbaren Promenadenmischung von Hund. Der MAGIER erscheint als Sonderling verstaubter Gelehrsamkeit nach Art des *Bücherwurms* von Carl Spitzweg. Dies scheint nicht die Welt zu sein, in der man die höheren Weihen in Demut empfängt: Dem GEHÄNGTEN, sonst ein Muster an Duldsamkeit, ist der Protest gegen seine unbequeme Lage deutlich anzusehen. Ungewöhnlich das Können des Malers: jedes Bild ein kleines Gemälde, und alle zusammen wie eine Galerie raffinierter Rätsel. Die Kleinen Arcana tragen die traditionellen Spielfarbenzeichen des **Marseiller Tarock**. Schwerter, Stäbe, Pokale und Münzen sind allesamt mit der fabelhaften Akribie des modernen Fotorealismus gemalt. Der Begleittext verschwendet keine Zeile auf salbungsvolle Beiworte, sondern kommt ohne Umschweife zum Kern der Sache: *Prediction* (Prophezeiung) ist angesagt.

Rajneesh Neo Tarot
S. Nr. 243.

148
Ravenswood Eastern Tarot
1980 Stuart R. Kaplan und Dirk Dykstra.
Verlag: U. S. Games
78 Blatt schwarzweiß. KT u. BT engl.
Wer seine Tarot-Karten selbst kolorieren möchte, dem liefert Dirk Dykstra eine Möglichkeit. Dem *Ravenswood Eastern Tarot* sind Anweisungen beigegeben, wie die Umrißzeichnungen auf den Karten zu aquarellieren oder auf andere Weise auszumalen sind. Diese Motive atmen exotische Atmosphäre. Alle Figuren der Großen Arcana wurden in die Welt von Tausendundeiner Nacht versetzt. Die LIEBENDEN erleben einen Moment der Glückseligkeit im Serail, der GEHÄNGTE erträgt seine schwierige Situation mit der Selbstbeherrschung eines hinduistischen Asketen, und anstatt daß ein geflügelter Engel mit der Trompete zum Jüngsten GERICHT bläst, tanzt Gott *Shiva* zum Anlaß des Weltendes. Bei den Kleinen Arcana schimmern die Motive des **Waite Tarot** durch, verlegt in eine Geographie irgendwo zwischen Kaaba und Taj Mahal. Vgl. Nr. 132.

149
I Tarocchi del Re Sole

1986 Paolo Piffarerio
Verlag: Lo Scarabeo
78 Blatt; 530 Ex. als schwarze Strichzeichnung, 406 Ex. als braune Strichzeichnung. KT u.
BT ital.; limitierte u. numerierte Aufl. v. 936 Ex.

Paolo Piffarerio, ein altgedienter Zeichner von Comics und Zeichentrickfilmen, wählte einen Abenteuerroman von Alexandre *Dumas dem Älteren (1802-1870) zum Thema: *Die drei Musketiere*, die für den Sonnenkönig
(ital. *Re Sole*) Ludwig XIV. ritten und fochten. Ohne jeden Anflug esoterischer Tiefgründigkeit sind die *Tarocchi del Re Sole* einfach ein geschmackvoll gestaltetes Tarot-Spiel. Die minuziösen Federzeichnungen
Piffarerios ahmen den Kupferstich nach. Sie verleihen den Motiven der
Großen Arcana, die sonst meistens in ikonenhafter Ruhe dargestellt sind,
ein bewegtes, lebensnahes Gepräge. Auch auf die Ausgestaltung der
Kleinen Arcana wurde hier ungewöhnliche Sorgfalt verwendet. Diese
Kartengruppe hält sich thematisch eng an die literarische Vorlage. Den
vier Hauptpersonen des Romans ist jeweils eine der vier Spielfarben
gewidmet. Gekonnt stellt Piffarerio sie mit ihren typischen Charakterzü-
gen dar: den noblen, aber launischen und risikofreudigen Athos (Münzen), den lebensfrohen Aramis, amourösen Abenteuern und Gelagen
hingegeben (Kelche); Porthos, den etwas einfältigen Goliath (Keulen),
und d'Artagnan, die Führungspersönlichkeit und der beste Fechter (De-
gen). Bei soviel romanhafter Geschichte scheint eine historische Tatsache
dem Herausgeber entweder unbekannt oder gleichgültig gewesen zu sein:
Auch Éliphas *Lévi, eine der Leitfiguren der Tarot-Esoterik, illustrierte
einst einen der weltberühmten Romane von Dumas (allerdings natürlich
nicht als Tarot-Spiel).

150
Renaissance Tarot

1987 Brian Williams
Verlag: U. S. Games
78 Blatt. KT u. BT engl.

Was ist das Ergebnis, wenn ein amerikanischer Intellektueller mit ausgeprägtem Faible für die Esoterik, ein nicht unbegabter Maler zudem, bei
der Nachschöpfung eines alten europäischen Kartenspiels seiner Imagination freien Lauf läßt? Wenn der Mann Brian Williams und das Kartenspiel Tarot heißt, ist es ein verblüffend unbefangener Rundumschlag in
Geistestraditionen, Mythologien und künstlerischen Stilepochen. Der

Bogen der Anleihen des *Renaissance Tarot* spannt sich von der griechisch-römischen Mythologie, über die holistische Naturphilosophie der Renaissance, bis hin zum Taoismus der alten Chinesen. Auch in seinem künstlerischen Stil ist Williams nur schwer festzulegen. Er versteht es, die ebenmäßigen Körperformen des Klassizismus zu malen, doch stellt er viele Gestalten mit auffällig kleinen Köpfen und langen Gliedmaßen dar. Die Menschen, die er zeigt, sind stolz, schön und geheimnisvoll. Die Farbgebung ist von vornehmer Zurückhaltung und die Ornamentik verspielt, aber sparsam angebracht. Eine gewisse Ähnlichkeit mit Arbeiten von Amerigo *Folchi ist unübersehbar. Ein recht anspruchsvoller Kommentar klärt darüber auf, warum Williams ein Sammelsurium von Themenkreisen in seiner Tarot-Vision vereinigt. Sollen wir uns dem *Renaissance Tarot* mit dem Geschichtsbuch in der Hand nähern? Das will Brian Williams bestimmt nicht. Er ergötzt sich einfach an den Rätseln der Alten Welt und möchte, daß wir es ihm gleichtun. In seinem jungen Heimatland gilt eben: *History is mystery*, und deshalb bereichern die Amerikaner ja auch die Tarot-Kultur unserer Tage so enorm.

Rhenan Tarot
S. Nr. 104.

151
I Tarocchi di Robot
1987 Piero Alligo, Massimo Borrelli und Luisella Prestinoni
Verlag: Lo Scarabeo
78 Blatt. KT u. BT ital.
Dieses Spiel rückt einen in der Welt des Tarot unter-repräsentierten Lebensbereich ins Bewußtsein. Ist es doch »der Beziehung zwischen Mensch und Maschine gewidmet«, wie es heißt. Als ein Gegenmittel, um der zunehmenden Beherrschung des Menschen durch die Technik zu begegnen, ist das Werk aber wohl nicht gedacht. Eher schon als Versuch, das Mysterium Tarot aus dem Schatten des Vergangenheits- und Natürlichkeitskultes treten zu lassen. Hier werden keine okkultistischen Ursprungslegenden über das Kartenlegen aufgewärmt; stattdessen gibt Giordano Berti im (übrigens einmal sehr geschmackvoll gestalteten) Begleitheft präzise Informationen über die Geschichte von *Tarock und *Tarot. Ebensowenig wird mit dem *Roboter-Tarot* eine heile, natürliche Welt beschworen. Es werden, wie schon der Name sagt, wie Menschen gestaltete Apparate vorgeführt. Doch diese synthetischen Wesen setzen sich selbst so vorteilhaft in Szene, daß man fragen möchte: Werden

Maschinen um so sympathischer, je mehr sie uns selbst gleichen? Die Roboter des *Roboter-Tarot*, da gibt es keinen Zweifel, fühlen Liebe und Haß, und sie sind nicht frei von Verrücktheiten und Renommiersucht. Sie haben eine soziale Hierarchie, kennen das Leiden und, wie zu erfahren ist, sogar »die Sehnsucht nach Vollkommenheit«. Nichts also unterscheidet unser Inneres vom Inneren dieser Wesen aus poliertem Stahl (oder ist es Hartplastik?). Es ist nicht auszuschließen, daß sie in ihrer Parallelwelt sogar schon mit einem *Menschen-Tarot* hantieren.

152
Tarocchi Romantici
1989 Giorgio Trevisan
Verlag: Lo Scarabeo
22 Blatt. KT u. BT ital.

»Giorgio Trevisan hat die unterschiedlichen geschichtlichen Ausprägungen der Romantik zusammengetragen, verarbeitet und sie nicht ohne Weisheit in den 22 Karten des *Romantischen Tarot* miteinander vermischt,« schreibt Giordano Berti im Geleitwort zum zweiten Tarot-Spiel dieses Künstlers (s. auch Nr. 89). Darin finde man »die dunklen Phantasmagorien der nordischen Tradition, den feurigen Idealismus der Mittelmeerländer, die vielschichtige deutsche Mystik, den ruhevollen Symbolismus der Franzosen ...« Einzuräumen ist, daß Trevisan diverse Stile der Kunstgeschichte lange genug studiert hat, so daß wir sie jetzt in seinen 22 *Tarocchi Romantici* wiederfinden können. Er versteht es auch, diesen Bildern ein irgendwie mystisches Gepräge zu geben. Doch wo, so möchte man fragen, ist sein eigener Stil geblieben? Und was ist, jenseits des hochgestochenen Wortgeklingels von Giordano Berti, bei diesem aufwendigen Werk wirklich auf der geistigen Ebene herausgekommen? Offenbar nur die Erkenntnis, daß eben auch ein sogenannter »Künstler-Tarot« wie nach einem Kochrezept zubereitet werden kann: in den PAPST einen Schuß Blake, in die LIEBENDEN eine Prise Delacroix und in die KRAFT einen Hauch von Füssli.

153
Royal Fez Moroccan Tarot
Um 1972 Roland Berrill und Michael Hobdell.
Verlag: U. S. Games
78 Blatt. KT u. BT engl.

Neben dem versunkenen Atlantis und dem mythischen Lande Mu gibt es auch eine ganze Reihe historischer Stätten, die zur Wiege des Tarot erklärt wurden. Eine der ausgefallensten Theorien stammt von Paul Foster *Case. Er erklärte die marokkanische Stadt Fès zum mittelalterlichen Dreh- und Angelpunkt der Tarot-Esoterik. Diese Idee wurde von Roland Berrill wieder ausgegraben. Man muß jedoch kein großer Kenner der Materie sein, um festzustellen, daß der *Royal Fez Moroccan Tarot* eigentlich nichts mit der Stadt Fès, dafür aber um so mehr mit dem **Waite Tarot** zu tun hat.

154
Sacred Rose Tarot
Um 1980 Johanna Gargulio-Sherman.
Verlag: U. S. Games
78 Blatt. KT u. BT engl.; ergänzende Literatur von Stephen Culbert: Reveal the Secrets of the Sacred Rose Tarot (U. S. Games).

Die Enstehungsgeschichte dieses Tarot klingt wie ein modernes Märchen. Johanna Sherman, eine junge und begabte, aber unbekannte Künstlerin, begegnet Stuart R. *Kaplan, Tarot-Enthusiast und Chef einer Weltfirma der Spielkartenbranche. Er: auf der Suche nach einem außergewöhnlichen Tarot-Design. Sie: sehr versiert in der Variierung eines symbolträchtigen Motivs, das spätestens seit Umberto Ecos Super-Seller *Der Name der Rose* zum gehobenen Kulturgut zählt. Die Folge dieses Treffens: Ein Kartenspiel, bei dem alle Figuren und Symbole des Tarot »auf Rosen gebettet« sind. Florale Elemente beherrschen die reiche Ornamentik dieses Spiels. Soll man Bezüge zur Sinnbildlichkeit der Rosenkreuzer-Mystik vermuten? Doch nein, die Künstlerin sieht die Rose einfach als poetisches Sinnbild des Aufblühens, der Schönheit und des Verwelkens des Lebens. Die Motive des Tarot sind für sie keine esoterische Rätselgalerie, sondern Gleichnisse ihrer persönlichen seelischen Erfahrungswelt. Die Stimmung dieser Bilder ist ausgesprochen gefühlsbetont, aber keineswegs euphorisch. Trotz überwiegend warmer Farben, trotz aller Weichheit des Pinselstriches haben die Menschen im *Sacred Rose Tarot* etwas Herbes, Unnahbares an sich. Die Augen sind leer und die Münder leidend, selbst beim NARREN und bei den LIEBENDEN. Eine der eindrucksvollsten Interpretationen ist der TOD. Das Geheimnis des Lebens zieht sich im *Sacred Rose Tarot* in die Winkel einer in schöne Bilder vergeistigten Melancholie zurück.
Vgl. Nr. 9 und 185.

155
Sardinia la Magia nei Tarocchi

1984 Osvaldo Menegazzi
Verlag: Il Meneghello
78 Blatt im Buchdeckeleinband. KT ital.; BT ital./engl.; limitierte Aufl. v. 2500 Ex., davon
400 Ex. v. Autor signiert u. numeriert; auch in Mini.

Die Insel Sardinien ist eine Region Italiens mit eigenständigem Gepräge,
das viele urtümliche Züge aufweist. Hier hat sich eine Sprache erhalten,
die dem Lateinischen noch nähersteht als das Italienische. Die sardische
Volkskunst hat sich einen archaischen, unverwechselbaren Charakter
bewahrt, und im Volksglauben der Insulaner spielen bis heute magische
Vorstellungen eine große Rolle. Bei soviel Lokalkolorit konnte es nicht
ausbleiben, daß Osvaldo *Menegazzi, der erfindungsreiche Tarot-Designer, auch die Insel der Sarden in die Palette seiner Themen aufnahm. In
einer Zeit, da die technische Zivilisation ihre Hand unerbittlich auch nach
diesem Reservat des Ursprünglichen ausstreckt, will Menegazzi sardische
Kultur und Eigenart ins Blickfeld rücken. Archäologische Funde und
Stücke aus kulturgeschichtlichen Sammlungen regten ihn zur Bildreihe
der Großen Arcana an. Die Figuren auf den Hofkarten des Spiels treten
in den traditionellen Trachten Sardiniens auf. Die Kleinen Arcana geben
einen Eindruck von der sardischen Heraldik, indem sie die Wappen der
Hauptregionen der Insel abbilden.

156
La Scala d'Oro

1979 Giorgio Tavaglione
Verlag: U. S. Games
78 Blatt. KT ital., BT engl.

Giorgio Tavaglione ist beides, Künstler und Esoteriker. Deshalb gibt es
auf seinen Kartenspielen (s. auch Nr. 52 und 236) ebensoviel zu bewundern wie zu ergrübeln. *La Scala d'Oro (Die goldene Treppe)* zeigt ein noch
üppigeres Dekor als seine beiden anderen Spiele: auf jeder Karte ein
Reigen von Flechten und Schnörkeln, Bordüren und Schlußleisten, die
raffiniert das Bild in der Mitte umspielen. Dieses selbst nimmt einen
vergleichsweise bescheidenen Anteil der Kartenfläche ein, damit ausrei-
chend Platz für ein reichhaltiges Angebot an okkultistischen Zeichen und
Sinnbildern bleibt. Umrahmt von kabbalistischen, astrologischen, numerologischen, buchstabenmystischen und wer-weiß-welchen magischen
Chiffren wirken Tavagliones genußfreudige Gestalten nur um so kesser.
Die Würdenträger sind in prachtvolle Renaissance-Gewänder gekleidet,
aber alle besitzen sie Gesichter heutiger Menschen und attraktive Körper,

die sie offenbar gerne vorzeigen. In kunstvoller Filigranarbeit wird eine unerschöpfliche Fülle von Details präsentiert; hier bekommt man selbst noch in den Falten des Säckchens, das der NARR über der Schulter trägt, Sternzeichen und Planetensymbole geboten. Als spirituell Übender will Tavaglione sehr ernst genommen werden. In Anspielung auf eine Metapher aus Dantes *Göttlicher Komödie* nennt er die 78 Blätter seines Tarot »Goldene Stufen« zur geistig-seelischen Vollkommenheit. Etwas greifbarere Vorbilder dieses Werkes sind *Mathers und *Papus. Viel Sorgfalt wurde auch auf das Äußere des Begleitheftes verwendet, indem es als ein kleines Meisterwerk der Schreibkunst gestaltet wurde.

Die Schule des Tarot für Einsteiger
S. Nr. 244.

Secret Dakini Oracle
S. Nr. 245.

157
The Simplified Tarot
1984 Paul de Becker
Verlag: Carta Mundi
78 Blatt schwarzweiß. KT u. BT engl.

Der Titel dieses Tarot gibt ein Rätsel auf, allerdings kein einfaches, wie zu vermuten wäre. »Vereinfacht« ist hier weder die Aussage der Bilder (sie zu verstehen setzt offene Augen und einen hellen Kopf voraus) noch die Anwendungsmethode für die Karten (sie ist zumindest nicht anspruchsloser als sonst auch). Die Zeichnungen de Beckers sind schlicht, doch alles andere als simpel. Mit sparsamen Linien, jedoch eindringlich legen sie die Innenwelt der Charaktere frei. Scheinbar naiv, aber mit feinem Humor fordern sie vom Betrachter tätige Mitarbeit, um hinter die Bildpointe zu kommen. Die PÄPSTIN, in Gebetshaltung erstarrt, mit argwöhnischem Blick und verkniffenem Mund, zeigt sich als unfreiwillige Verkörperung spießbürgerlicher Bigotterie. Der KAISER thront in geschulter Herrscherpose; doch irgendwie scheint es, als sei sein überdimensionaler, steif gezwirbelter Schnurrbart kurz davor, sich endlich schlaff und ermüdet nach unten zu neigen. Die STÄRKE ein Mannsbild, das vor Kraft kaum noch laufen kann, und der EINSIEDLER ein vergrämter Greis, der niemanden mehr mit dem Licht der Erkenntnis zu erleuchten vermag, da um ihn herum ohnehin hellichter Tag herrscht: diese »simplen« Bilder stecken voller Erzählkraft; an ihnen bewahrheitet sich das Wort Erich Kästners, daß Zeichner keine farblosen Maler, sondern Schriftsteller ohne Buchstaben seien. Mit diesen Karten ist es

Paul de Becker gelungen, der Kunst der Karikatur im Tarot ein beachtliches Werk hinzuzufügen (vgl. Nr. 30 und 247). Ursprünglich wurden sie in Belgien unter dem Titel *De Armemensen Tarok* (»Arme-Leute-Tarot«) veröffentlicht, eine Bezeichnung, die ihrer Doppelsinnigkeit eher gerecht wird als die jetzige.

158
Il Tarocco di Ṣissi
1988 Amerigo Folchi
Verlag: Italcards
78 Blatt. KT u. BT dt./ital./engl.

Wer zweifelte noch daran, daß Amerigo *Folchi aus jedem beliebigen Thema einen Tarot machen kann? Mit einer italienischen Hotelkette als Sponsor im Rücken, wandte er sich der Lebensgeschichte der Elisabeth von Österreich zu. Als süße Kindfrau »Sissi« auf dem Kaiserthron schon zu Lebzeiten eine Legende, wurde sie durch die filmische Darstellung Romy Schneiders vollends zur Mozartkugel fürs Gemüt. Anregungen für den *Sissi Tarot* empfing Folchi von Wandmalereien in einer der Nobelherbergen seines Auftraggebers, die einst als Jagdresidenz der Habsburger diente. Es versteht sich, daß Sissi und ihr Franz Joseph die Hauptrollen in Folchis Version der Wiener Zuckerguß-Saga spielen. Sie märchenhaftzart, er soldatisch-markig, mal beide in Herrscherpose, mal als Liebespaar und natürlich jeder für sich: Franz-Joseph auf der Jagd und auf einer Gedenkmünze, Sissi in großer Garderobe oder ganz privat beim Schminken, ja sogar — pardon — beim Duschen. Auch die bekannte Naturliebe und Einsamkeitssehnsucht der verhinderten Poetin auf dem Thron einer Weltmacht kommt richtig schön zur Geltung, etwa wenn Sissi, ganz allein im tiefen Berg, eine Gams zwischen den Hörnern krault oder freundschaftlich den Arm um den letzten Braunbären des Alpenlandes schlingt. Nicht daß das grausige Ende ihres romantischen Lebens in Folchis Tarot-Melodram fehlen würde: Auf der Zehn der Schwerter (natürlich!) hat auch jener italienische Anarchist seinen Auftritt, der Sissi 1898 in Genf umbrachte. So ging sie dahin, von nachfolgenden Generationen zur Märtyrerin einer vermeintlich heilen Welt gemacht, nun auch für immer bewahrt im Gedächtnis der Tarot-Gemeinde.

Sizilianisches Tarock
(Nr. 159)
Sizilien, eine italienische Region mit eigenständigem Profil, hat auch eine besondere Form des Tarockspiels hervorgebracht. Dazu gehört eine andere Reihenfolge und Benennung der 22 Trümpfe als sonst, eine Redu-

zierung des Spiels auf 64 Blatt und gewisse Besonderheiten des Regelwerks. Gegenüber anderen Tarocken weisen auch die Bilder des Sizilianischen Tarock eine Reihe von Eigentümlichkeiten auf. Zum Beispiel sieht man den TURM nicht vom Blitzschlag getroffen, sondern unversehrt, ohne splitterndes Mauerwerk und in die Tiefe stürzende Menschen. Statt der grazilen Frau WELT tritt der muskulöse Riese Atlas mit der Weltkugel auf den Schultern in Erscheinung. Die KRAFT wird von einer Frau verkörpert, die eine Säule stützt, statt einem Löwen das Maul aufzureißen. Dieses Motiv leitet sich direkt von den frühen italienischen Tarocken ab (Nr. 173 und 174).

159 (Sizilianisches Tarock)
Sicilian Tarot
Original um 1820; Nachdruck 1966
Verlag: Modiano
64 Blatt. KT ital., BT engl.

Das Original dieses Spiels stammt aus Palermo. Es ist ein schlichtes Kartenspiel, mit dem in Italien auch heute noch Tarock gespielt wird. Seine weltweite Vermarktung erfolgt jedoch unter der Flagge der Esoterik. Stuart R. *Kaplan versucht sich im Begleitheft darin, aus den bildlichen Besonderheiten des Sizilianischen Tarock spezielle Kniffe für das Kartenlegen abzuleiten. Aber auch eine Spielanleitung für Tarock-Spieler wurde nicht vergessen.

160
Solleone Tarot
1981 Elisabetta Cassari
Verlag: Edizioni del Solleone
78 Blatt. KT ital./engl., BT engl.

Gegenwärtig erlebt der Tarot eine künstlerische Erneuerung, die in starkem Maße von Italien ausgeht. Elisabetta *Cassari wurde von Vito *Arienti entdeckt; mit ihren vielschichtigen, technisch brillianten Tarot-Illustrationen setzt sie sehr ungewöhnliche Akzente. Sie stellt mit Hilfe des Tarot nicht das Inventar einer heilen Seelenwelt zur Schau, sondern sie sucht ihr Publikum mit packenden, bisweilen erschreckenden Visionen heim. Von eigentümlicher Fremdartigkeit und doch seltsam vertraut sind diese Erscheinungen, wie jene Traumbilder, deren Bedeutung wir beim Erwachen instinktiv verspüren, ohne sie jedoch sofort zu verstehen. Mit einem ausgeprägten Sinn für Dramatik, für Gesten- und Körpersprache baut E. Cassari über alle 78 Karten des *Solleone Tarot* einen Illustrationszyklus von erzählerischer Dichte und perfekter stilistischer Geschlossenheit auf. Sie entfaltet darin die Umgebung eines mittelalterlichen Königreiches. Doch Nostalgie will angesichts der vielen Gefangenen und Gepeinigten in diesem Reich nicht aufkommen. Surrealistische Überzeichnung verleiht dieser Welt etwas Schwebendes, Unwirkliches, doch eine Illusion ist sie sicher nicht, dazu ist sie zu blutig! Selbst die KRAFT und der GEHÄNGTE, zwei Karten, die sonst gerade die Sublimierung ungestümer, triebhafter Dynamik versinnbildlichen, zeigen Mord und Totschlag. Die Geschichte, die hier erzählt wird, läßt kritische Untertöne vernehmen. Ob dies »direkt politisch« ([29] S. 64) gemeint ist oder einfach nur die Tragikomödie menschlicher Verstrickungen vorgeführt werden soll, sei dahingestellt.

161
Das Spiel der Spiele Tarot
1980 Frédéric Lionel und Odile Pinault
Verlag: Aurum
22 Blatt. KT frz./dt., ohne BT; ergänzende Literatur von F. Lionel: Das Spiel der Spiele Tarot. Freiburg 1982.
Im Bestreben, den Tarot als Symbolspeicher einer universalen Erkenntnislehre auszubauen, markiert der Beitrag Frédéric Lionels den vorläufigen Gipfelpunkt an eklektischer Systematik. Lionel will den Tarot nutzen, um den Menschen von heute als geistigen Erben einer Überlieferung einzusetzen, die die »indoeuropäische Tradition mit der durch griechische Klarheit verständlich gewordenen ägyptischen Magie« verbindet. Um diese anspruchsvolle Konzeption zu verwirklichen, nahm er grundlegende Änderungen am gewohnten Erscheinungsbild der Karten vor. Für Lionel hat der in der Tarot-Praxis sonst übliche Grundsatz »Durch die Bilder zu den Bedeutungen« keine Gültigkeit. Aus den Gedankenformen, die er mit jeder Karte verbindet, erwachsen für ihn ganz neue Bilder, oder besser: abstrakte Figurationen, die mit mythologischem, kosmologischem und psychologischem Sinngehalt erfüllt werden. Auf jeder Karte bilden Zeichen und Symbole, geometrische Darstellungen und Farbkompositionen ein Rätsel, das mit Hilfe seines Buches entschlüsselt werden soll. Der Klappentext verrät, dies sei eine völlig neue Art und Weise, den Tarot zu interpretieren. Tatsächlich jedoch führt Lionel einen gedanklichen Ansatz fort, der alles andere als neu ist. Schon *Papus forderte, die Symbole des Tarot »eines nach dem anderen aus fixen und allgemeingültigen Prinzipien abzuleiten« ([27] S. 75). Auch *Mathers erarbeitete ein Tarot-System, das an filigraner Gedankenarbeit

dem Lionels keineswegs nachsteht. Nicht gegeben war den Okkultisten des 19. Jahrhunderts allerdings die Fähigkeit, komplizierte Konzepte auch eingängig darzustellen. Lionel dagegen präsentiert seine Auffassung vom Tarot mit der Routine des geübten Sachbuchautors, der selbst nicht unmaßgeblich zur Entwicklung des intellektuellen Selbstbewußtseins der *New Age*-Bewegung beitrug.

162
Starter Tarot

1976 Stuart R. Kaplan und George Bennett
Verlag: U. S. Games
78 Blatt. KT u. BT engl.

Kartenlegen lernen ist leicht mit Hilfe des *Starter Tarot*, so scheint es. Wenigstens kann man sich damit des Problems entledigen, insgesamt 156 Bedeutungen auswendig zu lernen. So viele Interpretationen sind hier nämlich mit auf die Karten gedruckt, und zwar auf jeder Karte gleich in zweifacher Form (je nachdem ob das Bild beim Auslegen aufrecht oder umgekehrt zu sehen ist). Auch die Motive dieses Spiels scheinen keinerlei intellektuelle Anforderungen zu stellen, ja sie wirken fast noch für Grundschüler zu schlicht. Die Großen Arcana sind frei nach dem **Marseiller Tarock**, die Kleinen Arcana frei nach dem **Waite Tarot** gestaltet, zwei Vorbildern also, die schon deshalb dem Geschmack des Tarot-Publikums entsprechen, weil sie ihn selbst maßgeblich mitprägten. Der *Starter Tarot*, ein perfekt geschnürtes Werbepaket für *Einsteiger in das Kartenlegen, eine Zielgruppe, die heute nach Millionen zählt? Nicht ganz. Die Überraschungen folgen im Begleitheft. Hier spielt Stuart R. *Kaplan einmal nicht den Baron Münchhausen des Mythos Tarot. Stattdessen trägt er ein sehr informatives Resümee der wirklichen Geschichte von *Tarock und *Tarot vor. Darüberhinaus findet sich im Anleitungsteil eine originelle Animation. Es werden vier kurze Geschichten erzählt: die Geschichte einer »aristokratischen«, einer »aufbauenden«, einer »romantischen« und einer »gesetzten« Familie. Die Hofkarten und Kleinen Arcana in den vier Spielfarben sind dazu als Illustrationen angelegt. Ein Weiterspinnen dieser Geschichten in die eigene Lebenswelt hinein könnte eine Aufgabe für einen Tarot-Familienabend sein.

163
Tarocco del Tabacco

1980 Osvaldo Menegazzi
Verlag: Il Meneghello
22 Blatt in metallenem Zigarettenetui. KT ital., BT engl.; limitierte Aufl. v. 1500 Ex., davon
1000 Ex. v. Autor signiert u. numeriert.

Wenn es so etwas gibt wie Tarot-Entertainment, dann gebührt der erste
Preis in diesem Metier Osvaldo *Menegazzi. Und falls es irgendwelche
Zweifel an der Eignung des Tarot als Panoptikum eines der Hauptlaster
der Menschheit gibt, so sei gleich auf die grundlegende Studie Menegazzis
zu diesem ernsten Thema verwiesen (Nr. 70). Was soll man dazu sagen,
daß die WELT im *Tarocco del Tabacco* zu einer Tabaksdose in Form einer
aufklappbaren Weltkugel geworden ist? Wenn ein Aleister *Crowley die
schwarze Magie in die Gefilde des Tarot einführt, dann darf ein Menegazzi doch wohl für ein wenig schwarzen Humor sorgen: Ist es nicht
sinnreich, wenn der TOD aus einer Pfeife kommt, deren Kopf ein Toten-
schädel ist? Gekonnt und stilvoll ist das Ganze allemal, von der kompletten Verwandlung aller Tarot-Motive zu Paraphernalien kultivierten
Rauchvergnügens bis hin zur Verpackungskunst. Tarot-Karten in einer
ziselierten Tabaksdose — das ist eben typisch Menegazzi.

164
I Tarocchi

1988 »Centro Studi di Cartomanzia«
Verlag: Ideabag
2x22 Blatt. KT u. BT ital.

Im *Centro Studi di Cartomanzia* (»Studienzentrum des Kartenlegens«)
fand sich eine Gruppe italienischer Tarot-Enthusiasten zusammen, um
»gemeinsam zu versuchen, die Quelle zu finden, die die Möglichkeit gibt,
unsere brennende Neugier zu befriedigen.« Wenn die *Tarocchi* als das
Tarot-Manifest dieses Kreises angesehen werden dürfen, fand man jene
Quelle im französischen Okkultismus des 19. Jahrhunderts. Dies ist einer
der wenigen Tarots aus Italien, der ein ausgeprägtes Interesse für esoterische Systematik verrät (vgl. Nr. 26, 52, 156). Um sie übersichtlich
darzubieten, wurde jeder Karte eine weitere Karte mit Erklärungstext
beigegeben. Auch optisch entsprechen die Motive in ihrer strengen For-
malisierung dem Bestreben, die Offenbarungen des Tarot in abstrakter
Gesetzlichkeit zu erfassen. In der Meinung, die 22 Großen Arcana seien
Stufen eines initiatischen Weges, liegt man auf einer Linie mit Paul
*Christian. Von Éliphas *Lévi ist die Zuordnungsweise der Großen Ar-

cana zu den Buchstaben des hebräischen Alphabetes übernommen. Charakteristisch ist dabei die Stellung des NARREN zwischen dem JÜNGSTEN GERICHT und der WELT. Ein Novum: Erstere Karte behielt dennoch die Nr. XXII. Bei den astrologischen Entsprechungen ging man einen zeitgemäßen Weg, indem auch die Planeten Neptun, Uranus und Pluto berücksichtigt sind (vgl. Nr. 81 und 85). Wer im Tarot mehr Poesie als Geheimwissenschaft sucht, mag solche Tüftelei belächeln; im *Centro Studi di Cartomanzia* jedoch ist Okkultismus auch in der heutigen Zeit kein Schimpfwort.
Vgl. Nr. 221 und 250.

165
Taromantic
1987
Verlag: Grimaud
26 Blatt. KT u. BT frz.
Seit die Popularitätskurve des Tarot steil nach oben gegangen ist, sind die *Einsteiger in das Kartenlegen zu einer kommerziell interessanten Gruppe geworden. *Taromantic* trägt dem Rechnung; es ist als auflagenstarkes Blatt gedacht, das seinen Benutzern verheißt, sie könnten ohne viel Federlesens der Zukunft ihre Geheimnisse entreißen. Die Prinzipien, nach denen es aufgebaut ist, sind identisch mit dem 1974 in französischer Sprache erschienenen Spiel von Henry de Surrey (Nr. 244). Im Unterschied dazu wurde hier allerdings nicht das Skatblatt, sondern der *Ancien Tarot de Marseille* (Nr. 105) zugrunde gelegt. Dementsprechend sind auch die aufgedruckten Deutungen den Gepflogenheiten der Tarot-Divination (*Divination) angepaßt. Die Anzahl von 26 Blatt ergab sich durch Hinzufügung der vier Asse zu den 22 Großen Arcana. Der begleitende Text von Colette H. Silvestre (s. auch Nr. 105 und 207) beschränkt sich angesichts des erschöpfenden Informationsgehalts der Karten im wesentlichen auf die Schilderung zweier Legemethoden.

166
Tharbon Tarocchi
1987 Roberto Bonadimani
Verlag: Lo Scarabeo
78 Blatt schwarzweiß. KT u. BT ital.; limitierte u. numerierte Aufl. v. 1001 Ex.
Eigentlich wollte sich R. Bonadimani, wie er bekundet, bei der Gestaltung dieses Spiels möglichst weitgehend an den großen Vorbildern der Tarot-Tradition orientieren. Doch im Laufe der Arbeit wurde ihm immer klarer,

daß er die Karten ganz aus seiner eigenen Phantasie heraus erschaffen mußte. Niemand wird bestreiten, daß auf diese Weise ein Tarot mit individueller Note entstand. Bonadimani hat Comics gezeichnet und an *Science Fiction*-Zeichentrickfilmen gearbeitet. Wer sollte berufener sein als er, die Repräsentanten der Tarot-Weisheit nach unzähligen Metamorphosen endlich auch einmal in außerirdische Fabelwesen umzuwandeln? Dies ist die bizarre Welt von *Tharbon*, und schon in diesem Namen liegt ein diskreter Hinweis darauf, in wessen Phantasie ihre Koordinaten liegen: *Tar(occhi) Bon(adimani)*.

167
Tarot of Transition
1983
Verlag: Carta Mundi
78 Blatt. KT u. BT engl.

Tradition und Moderne miteinander zu verknüpfen ist auf dem Gebiet des Tarot eine nie endende Aufgabe. Bei der Gestaltung des *Tarot of Transition* (erstmals in Belgien unter dem Namen *Tarok van de Herleving* erschienen) wurde sie auf einfache, aber wirksame Weise gelöst. Das Kartenblatt gehört zur Gruppe der *»ägyptischen« Tarots. Die Figuren sind im flächigen, stark stilisierten Stil ägyptischer Fresken gemalt. Die Umrahmung jedes Bildes und jeder Beschriftung mit goldenem Rand vermittelt den Eindruck von schlichter Würde, und die Nachahmung des Aussehens von Papyrus durch den marmorierten Kartenkarton erzeugt dezent die Illusion hohen Alters. Für den anonymen Verfasser des Begleitheftes ist der »ägyptische« Tarot ein Symbolspeicher jahrtausendealter Einweihungswege. Er interpretiert die 22 Großen Arcana als Stufen eines Prozesses seelischer Reifung und esoterischer Initiation (Paul *Christian). Die Kleinen Arcana gelten ihm als *Talismane, als geweihte Gegenstände, die das Schicksal günstig beeinflussen sollen. Deshalb wurde diese Kartengruppe mit Insignien versehen, die im religiösen Leben der Ägypter eine charakteristische Bedeutung hatten, z. B. Henkelkreuze, Skarabäen usw. Um ihre magischen Kräfte in einer bestimmten Kartenkonstellation zu bestimmen, wird auf eine grundlegende Regel des Kartenlegens zurückgegriffen. Sie geht auf *Étteilla, den Altmeister der Tarot-Divination, zurück und besagt, daß jede Karte grundsätzlich zwei verschiedene Bedeutungen hat, je nachdem ob ihr Bild richtig oder falsch herum zu sehen ist. Beim Kartenlegen mit dem *Tarot of Transition* wird das Überwiegen »positiver« oder «negativer« Schicksalskräfte durch das Überwiegen aufrecht oder umgekehrt liegender Kleiner Arcana angezeigt.

Tarot Tzigane
S. Nr. 251.

168
Ukiyoe Tarot

1982 Stuart R. Kaplan und Koji Furuta
Verlag: U. S. Games
78 Blatt. KT engl./jap., BT engl.
Mit subtiler Aquarellmalerei haben japanische Maler seit dem 16. Jahrhundert Leben und Alltag ihres Volkes geschildert. Diese Kunst nennt man dort Ukiyo-E (»Malerei der fließenden, vergänglichen Welt«). Der *Ukiyoe Tarot* dürfte für die Liebhaber eines verspielt-besinnlichen Augenschmauses eine willkommene Bereicherung sein. Darin werden die Plätze der herkömmlichen Figuren des Tarot durch Shogune, Geishas, buddhistische Mönche und andere Repräsentanten des alten Japan ausgefüllt. Sie alle kommen, wie es scheint, auch in ungewohnter Umgebung gut zurecht. In der Tat hat Stuart R. *Kaplan sich phantasievoll darum bemüht, sie in einem alten abendländischen Kartenspiel heimisch werden zu lassen. So wurde das RAD DES SCHICKSALS zum achtspeichigen »Rad der Lehre«, das Gautama Buddha im Tierpark von Isipatana bei Benares in Bewegung setzte. Obenauf thront der Bodhisattva Manjushri, bewaffnet mit dem Schwert, das die Unwissenheit vernichtet. Die Göttin der GERECHTIGKEIT indessen hält kein Schwert, sondern einen Strick in der Hand. Der Grund ist einleuchtend: Im alten Japan gab man bei Hinrichtungen einer anderen Methode den Vorzug als bei uns. Auch zum Jüngsten GERICHT ruft nicht etwa die Trompete des Erzengels, sondern ein Gedankenstrom aus dem Kopf eines Dhyâni-Buddhas. Selbst die SONNE ist so orange wie auf der alten Flagge Nippons; unter ihr tanzen zwei Kinder, deren Beleibtheit eine Karriere als Sumo-Kämpfer möglich erscheinen läßt. Man sieht: Ein Bilderbogen von exotischem Reiz und gelöster Heiterkeit wird entrollt, ergänzt durch ein ebenso unterhaltsames wie informatives Begleitheft. Wem dieser west-östliche Cocktail doch etwas zu stark geschüttelt ist, der sei an die geistvolle Spielfreudigkeit des europäischen Barock-Zeitalters erinnert. Schon damals schrieb die Dichterin Catharina Regina von Greiffenberg (1633-1694): »Will man kurzweilen und Ergetzung pflegen / ja wann man spielen will: so sind viel solche Spiele ersonnen /und noch zu ersinnen / die mitten im scherz den ernst / und in der grösten Kurzweile die Ewigkeit zum Ziel haben.« In der Kurzweil die Ewigkeit zum Ziel haben: das könnte auch ein Motto des Zen-Buddhismus sein.
Vgl. Nr. 34.

169
I Tarocchi Universali
1988 Sergio Toppi
Verlag: Lo Scarabeo
22 Blatt. KT u. BT ital.; limitierte u. numerierte Aufl. v. 1988 Ex.; auch in Mini.

Sergio Toppi (s. auch Nr. 136) bekennt sich zu seinen Zeifeln am philoso-phischen Wert des Tarot. So fiel es ihm wohl nicht schwer, mit einem Design aufzuwarten, das den gewohnten Rahmen sprengt. Es bringt die Gedankenformen hinter den 22 Großen Arcana auf raffinierte Art und Weise zur Geltung. Dieser Künstler verfügt über eine bildhafte Symbol-sprache ganz eigener Art. Vielleicht kann man seine Bilder als magisch-mythischen Realismus bezeichnen, denn sie entfalten ein traumhaft-unwirkliches Panorama in wirklichkeitsnaher Malweise. Vor allem sind es Gesichter, mit denen Toppi dem Betrachter Rätsel aufgibt, Gesichter, die nicht immer auf Körpern sitzen, sondern oft collagenartig in das Bild eingefügt werden. Im Zusammenspiel zwischen dem Gesicht und seiner Umgebung ist die Botschaft eines Bildes verschlüsselt. Die Stimmung kann nachdenklich sein, wie beim PAPST: Fast vollkommen bedeckt von Ornat und Tiara, flößt er als Amtsperson Respekt ein. Als Mensch dagegen steht ihm die Resignation buchstäblich »ins Gesicht geschrie-ben«. Leidenschaftlichkeit spricht aus der Darstellung der LIEBEN-DEN, Ironie aus der des TEUFELS. Dieser ist als postmoderner Papa-gallo gestylt, mit Ray-Ban-Sonnenbrille, Dreitagesbart und Wet-Gel im dauergewellten Haar. Die Insignien seines Amtes, Hörner und Dreizack, sind so diskret plaziert, daß sie fast wie der letzte Schrei auf dem Gebiet der Herrenmode wirken. Ganz anders, von Einfühlungsvermögen in die menschliche Grundsituation der Einsamkeit durchdrungen, ist die Ge-staltung des EREMITEN. Mit ausgeprägtem Sinn für psychologische Hintergründe gibt Toppi jedem einzelnen Kartenmotiv einen Sinn. Letz-ten Endes ist seinen Bildern die »Philosophie« der Großen Arcana überhaupt nicht fremd.

170
I Tarocchi di Valentina Visconti per il Palio d'Asti
1982 Maria Teresa Perosino und Sergio Panza
Verlag: Edizioni del Solleone
88 Blatt schwarzweiß. KT u. BT ital. (Einl. engl.); limitierte u. numerierte Aufl. v. 1000 Ex.

Valentina Visconti (1366-1408) entstammte dem Mailänder Herzogsge-schlecht der Visconti, an deren Hof die ältesten Tarock-Karten um das Jahr 1440 erschienen (vgl. **Visconti und Visconti-Sforza Tarock**). 1389 wurde sie mit Ludwig von Orléans, dem Bruder König *Karls VI. von Frankreich, vermählt. Das Wirken der hochgebildeten, kultivierten Frau am französischen Hof spielt stets bei den Spekulationen um das »Tarock Karls VI.« (Nr. 33) eine Rolle. In diesen Zusammenhang wurden auch die *Tarocchi di Valentina Visconti* eingefügt, ein Spiel, mit dem Valentina als Heroin der Tarot-Legendarik gefeiert wird. Dabei wird an ein historisches Ereignis angeknüpft: Um ihren Bräutigam zu treffen, begab Valentina sich mit großem Gefolge auf die Reise nach Paris. Ihr Weg führte sie über die italienische Stadt Asti, die sie von ihrem Vater, Giangaleazzo Visconti, zur Mitgift erhalten hatte. Dort wurde ihr zu Ehren der *Palio d'Asti*, ein traditionelles Volksfest (vgl. Nr. 143), abgehalten. Die Bilder dieses Spiels lassen die höfische Romantik jener Epoche durch die Schilderung eines prunkvollen gesellschaftlichen Ereignisses wieder aufleben. Alle Figuren werden in Gewändern der damaligen Zeit vorgeführt. Der Zeichenstil beschränkt sich auf die reine Linie, ohne jede Schraffur und flächenfüllende Abtönung. Damit wird die sogenannte *Taroccato*-Technik nachgeahmt, in der Figuren und Hintergrund der Tarock-Spiele des 15. Jahrhunderts mit einem Stichel in einen vergoldeten Untergrund graviert wurden. Zu den 78 regulären Karten des Tarockspiels treten 10 zusätzliche Karten, deren Bilder direkten Bezug zum *Palio d'Asti* haben, das in dieser Stadt noch heute gefeiert wird. Für historische Atmosphäre sorgt auch, daß die Herausgeber (Vito *Arienti und Stuart R. *Kaplan) der Valentina eine »persönliche Botschaft« an die Benutzer ihres Spiels in den Mund legen. Darin erzählt die Herzogstochter aus ihrem Leben, von ihrer Heirat und natürlich nicht zuletzt davon, wie sie in Stunden innerer Not den Tarot um Rat gefragt habe.

Vandenborre Bacchus Tarot
S. Nr. 65.

171
Gli Arcani Maggiori della Storia di Venezia
1980 Pietro Ricca
Verlag: Filippi Editore
22 Blatt. KT ital., ohne BT.
Die *Souvenirspiele, Spielkartensammlern nicht unbekannt, werden zunehmend auch zu einer Domäne der gegenwärtigen *»Tarot-Renaissance«. Wenn nicht als erstes, so doch sicher als eines der ersten Spiele dieser Art wurden die *22 Großen Arcana der Geschichte Venedigs* von Pietro Ricca gemalt. Möglicherweise schätzte man im Jahre 1980 den

Werbeeffekt eines Tarot-Spiels noch anders ein als heute (vgl. Nr. 22), denn ein Begleitheft hielten die Herausgeber nicht für nötig. Auf den Bildern in lebendigem, farbenfrohem Illustrationsstil kommen Attraktionen wie der Dogenpalast und der Markusplatz natürlich ebenso zu ihrem Recht wie die venezianische Handels- und Kriegsflotte aus einer Zeit, in der die Lagunenstadt eine Weltmacht war. Aber es wird nicht nur einfach Lokalkolorit vorgezeigt, sondern auch eine Menge erzählt. Die vier hellenistischen Bronzepferde, einen der wertvollsten Kunstschätze der Stadt, sieht man nicht etwa auf dem Markusplatz, sondern wie sie nach der Eroberung Konstantinopels im Jahre 1204 als Beute von Soldaten auf WAGEN nach Venedig geschafft werden. Bei der bewegten Geschichte der Stadt ist es kein Zufall, daß unter dem MOND das Banner des Halbmondes weht, während türkische Belagerer zum Sturm rüsten. Mit der Darstellung des GEHÄNGTEN wird des grausigen Massakers gedacht, das veranstaltet wurde, als Venedig dann in der Hand des Sultans war. In seinem plaudernden Informationsstil erinnert dieses Spiel durchaus ein wenig an den heimlichen Prototypen aller Tarot-Souvenirspiele, *Gumppenbergs *Mestieri e Vedute di Milano* von ca. 1820 (Nr. 117).

172
Viéville Tarock

Original zwischen 1643 und 1664 Jacques Viéville; Faksimile-Ausgabe 1984
Verlag: Boéchat Héron
78 Blatt. Ohne KT, BT frz.

Das Tarock des Pariser Kartenmachers Jacques Viéville ist eines der seltenen vollständig erhaltenen Tarock-Spiele aus dem 17. Jahrhundert (s. auch Nr. 139). Seine Zahlenkarten weisen große Ähnlichkeit mit dem **Marseiller Tarock** auf; ein ganz anderes Aussehen haben dagegen die Trümpfe. Zum Beispiel hat der TEUFEL einen Leib, der aus vielen Gesichtern besteht; anstatt in den TURM schlägt der Blitz in einen Baum; der STERN zeigt einen Astronomen mit Zirkel, der MOND eine Frau mit Spinnrocken und die SONNE einen Reiter mit wehender Fahne. Das *Viéville Tarock* bezeugt, daß es in Frankreich neben dem Marseiller Tarock einen weiteren Kartentyp gegeben hat, der seinerseits mit dem **Bologneser Tarock** verwandt war ([7] S. 64 f.). Dieser nordfranzösische Typ war bis in das Gebiet des heutigen Belgien hinein verbreitet (s. **Flämisches Tarock**). Eine Eigentümlichkeit des *Viéville Tarock* besteht darin, daß die Trumpfkarten anders als sonst angeordnet sind. Vom Kartenbild her fällt eine recht sonderbare Darstellung des GEHÄNG-

TEN ins Auge. Das Motiv erscheint um 180° gedreht, ohne jedoch selbst verändert zu werden. Ein einfacher Grund für diese überraschende Variante könnte sein, daß die römische Ordnungszahl XII versehentlich falsch herum angebracht wurde. In der Tat ist sie das einzige Kriterium dafür, was bei dieser Karte überhaupt oben und was unten ist. Fehler dieser Art waren in den alten Kartenmanufakturen schon einmal möglich (s. auch **Piemonteser Tarock**). In diesem Fall allerdings wurde das Mißgeschick zum Ansatzpunkt weit ausholender Spekulationen. Antoine *Court de Gébelin behauptete im Jahre 1781, nur die Umkehrung des GEHÄNGTEN führe zur ursprünglichen Bedeutung dieses Motivs. Der »Ur-Tarot« habe statt eines Gehängten einen Mann gezeigt, der mit Bedacht einen Fuß vor den anderen setze. Deshalb sei das Motiv des (umgekehrten) GEHÄNGTEN eine Allegorie der Besonnenheit, einer der vier platonischen Kardinaltugenden. Der Tendenz nach wird diese Auslegung noch heute akzeptiert, denn allgemein gilt der GEHÄNGTE als Abbild eines Mannes, der sich in seinem Ungestüm zurücknimmt. Das *Viéville Tarock* selbst spielt in der heutigen Tarot-Praxis keine Rolle. Den geschichtlichen Tatsachen angemessen, befaßt sich Thierry Depaulis im Begleittext der Neuausgabe nicht mit dem Kartenlegen, sondern mit den überlieferten Regeln des Tarock-Spiels.

Visconti und Visconti-Sforza Tarock

(Nr. 173 und 174)
In der ersten Hälfte des 15. Jahrhunderts stieg Italien zur kulturell führenden Macht Europas auf. Der Geist von Renaissance und Humanismus beflügelte nicht nur Wissenschaft und Künste, sondern er brachte auch eine Verfeinerung der allgemeinen Lebensformen mit sich. In jener Zeit kam an den Fürstenhöfen Mailands und Ferraras das Tarockspiel auf. Das Tarock war damals kein gewöhnliches Kartenspiel. Erfüllte es doch auf besondere Weise das Bedürfnis nach gehobeneren Formen der Geselligkeit. Zum einen bot es eine zündende Spielidee, sozusagen eine epochale Neuerung in der Geschichte der Kartenspiele: den Trumpf. Zum anderen lieferten diese Karten mit ihrer symbolhaft-emblematischen Bildfolge auch einen willkommenen Anlaß zur Pflege der höfischen Gesprächskultur (vgl. Nr. 20). In der Freiheit, mit diesen Karten entweder ein spannendes Spiel zu beginnen oder sich in schöngeistige Gedankenwelten zu vertiefen, zeigte sich das neue Selbstbewußtsein des Renaissance-Menschen. Er setzte nun der geschlossenen mittelalterlichen Welt die freigeistige Offenheit und die Kultivierung der Persönlichkeit entgegen. Zu seiner Lebensart gehörte das Tarock sowohl als unterhaltsames Spiel wie

auch als geistige Anregung. Keinen Grund gibt es dagegen für die Behauptung, das Tarockspiel hätte ursprünglich eine esoterische oder gar okkulte Bedeutung gehabt. Auch die fünf Sonette des Merlini Cocai (1527), die Stuart R. *Kaplan als Beweis anführt ([20] 2. Bd., S. 8), sind eher ein Zeugnis poetischer Imagination als handfester *Divination. Der gebildete Mensch des 15. Jahrhunderts dürfte die Illustrationen des Tarock als Spiegel seiner eigenen Lebenswelt und des Bildes, das er sich von Mensch, Gott und Kosmos machte, angesehen haben. Erst viel später, vor dem Hintergrund eines ganz anderen Welt- und Menschenbildes, konnten sich diese mittlerweile rätselhaft gewordenen Motive mit esoterischer Bedeutung aufladen. Mit den handgemalten ersten Tarock-Spielen verbinden sich die Namen der Visconti und der Sforza, der Herzöge von Mailand, großen Despoten und bedeutenden Kunstmäzenen zugleich. Sie beschäftigten Leonardo da Vinci und Bramante als Architekten, daneben Kopisten, Illuministen und Kunsthandwerker jeder Art. Hofmaler des letzten Visconti, Herzog Filipo Maria (1392-1447) sowie seiner Nachfolger Francesco Sforza (1401-1466) und Galeazzo Maria Sforza (1444-1476) war Bonifazio Bembo (geb. wahrscheinlich 1420, gest. zwischen 1478 und 1483), der Hauptrepräsentant der Cremoneser Malerschule. Von den Werken, die er für seine Mailänder Auftraggeber schuf, sind auch drei Tarock-Spiele erhalten, von denen zwei in jüngerer Vergangenheit neu herausgegeben wurden. Kunstgeschichtlich gehören sie dem Stil der sogenannten Internationalen Gotik bzw. des gotischen Manierismus an. In dieser Stilrichtung verbindet sich die fast überzüchtete Kultur einer vergehenden Stilepoche mit der selbstsicheren Haltung einer gerade im Werden begriffenen, völlig neuen Kunst. Die Bilder sind noch ganz in der Fläche komponiert, ohne die räumliche Tiefe, wie sie die Renaissance-Malerei bevorzugte. Die Figuren haben deshalb keinen plastisch modellierten Körper; sie wirken wie schwerelos und verschmelzen mit dem kostbaren, aufwendig ornamentierten Goldgrund fast wie gotische Heiligenbilder. Doch in der Thematik der Tarock-Bildfolge liegt bereits jene Hinwendung zum Weltlichen, die für das neue Zeitalter so wichtig werden sollte. Die Gestalten sind in die Tracht der Zeit gekleidet, und die Bilder erzählen Geschichten, die der Wirklichkeit entnommen sind. Möglicherweise sind einige der dargestellten Männer und Frauen als historische Persönlichkeiten aus dem Bereich des Mailänder Hofes zu betrachten (vgl. [17] S. 33 f. sowie [20] 2. Bd., S. 101).

173 (Visconti und Visconti-Sforza Tarock)
Visconti di Modrone Tarock

Original wahrscheinlich zweites Viertel des 15. Jahrhunderts Bonifazio
Bembo; Faksimile-Ausgabe 1984, hrsg. von Stuart R. Kaplan
Verlag: U. S. Games
86 Blatt. Ohne KT, BT engl.

Die Bezeichnung *Visconti di Modrone Tarock* ist seit langer Zeit für dieses
Kartenspiel üblich. Sie wurde ihm nach dem Namen seines Vorbesitzers
gegeben, ehe es in die Cary Collection in der Beinecke Rare Book and
Manuscript Library, Yale University, New Haven, gelangte. Die Faksimile-Ausgabe von U. S. Games wird unter der Bezeichnung *Cary-Yale Visconti Tarocchi Deck* verkauft. Eine genaue Datierung des Spiels konnte
noch nicht vorgenommen werden; die Vermutungen der Fachleute er-
strecken sich auf die Zeit zwischen den Jahren 1428 und 1468 (vgl. [8],
[17],[20]). In mehrfacher Hinsicht weicht dieses Blatt von der Norm ab,
nach der Tarock-Spiele schon frühzeitig gestaltet wurden. Ähnlich wie im
Minchiate finden sich unter den Motiven in der Reihe der Trümpfe auch
die Tugenden Glaube, Hoffnung und Liebe. Bei den Hofkarten tritt zum
Ritter und zum Buben jeweils ein weibliches Gegenüber. An Stelle der
Spielfarbe Stäbe erscheinen Pfeile. Vom gesamten Spiel sind 67 Karten,
drunter elf Trümpfe, erhalten geblieben. Es besteht keine Klarheit darüber, wieviel Karten es ursprünglich insgesamt zählte. Möglicherweise sind
die Tugenden Glaube, Hoffnung und Liebe als zusätzliche Karten unter
die Trümpfe aufgenommen worden. Stuart R. *Kaplan, der Herausgeber
der Faksimile-Ausgabe, hat sich für die Anzahl von 86 Karten entschieden.
Die fehlenden 19 Karten malte der Italiener Luigi Scapini (s. auch Nr.
115) im nachempfundenen Stil der Entstehungszeit.

174 (Visconti und Visconti-Sforza Tarock)
Visconti-Sforza Tarock

Original wahrscheinlich vierziger Jahre des 15. Jahrhunderts Bonifazio
Bembo; Faksimile-Ausgabe 1974, hrsg. v. Stuart R. Kaplan
Verlag: U. S. Games
78 Blatt. Ohne KT, BT engl.

Dieses Blatt wird unter der Bezeichnung *Pierpont Morgan-Bergamo Visconti-Sforza Tarocchi Deck* verkauft, denn die Originalkarten gehören drei
verschiedenen Besitzern: der Pierpont Morgan Library, New York, der
Accademia Carrara sowie der Familie Colleoni in Bergamo. Im Gegensatz zum *Visconti di Modrone Tarock* entspricht dieses Spiel in Aufbau und
Anzahl der Karten voll und ganz dem frühzeitig geltenden Standard. Von
ursprünglich 78 Karten sind 74 erhalten; die restlichen vier wurden für die

Faksimile-Ausgabe wiederum von dem Italiener Luigi Scapini (s. auch Nr. 115) im Stil der Entstehungszeit neu geschaffen. Relativ sicher ist, daß Bembo dieses Spiel für Francesco Sforza (s. o.) anfertigte (vgl. [8] S. 78 ff.). Dieser entstammte einer Soldatenfamilie; er galt als kühner Mann und großer Feldherr. Jener Mann, der auf der Karte KRAFT einen Löwen erschlägt, ist Francesco selbst nicht unähnlich, wie er auf einem Porträt Bembos aus dem Jahre 1460 dargestellt wird (vgl. [20] 2. Bd., S. 101).

175
Voyager Tarot
1986 James Wanless und Ken Knutson
Verlag: Merrill-West Publishing
78 Blatt. KT engl.; im Set mit Begleitbüchlein von James Wanless: Voyager Guidebook. Ergänzende Literatur von J. Wanless: Voyager Tarot – Way of the Great Oracle. Merrill-West Publ. 1989.

Der *Voyager Tarot* setzt einen Kontrapunkt zur nostalgischen Aura, die den Tarot umgibt. Schon sein Name, aus einem amerikanischen Raumfahrtprogramm übernommen, signalisiert Sympathie mit dem Zeitgeist der technischen Zivilisation. Mit einer kurzen Begegnung ist es nicht getan, will man den *Voyager Tarot* kennenlernen. James Wanless versteht ihn als kosmologisches Modell, vor allem aber als Mittel der Selbstfindung. Dazu hat er ein recht anspruchsvolles Interpretationssystem aufgebaut und in seiner jüngsten Publikation (s. o.) weiter verfeinert. Ob gewollt oder nicht: Die beachtliche künstlerische Gestaltung der Karten ist auch ein Abbild der Vielschichtigkeit, vielleicht sogar der inneren Zerrissenheit der Lebenswelt des modernen Menschen. Mit Fotocollagen werden zeitlich und räumlich weit auseinanderliegende Personen, Dinge und Vorgänge miteinander verschränkt. Die ganze Welt erscheint in kaleidoskopischen Suchbildern zusammengedrängt, einem Kaleidoskop, das durch Mischen der Karten immer neue, sehr bewegte Konstellationen hervorbringt. Teilweise treten ganz neue Begriffe und Symbole an die Stelle der altbekannten: z. B. werden bei den Spielfarben die Schwerter zu »Kristallen«, die Münzen zu »Welten«. Von zentraler Bedeutung ist für Wanless die Vorstellung von der mystischen Bedeutung der Desoxyribonucleinsäure (DNS; engl. DNA). Dieses molekulare Polymer, das »Gehirn« zellularen Lebens, wird zum archimedischen Punkt, um das wissenschaftliche Weltbild aus den Angeln zu heben: Die »Weisheit« der DNS, ihre »Fähigkeit« zur Bewahrung und Weiterentwicklung des Lebens, die »Schönheit« ihrer molekularen Struktur eröffnen der Naturwissenschaft plötzlich religiöse Horizonte. Dies ist auch die Gedankenwelt des Timothy *Leary, der in den sechziger Jahren zur Kultfigur der »Psychedelischen Bewegung« wurde.

Waite Tarot

(Nr. 176 bis 180)

Eine Frage liefert immer wieder Stoff für Diskussionen: Warum wurde gerade dieser Tarot zum beliebtesten Tarot überhaupt? Die Frage ist nicht unberechtigt, denn sicher gibt es spektakulärer gestaltete, womöglich auch gedanklich tiefgründigere esoterische Kartenspiele. Doch vielleicht liegt gerade darin der Schlüssel zum Erfolg des *Waite Tarot*: Er enthält nichts Außerordentliches, dafür aber eine Menge Allgemeingut der Esoterik des 20. Jahrhunderts. Sein geistiger Vater ist Arthur Edward *Waite (1857-1942); erstmals veröffentlicht wurde dieses Spiel im Jahre 1909 vom Londoner Verlagshaus Rider. Zusammen mit *Mathers und *Crowley gehörte Waite zur alten Garde des legendären *Golden Dawn, und tatsächlich ist der *Waite Tarot*, wie auch der **Crowley Tarot** (Nr. 39), eigentlich ein »Golden Dawn Tarot«. Dieser Zusammenhang wird nicht immer klar erkannt, denn sonst wäre nicht so viel darüber gestritten worden, ob Waite »berechtigt« gewesen sei, in der Reihe der Großen Arcana die KRAFT an die achte und die GERECHTIGKEIT an die elfte Position zu setzen. Diese ganze Diskussion beruht auf einer doppelten Unkenntnis: Erstens ist die gewohnte Anordnung mit der KRAFT an elfter und der GERECHTIGKEIT an achter Stelle ursprünglich nur eine Anordnung unter mehreren. Über das **Marseiller Tarock** wurde sie in die Tarot-Esoterik übernommen (vgl. auch **Pariser Tarock**, Nr. 139). Zweitens wurde die Umstellung nicht etwa von Waite vorgenommen, sondern bereits zwanzig Jahre zuvor durch Samuel Liddel Mathers ([10] S. 81; [11] S. 161). Solche Diskussionen kommen also einem Streit um des Kaisers Bart gleich. Der Beliebtheit von Waites Karten hat all das keinen Abbruch getan. Schließlich ist das große Publikum beim Tarot nicht so sehr an Systematik, sondern vielmehr an faszinierenden Bildern interessiert. Diesem Bedürfnis trug Waite durch ein ebenso einfaches wie wirksames Konzept Rechnung. Heute ist es zwar kaum noch etwas Besonderes, wenn in einem Tarot-Spiel nicht nur die Großen Arcana und die Hofkarten, sondern auch die Kleinen Arcana mit Szenen illustriert sind, die psychologisch gedeutet werden können. Als der *Waite Tarot* erschien, war dies jedoch eine bahnbrechende Neuerung. Angeregt dazu wurde Waite durch das *Sola-Busca Tarock*, das um das Jahr 1500 datiert wird. Ein Exemplar dieses Spiels wird im Britischen Museum verwahrt, in dessen Lesesaal Waite Stammgast war. Etwa die Drei und die Sieben der Schwerter sowie die Zehn der Stäbe seines Tarot sind klar an das *Sola-Busca Tarock* angelehnt (Abb. in [20] 2. Bd., S. 298-302). Die Konzeption Waites wurde von der Amerikanerin Pamela Colman-Smith in

Bilder umgesetzt, die stilistisch dem Jugendstil nahestehen. Auch die Künstlerin hat am Erfolg des »Rider-Waite Tarot« großen Anteil, denn sie verlieh ihm ein Äußeres, das vollkommen frei von okkulter Verdunkelung ist. In helle, lichte Farben getaucht, mit unschuldigen Mienen und unaufdringlichem Charme verbreiten die Gestalten auf diesen Karten eine ebenso meditative wie heitere Stimmung. Schon frühzeitig gab Pamela Colman-Smith damit dem Bestreben der Esoterik des 20. Jahrhunderts, das Magisch-Ominöse hinter sich zu lassen und zur Lebenshilfe zu reifen, ein anmutiges Gesicht.

Nr. 12, 14, 23, 60, 62, 77, 80-82, 82, 87, 88, 124, 148, 153, 162, 182-84.

176 (Waite Tarot)
Rider-Waite Tarot
1909 Arthur Edward Waite und Pamela Colman-Smith.
Verlag: U. S. Games
78 Blatt in verschiedenen Größen. KT u. BT dt.; auch als Luxusausgabe mit Goldschnitt sowie im Set mit Begleitbuch von Günter Hager: Kleine Tarot-Praxis (Urania). Ergänzende Literatur von A. E. Waite: Der Bilderschlüssel zum Tarot (Urania); Erstaufl. London 1910.

Die Standardausgabe des Tarot von Arthur Edward Waite und Pamela Colman-Smith. Beschreibung s. **Waite Tarot.**

177 (Waite Tarot)
Zolar's Astrological Tarot
1983 »Zolar«
Verlag: U.S. Games
56 Blatt. KT u. BT engl.

Wer die Tüftelei mit Zahlen, Zeichen und Symbolen nicht scheut, wird mit *Zolar's Astrological Tarot* in die Lage versetzt, die Verbindung von Kartenlegen und Astrologie zu erproben. Auf der einen Seite des Blattes befinden sich die Kleinen Arcana des *Waite Tarot* (in schlichterer Farbgebung als bei Standardausgabe) sowie zwei verschiedene Wahrsagebedeutungen (je nachdem, ob die Karte aufrecht oder verkehrt herum liegt). 52 Karten tragen auf dieser Seite überdies die gewohnten (französischen) Spielfarbensymbole Herz, Pik, Kreuz und Karo. Die andere Seite zeigt die 22 Großen Arcana sowie auf den restlichen 34 Karten astrologische Symbole (Planeten und Sternzeichen) mit entsprechenden Wahrsagebedeutungen und »Glückszahlen«. Die empfohlenen Methoden des Kartenlegens beziehen sich jeweils auf einen der Teile des Gesamtblattes: eine verwendet die 56 Kleinen Arcana, eine zweite die 22 Großen Arcana, eine dritte die 32 astrologischen Motive und eine vierte die 52 Karten mit den regulären Spielfarbzeichen. Der Urheber dieses in seiner Art ausgefeilten

Projektes dürfte niemand anderes als Stuart R. *Kaplan sein. Vor allem die Verquickung von Kartenspiel und Kartenlegen verrät seine »Handschrift« (vgl. auch Nr. 108, 118, 146, 159). Auch ist der Begleittext weitgehend identisch mit dem anderer Anleitungshefte aus seiner Feder.

178 (Waite Tarot)
Waite Variationer Nr. 1
1989 Georgine Margareta Witta Kiessling-Smith-Jensen
Verlag: Selbstverlag
26 Blatt. Ohne KT, BT engl.; handkolorierte, limitierte Aufl. v. 133 Ex., von der Künstlerin signiert u. numeriert.

Dies ist keine Bearbeitung oder Nachzeichnung, sondern eine Exploration der künstlerischen Feinstruktur des **Waite Tarot.** »Know your Waite« (Kenne deinen Waite) ist das Motto, das diese Karten begleitet. Jede von ihnen zeigt einen stark vergrößerten Ausschnitt aus einem Motiv des Originals, der ganz neu koloriert wurde. Nur wer sehr genau hinschaut, kann die einzelnen Ausschnitte als Teile ganz bestimmter Motive identifizieren. In die Farbgebung legte die Künstlerin, wie sie mitteilt, ganz bewußt ihre Sympathie bzw. Antipathie für das eine oder andere Bild. Um ihre individuelle Farbpsychologie verständlich zu machen, ist eine weitere Karte beigegeben, die für jedes einzelne Blatt (Große Arcana und Asse) die verwendeten reinen Farbtöne ausweist.
Vgl. Nr. 252.

179 (Waite Tarot)
Waite Variationer II. 1-3
1989 Georgine Margareta Witta Kiessling-Smith-Jensen
Verlag: Spilkammeret
3 Spiele zu je 26 Blatt Mini. Ohne KT, BT engl.; handkolorierte, limitierte Aufl. v. jeweils 30 Ex., von der Künstlerin signiert u. numeriert.

Drei Nachzeichnungen des **Waite Tarot,** die sich nur in Nuancen voneinander unterscheiden, bilden die Grundlage für verschiedene Abwandlungen des Originals. *Waite Variationer II.1* ist in leuchtenden, freundlichen Farben koloriert, die einen völlig anderen Gesamteindruck ergeben als beim Original. Eine Goldumrandung trägt zur farblichen Ausgewogenheit noch bei. *Waite Variationer II.2* ist nicht koloriert, sondern zeigt die Umrißzeichnungen der Motive in Metallic-Blau auf rotem Karton. Bei *Waite Variationer II.3* sind die Hintergründe der gezeichneten Motive nur mit einem Hauch von Farbe koloriert.

180 (Waite Tarot)
Das Geheimnis der Hohenpriesterin
1989 Hajo Banzhaf
Verlag: Hugendubel
78 Blatt (Mini-Waite). KT dt.; im Set mit Faltplänen und Anl.

Der Not aller Anfänger des Tarot, die richtige Methode des Kartenlegens zu wählen, hat sich Hajo Banzhaf angenommen. Er ist einer der bekanntesten Tarot-Praktiker Deutschlands, und es ist ihm sicher gelungen, mit dem Set *Das Geheimnis der Hohenpriesterin* ein Stück repräsentativer deutscher Tarot-Kultur zu schaffen. Neben dem gebräuchlichsten aller Tarot-Spiele enthält das Set 7 Faltpläne mit den Grundrissen von über 20 verschiedenen Legearten. Sie sind teils der einschlägigen Fachliteratur, teils dem reichhaltigen Erfahrungsschatz des Autors selbst entnommen. Die Palette reicht vom »Schnelleinstieg für Ungeduldige« über den »Zauberspruch der Zigeuner« und »Innanas Abstieg in die Unterwelt« bis hin zum »Beziehungsspiel«, »Entscheidungsspiel« und »Krisenspiel«. In einer ausführlichen Anleitung wird klar und deutlich erklärt, wie diese Methoden funktionieren. Banzhaf vertritt einen aufgeklärten Standpunkt im Umgang mit Tarot. Die Karten sind für ihn ein Spiegel der Seele, ein seriöses Mittel der *Selbsterfahrung, das gegenüber der Verflachung durch Medien und Kommerz in Schutz genommen werden muß. Soweit wird Hajo Banzhaf sicher jeder Recht geben, der Kartenlegen nicht von vornherein für eine Spielwiese höheren Blödsinns hält. Doch zeugt es von Objektivität, italienische Künstler-Tarots, z. B. von Osvaldo *Menegazzi, als »Auswüchse« des stürmischen Interesses am Tarot zu bezeichnen? Ist es nicht eher als Auswuchs zu bewerten, allerdings als ein Auswuchs deutscher Geistesart, wenn Herr Banzhaf auch noch einen »durchschnittlichen Geltungszeitraum von 4 bis 6 Wochen« für eine *Divination vorschreibt?

181
Barbara Walker Tarot
1985 Barbara G. Walker
Verlag: U. S. Games
78 Blatt. KT engl./dt./frz./ital./span., BT engl.; ergänzende Literatur von B. Walker: The Secrets of the Tarot. Origins, History, and Symbolism (U. S. Games).

Barbara Walker entfaltet ein Panorama von Mythen, Kulten und Legenden aus aller Welt. Sie rückt dabei weibliche Gottheiten und die Rolle der Frauen im religiösen Leben vergangener Zeitalter ins Blickfeld. Ihr Tarot sollte aber nicht als Geschichtsbuch gelesen, sondern als Sinnbild verstanden werden. Sonst ist es allzu verführerisch, die Fehler der Historikerin Barbara Walker der spirituell übenden Künstlerin Barbara Walker anzukreiden. In ihrem mythischen Bildzyklus werden Tantra und Gnosis, der Heilige Graal und das Delphische Orakel, Hexen und Runen sowie noch andere Überlieferungen versammelt. Alles wird zusammengehalten durch Barbara Walkers Vision, daß diese Religionen und Kulte von Frauen ins Leben gerufen wurden, um die ganzheitliche Geisteskultur der matriarchalen Urzeit vor dem Untergang zu bewahren. Auch Tarot ist für sie ein Teil dieser Überlieferung. Ihr eigenes Tarot-Spiel zeichnet sich durch eine phantasievolle, klare Bildsprache aus. Seine Motive sind einer intimen, aber doch überpersönlichen Traumwelt entnommen, und wie einen Traum soll man sie wohl auch zu verstehen suchen: behutsam jede Einzelheit erfassend, die Zusammenhänge nicht logisch, sondern gefühlsmäßig herstellend.

Vgl. Nr. 125 und 128.

Oswald Wirth Tarot

(Nr. 182 bis 184)

Obwohl diese Karten nie die Aufmerksamkeit des großen Publikums erlangten, haben sie dennoch Tarot-Geschichte geschrieben. Sie tragen heute den Namen ihres Malers. Der Titel der Urausgabe aus dem Jahre 1889 jedoch lautete *Les 22 Arcanes Kabbalistiques, restitués à leur pureté hiéroglyphique, sur les indications de Stanislas de Guaïta* (Die 22 Kabbalistischen Arcana, nach den Angaben Stanislaus von Guaïtas in ihrer hieroglyphischen Ursprünglichkeit wiederhergestellt). Sie erschienen damals als einfache Schwarzweißbilder in limitierter Auflage von 350 Exemplaren. Nur noch wenige dieser Originale sind erhalten. Eines davon scheint aus dem Besitz von Aleister *Crowley zu stammen ([20] 2. Bd., S.391), der es offensichtlich selbst zum Kartenlegen benutzte. Der ursprüngliche Titel dieser Karten macht zweierlei deutlich: Erstens waren sie ein Versuch, die kabbalistische und die »ägyptische« Komponente des Tarot herauszustellen, und zweitens stammte ihre Konzeption nicht von Oswald Wirth, sondern von Stanislas de *Guaïta. Beide hatten es sich zum Ziel gesetzt, ein spezielles Kartenblatt für die Bedürfnisse spirituell Übender zu gestalten. Damit signalisiert der *Oswald Wirth Tarot* ein neues Selbstverständnis der Tarot-Esoterik, das in unsrem Jahrhundert zunehmend an Bedeutung gewonnen hat. So ist es auch nicht erstaunlich, daß er äußerlich wenig mit dem klassischen Wahrsage-Tarot des 19. Jahrhunderts, dem *Étteilla-Tarot, gemeinsam hat. Ebensowenig ist es ein Zufall, daß sich der *Oswald Wirth Tarot* stark an das **Marseiller Tarock** anlehnt.

Schon *Court de Gébelin hatte ja geglaubt, daß dieses ein Abkömmling des »hieroglyphischen Ur-Tarot« sei. Entscheidend war jedoch, daß de Guaïta die Ikonographie des Marseiller Tarock mit einer reichhaltigen esoterischen Symbolik versah, um in sein Spiel die Lehren Éliphas *Lévis und Paul *Christians einfließen zu lassen. 1926 bearbeitete Wirth die Bilder neu. Durch eine lebhafte, aber sanfte Kolorierung der Figuren, einen goldenen Hintergrund sowie Verzierungen mit einem Hauch von *Art déco* wurden sie an den Geschmack der Zeit angepaßt. Sie erschienen als Illustrationen seines Werkes *Le Tarot des Imagiers du Moyen Age* ([36]). Darin distanzierte er sich von dem Glauben, der esoterische Tarot sei ägyptischen Ursprungs, um stattdessen die Meinung zu vertreten, seine Wurzeln lägen im Mittelalter.

182 (Oswald Wirth Tarot)
Oswald Wirth Tarot
Original der Großen Arcana 1927 Oswald Wirth; Nachdruck 1966.
Verlag: U. S. Games
78 Blatt. KT frz., BT engl.; ergänzende Literatur von Stuart R. Kaplan (Hrsg.): Introduction to the Study of the Tarot by Oswald Wirth (U. S. Games).
Mehr aufgrund seiner Verbreitung als aufgrund einer authentischen Wiedergabe des Originals gilt dieses Blatt als Standardausgabe des *Oswald Wirth Tarot*. Der optische Eindruck der Großen Arcana wird fast mehr vom Hintergrund als von den Motiven selbst bestimmt. Der hochwertige Golddruck der Ausgabe von 1927, der die Bilder in einen weichen Glanz hüllte, wird hier durch einen schrillen Farbton abgelöst. Auch die Kolorierung der Motive selbst erfolgte in allzu kräftigen Farben. Die Anzahl von ursprünglich 22 Karten wurde durch Hinzufügung von Hofkarten und Kleinen Arcana im Stil des **Marseiller Tarock** dem Standard von 78 Blatt angepaßt.

183 (Oswald Wirth Tarot)
[Oswald Wirth Tarot]
1971 Elisabeth Haich
22 Blatt. KT frz; Beilage zum Buch von Elisabeth Haich: Tarot. Die zweiundzwanzig Bewußtseinsstufen des Menschen. München 1971.
Diese weniger bekannte Nachschöpfung des *Oswald Wirth Tarot* steht Wirths eigener Ausgabe aus dem Jahre 1927 im farblichen Empfinden näher als die heutige »Standardausgabe« (Nr. 182). Das Buch selbst gehört zur meditativen Art von Tarot-Literatur, was durchaus zu der Absicht zu passen scheint, die sich von Anfang an mit diesen Karten verband.

184 (Oswald Wirth Tarot)
Tarocchi Ermetichi
1989 »Sergio«
Verlag: Lo Scarabeo
22 Blatt. KT u. BT ital.
Wie schon der Untertitel *Wirth Moderno* besagt, lag es in der Absicht von
Gestalter und Herausgeber, eine zeitgemäße Nachschöpfung des Tarot-
Klassikers von Oswald Wirth und Stanislas de Guaïta zur Verfügung zu
stellen. Der Grafiker arbeitete pseudonym; es handelt sich um einen
ehemaligen Kostümbildner und Märchenbuchillustrator. Sein Malstil hat
große Ähnlichkeit mit dem von Giorgio Tavaglione (vgl. Nr. 156). Die
feingezeichneten Gesichter, der bewegte Faltenwurf der Gewänder, die
drallen, nackten Körper und die lässige Eleganz: all das kennt man sonst
aus Tavagliones Tarot-Illustrationen. Während die ikonographischen Be-
deutsamkeiten, die den *Oswald Wirth Tarot* berühmt gemacht haben,
erhalten bleiben, nimmt *Wirth Moderno* seinem Vorbild alle feierliche
Strenge. Die Figuren werden zu Teilnehmern eines bewegten Gesche-
hens. Im Begleitprospekt beschäftigt sich Giordano Berti in kenntnisrei-
cher Weise mit der Überlieferungsgeschichte des *Oswald Wirth Tarot*.

185
Tarot of the Witches
1973 Fergus Hall
Verlag: U. S. Games
78 Blatt. KT u. BT engl.; ergänzende Literatur von Stuart R. Kaplan: The Tarot of The
Witches Book (U. S. Games).
Dieses Spiel entstand als Auftragsarbeit für den James-Bond-Thriller
Leben und sterben lassen. Durch die Betörungen des *Voodoo*-Zaubers und
die Reize einer schönen Frau erlag selbst 007 fast der suggestiven Macht
einer Tarot-Weissagung. Rätselhaftes, Übersinnliches und Magisches will
dieser Tarot erwecken, und auch ohne den Film handelt es sich um ein
bemerkenswertes Werk. Fergus Halls Gestaltung der Großen Arcana ist
eigenwillig, sie entbehrt weder nachdenklicher noch exzentrischer Töne.
Er stellt nostalgisch ausgestattete Figuren in eine futuristisch anmutende
Umgebung auf toten Planeten, vor die abgründige Tiefe des Weltalls. Die
Motive sind in bunten, fröhlichen Farben gestaltet, doch scheint ein
Anflug von Melancholie auf den Gesichtern zu liegen. Dem Betrachter
bleibt die alleinige Entscheidung, was mit solchen doppelsinnigen Bildern
ausgedrückt werden soll (vgl. Nr. 9 und 154). Im Begleittext jedenfalls
stehen ganz andere Dinge im Mittelpunkt. Die okkulte Bestimmung

dieses Kartenblattes war nämlich nicht etwa in dem Moment hinfällig geworden, da 007 sich der magischen Circe mit Hilfe eines einfachen Kartentricks entledigte. Nun erst schlug die Stunde von Stuart R. *Kaplan. Unerreicht im Verrühren von Kunst und Kommerz in der Welt des Tarot, präsentierte er Halls Werk der Öffentlichkeit als »Tarot der Hexen«, um es zum Kultobjekt der *Wicca*-Bewegung zu machen. Zu diesem Zweck erlebte sogar der biblische König Salomo, nach mittelalterlichem Volksglauben einer der größten Zauberer der Geschichte, als Schirmherr dieses Kartenblattes eine Wiedergeburt.

186
Yeager Meditation Tarot
1975 Marty Yeager
Verlag: Credo Company
78 Blatt. KT u. BT engl.
Der Titel verrät, daß dieses Kartenblatt eine Brücke zwischen abendländischer Symbolik und indischen Meditationslehren schlagen will (*Indien). »Meditation« wird bei Yeager offenbar nicht als vergeistigter Rückzug aus der Welt der Sinne verstanden. Für ihn befindet sie sich in ungezwungener Nachbarschaft zu einem Kult jugendlicher Körperlichkeit. Spärlich bekleidete Männer und Frauen dienen als Blickfang in einer teils märchenhaften, teils futuristischen Szenerie, die die Signatur der arkanen Symbolwelt des Tarot trägt. Als »spirituelle Soft-Pornos« möchte Yeager seine Karten aber sicher nicht verstanden wissen, eher schon als bildhafte Interpretation der Botschaft des *Tantra, einer hinduistisch-buddhistischen Weltanschauung, die Sex und Religion miteinander verbindet. Eine praktische Anleitung bleibt der *Yeager Meditation Tarot* in dieser Beziehung natürlich schuldig. Der beigefügte Text liefert nur Unverfängliches zur Vereinigung von Kartenlegen und mentalem Training im Geiste des Yoga. Wirkliche Initiation in die Geheimnisse des tantristischen Tarot kann wohl auch nicht anders erfolgen als *strictly personal*!

187
Zigeuner Tarot
1975 Sergius Golowin und Walter Wegmüller
Verlag: U. S. Games
78 Blatt. KT dt./engl./frz., BT dt.; ergänzende Literatur von Sergius Golowin: Die Welt des Tarot (Sphinx).
Eines der schönsten Märchen der Esoterik, leider zu schön, um wahr zu sein, ist das vom verstoßenen Volk der Sinti und Roma als den wahren

Hütern der Tarot-Geheimnisse. Dieses Märchen besitzt eine eigene Erzähltradition, die von Antoine *Court de Gébelin (1719-1784) über Jean-Alexandre *Vaillant (1804-1886) und Stanislas de *Guaïta (1861-1897) bis hin zu Sergius Golowin verläuft. Golowins Buch *Die Welt des Tarot* und der *Zigeuner Tarot* sind als gedankliche Einheit zu sehen. Von der künstlerischen Gestaltung der Karten durch den Filmer und Maler Walter Wegmüller bis hin zur ergänzenden Literatur ist der *Zigeuner Tarot* eine der komplettesten Tarot-Produktionen der siebziger Jahre. Sergius Golowin ist ethnologischer Privatforscher und Leitfigur esoterischer Gegenwartskultur der Schweiz. Bei ihm wird der Mythos vom Tarot der Zigeuner zum Fanal des Aufbruchs in das Neue Zeitalter. Mit poetischer Einbildungskraft »beweist« er, daß die Zigeuner über viele Jahrhunderte hinweg, zum Wohle der Menschheit, den Weisheitsschatz des Tarot bewahrt hätten. Nur wer dem Herrschaftsanspruch des Intellektualismus nichts an geistiger Substanz entgegenzusetzen hat, wird den modernen Märchenerzähler Golowin mit wissenschaftlichen Maßstäben messen wollen. Das Buch ist wirklich lesenswert (wenn auch nicht als Tatsachenbericht) und die Karten lohnen das Anschauen (wenn auch nicht als »Zigeuner Tarot«). Beide, Karten und Buch, wurzeln im Lebensgefühl der *Hippies und »68er«. Dort und nirgendwo sonst liegt die geistige Heimat von Golowin und Wegmüller. Wie in den USA war es auch in Europa diese Subkultur, die die gegenwärtige *»Tarot-Renaissance« auslöste. Wegmüllers grafische Arbeit ist von solider Professionalität. Er verbindet altes und neues Bildmaterial aus dem Fundus der Tarot-Esoterik in freier Improvisation mit Fantasy-Elementen. In ihrer märchenhaften Verschrobenheit erscheint so manche Figur wie aus Tolkiens *Herr der Ringe* gegriffen, einem Erfolgsroman in der alternativen Szene der siebziger Jahre. Mit hellen, lichten Farben hingetupft vermitteln die Motive, bei aller Vorliebe für Okkult-Eigentümliches, eine aufgeräumte Stimmung. Vgl. Nr. 9, 86, 130, 209, 251, 254.

Zolar's Astrological Tarot
S. Nr. 177.

Verzeichnis 2
Orakel- und Selbsterfahrungsspiele

188
Aimée's Orakelkarten
1988 »Aimée«
Verlag: AG Müller
72 Blatt. KT u. BT dt.

Aimée ist eine der großen alten Damen des europäischen Orakelwesens, dessen Vertreterinnen seit den Tagen der Marie Anne *Lenormand die Arbeit mit Pendel, Kristall und Horoskop mehr und mehr zugunsten des Kartenlegens aufgegeben haben. Klar, daß Aimée schon als Kind Bekanntschaft mit dem Übernatürlichen schloß; darüber weiß sie jedenfalls ebenso glaubwürdig zu berichten wie ihre spanische Kollegin Maritxu Guler (vgl. Nr. 55), die »gute Hexe von Ulia«. Ebenso zählt sie »Politiker, Hollywoodstars und Leute wie du und ich« zu ihrer Klientel. Mit ihren Orakelkarten will sie es auch uns ermöglichen, der Zukunft ihre Geheimnisse zu entlocken. Es handelt sich dabei um 72 fortlaufend numerierte Karten, deren jede ein Objekt, ein Lebewesen oder ein Ereignis zeigt, das jeder kennt. Auf diese Weise werden schicksalhafte Vorgänge, Lebenssituationen sowie seelische Verfassungen versinnbildlicht. Jede Karte ist mit zwei verschiedenen Wahrsagebedeutungen beschriftet, je nachdem ob ihr Motiv beim Betrachten richtig oder verkehrt herum zu sehen ist. Die Bilder sind in einem schlichten, fast kindlichen Malstil und in hellen, freundlichen Farben ausgeführt. Sie vermitteln Gemütswärme und enthalten sich jeglicher okkulter Verschrobenheit. Obwohl durch Bild und Beschriftung die Botschaft einer Karte ohnehin meistens schon verständlich ist, wird die Auswahl der Motive in der Anleitung auch noch begründet. Es versteht sich von selbst, daß diese Meisterin des Fachs zur Benutzung ihres Kartenspiels gleich mehrere Legemethoden anzubieten hat.

189
The Aquarian Rune Pack
1987 Anthony Clark
Verlag: Aquarian Press
24 Blatt. Ohne KT; im Set mit Begleitbuch von Tony Willis: The Rune User's Handbook.

Anthony Clark (s. auch Nr. 96) fand Anregungen für sein jüngstes Werk in der bodenständigen esoterischen Tradition der *Runen. Diese stoßt zur Zeit auf zunehmendes Interesse. Allerdings leidet die zeitgenössische »Runenmagie« oder »Runen-Divination« (*Divination) unter einem Geburtsfehler, über den selten gesprochen wird: Da kein Mensch wirklich weiß, auf welche Weise die alten Völkern des Nordens Runen zu magischen Zwecken verwendeten, ist die »Runenpraxis« ganz und gar ein Kind unserer modernen Zeit. Ihr großer Anreger war der Österreicher Guido List (1848-1919), der um die Jahrhundertwende zur Symbolfigur einer von bestimmten Kreisen herbeigesehnten Wiedergeburt germanischer Kultur wurde. Vermittelt durch »Ariosophen« wie Rudolf John Gorsleben, A. Frank Glahn (Nr. 42), Friedrich Bernhard Marby und andere wurde Lists Runen-Mystik zum Allgemeingut der Esoterik des 20. Jahrhunderts. A. Clark ließ seine sparsam bemalten Karten von Tony Willis, einem Exponenten der aktuellen britischen Runen-Renaissance, mit dem nötigen fachlichen Hintergrund versehen. Willis erklärt im dazugehörigen Buch seine persönliche mystische Auslegung der Futhark-Reihe, dem ältesten der Runen-»Alphabete«. Die von ihm empfohlenen Legeweisen tragen meist germanische Namen. Ihre Methodik ist jedoch der Tarot-Divination entlehnt. Das Schema des »Keltischen Kreuzes« beispielsweise trägt zwar den Namen eines alten indogermanischen Volkes; doch dieses Volk benutzte gar keine Runen. Dieses sogenannte »Keltische Kreuz« ist noch nicht einmal hundert Jahre alt und wurde von Arthur Edward *Waite für das Kartenlegen mit dem Tarot entwickelt. Und hätten die Teutonen, Kimbern und Vandalen bereits den »astrologischen Runenwurf« von Tony Willis vornehmen können, dann würde die Welt heute womöglich anders aussehen. Vielleicht hätte die Erkenntnis, daß das Schicksal in den Sternen liegt, diese germanischen Stämme davor bewahrt, über die Alpen zu ziehen und das römische Weltreich herauszufordern?

190
Astro Cards
1980 Frédéric Maisonblanche
Verlag: S.M.I.R. Tourcoing
36 Blatt. KT frz./engl.; im Set mit frz. Anleitung u. Guide divinatoire (Begleitbuch mit Wahrsagebedeutungen).

Frédéric Maisonblanche (s. auch Nr. 226) hat sich der Aufgabe verschrieben, die Horoskopie zur Wahrsagepraxis für jedermann zu machen. Dazu bedient er sich des Kartenlegens und der Numerologie, die bequemer zu erlernen sind als die Arithmetik des Horoskopstellens. Äußerliches Vorbild der *Astro Cards* ist das **Marseiller Tarock**, genauer: es sind die 22 Großen Arcana des *Ancien Tarot de Marseille* (Nr. 105). Hinzugefügt wurden zwei weitere Karten, um die Symmetrie des astrologischen Systems zu wahren (2x12 = 24). Eine weitere Gruppe von 12 Karten repräsentiert die 12 Sternzeichen. Auch sie ist in demselben Stil gezeichnet und mit denselben Farben koloriert wie der *Ancien Tarot de Marseille*. Bei der

Benutzung der Karten geht es darum, die Bedeutungen der Sternzeichen und der Großen Arcana in den 12 Himmelshäusern der Astrologie (vgl. Nr. 191) zusammenzuführen. Wie immer in der Numerologie, wird durch eine einfache Berechnung aus dem Namen einer Person, ihrem Geburtsdatum und dem Datum der Schicksalsbefragung eine Zahl ermittelt. In einer Tabelle sucht man diese Zahl auf. Dadurch erfährt man, welche der Tarot-Karten mit welcher der astrologischen Karten zusammen interpretiert werden soll. Jetzt konsultiert man das Begleitbuch, das ausführliche Deutungen aller 288 möglichen Zweier-Kartenkombinationen enthält. Bis hierher besteht das ganze Verfahren aus Rechnen und anschließendem Durchlesen einer vorgefertigten Interpretation. Allerdings kann man in gewissem Rahmen die astrologische Aspektenlehre zur Auslegung der Karten heranziehen und dabei eigene Vorstellungskraft beweisen. Es handelt sich bei diesem Orakel weniger um Kartenlegen im heutigen Sinn, als vielmehr um eine Art modernes Losbuch. Auch die *Losbücher des Mittelalters, die sich allergrößter Beliebtheit erfreuten, enthielten Sammlungen von vorgefertigten Orakelsprüchen. Durch numerologische, astrologische oder auch geomantische Verfahren wurde ihr Benutzer zu einem Spruch geführt, der die Antwort des Orakels darstellte.

191
Astro Dice
1988 Margit Dahlke
Verlag: Urania
Taschenbuch und drei Astro-Würfel.
Sich astrologisch zu betätigen, ohne den Lauf der Sterne berechnen zu müssen, ist heute ein weit verbreitetes Bedürfnis. Dem tragen unzählige Bücher und auch einige Orakelspiele Rechnung (*Astrologie). Margit Dahlke verband beide Möglichkeiten, indem sie ein Orakelspiel in Form eines Buches entwickelte. Die spielerische Seite von *Astrodice* ist höchst einfach. Man bedient sich dreier Würfel: der erste ist mit den zwölf Tierkreiszeichen bedruckt, der zweite mit zwölf Zahlen (für die zwölf astrologischen Himmelshäuser), der dritte mit den Planetensymbolen. In einem einzigen Würfelwurf sind damit die drei Hauptbestandteile eines Horoskops enthalten (Tierkreiszeichen, Himmelshäuser und Planeten). Nicht ganz so einfach gestaltet sich allerdings die Deutung aller möglichen Konstellationen, die sich auf diese Weise ergeben können. Schließlich besitzt jedes Sternzeichen, jeder Planet und jedes Himmelshaus seinen eigenen Bedeutungshorizont. Die Autorin ist der Herausforderung nicht ausgewichen und hat detaillierte Deutungen aller erdenklichen Kombi-

nationen von Sternzeichen, Planeten und Häusern in ihr Buch aufgenommen. So war es unvermeidlich, daß dabei ein kleines Lehrbuch astrologischer Schicksals- und Charakterdeutung herauskam und das Spielerische doch sehr im Hintergrund steht. Aber das muß ja kein Nachteil sein, denn schließlich ist die Astrologie doch wohl eine ernsthafte Angelegenheit.

192
Astrojeu
1986 Brigitte Badel
Verlag: Grimaud
120 Blatt. KT u. BT frz./engl.

Das *Astrojeu* (*Astro-Spiel*) ist kein Orakelspiel, bei dem das Kartenlegen unter astrologischen Vorzeichen erfolgt, sondern ein auf Karten fixierter Grundkurs der Astrologie. Es nutzt die kurzweilige Atmosphäre, die das Kartenlegen umgibt, um den etwas trockenen Wissensstoff der Astrologie auf lockere Art und Weise zu präsentieren. Die Verwendung der Karten vermittelt Grundzüge der Sternzeichen- und Planetenkunde, der Bezüge zwischen Elementenlehre und Astrologie sowie Grundkenntnisse zur Interpretation eines Horoskops. Im Unterschied zu astrologischen Orakelspielen (Nr. 190, 191) ist der Ausgangspunkt das tatsächliche Geburtshoroskop. Um in den Genuß der Vorzüge dieses Spiels zu kommen, muß man sich also zunächst von einem Astrologen die eigene Nativität stellen lassen. Die Interpretation kann man dann innerhalb gewisser Grenzen (die Planetenaspekte bleiben unberücksichtigt) mit Hilfe des *Astrojeu* selbst vornehmen. Wer in das nicht ganz einfache Gebiet der angewandten Astrologie hineinschnuppern möchte, ohne sich gleich zur Lektüre eines umfangreichen Fachbuches durchringen zu können, kann durch dieses Spiel erste praktische Erfahrungen sammeln.

193
Tarot Azteque
1986 Jean Denant und Gerard Martin
Verlage: J. F. Simon, Piatnik
53 Blatt. KT frz., BT dt.

Nicht die amerikanische Tarot-Szene entdeckte das magische Weltbild der indianischen Kulturen für das Kartenlegen, sondern der europäische Variété-Magier Carlos L. de Belmonte. Bereits im Jahre 1949 erschien im deutschsprachigen Raum sein »mexikanisches, astromantisches Weissagungsspiel nach Vitzliputzli« ([16] S. 167). Im Namen des Nationalgottes der Azteken (»Vitzliputzli« ist eine jahrhundertealte deutsche Verball-

hornung von *Huitzilopochtli*) meldete es ebenso Ansprüche auf Verwurzelung in der mittelamerikanischen Mythologie an wie neuerdings der
Tarot Azteque. Letzterem dient die Bezeichnung *Tarot* allein als zugkräf-
tiges Etikett. Diesem Spiel ist das Webmuster eines typisch französischen
Orakelspiels (vgl. Nr. 201) noch durch die kräftigen Farben des hispano-
amerikanischen Stils anzumerken, in dem es in Anlehnung an die alte
Kunst Mexikos gemalt ist. Die Kartengruppen der »Kasten«, »Götter«,
»Zeichen« und »Zeiten« schildern das Aztekenreich, bevor dort die
weißen Götter um den spanischen Conquistador Cortez das Regiment
übernahmen. »Cortez« oder »das Unbekannte« heißt denn auch die 53.,
leere Karte des Spiels. Um originelle Einfälle, die der Übersetzung der
Symbolsprache europäischer Wahrsagekarten in die Gedankenwelt exo-
tischer Kulturen dienen, war man im Mutterland des Kartenlegens eben
noch nie verlegen.
Vgl. *Indianer.

194
Original Bachblüten Farbkarten
1989 Ingrid S. Kraaz, Wulfing von Rohr und Silvia Reili-Preinfalk
Verlag: AG Müller
77 Blatt. KT u. BT dt.; auch im Set mit Begleitbuch von Ingrid S. Kraaz und Wulfing von
Rohr.
Die Bachblüten-Therapie geht auf den englischen Arzt und Homöopa-
then Edward Bach (1886-1936) zurück. Seit den späten siebziger Jahren
hat sie sich auch hierzulande einen Namen gemacht. Therapiert wird mit
den »feinstofflichen Wirkkräften« von 38 Blütenessenzen, die in einem
einfachen, weltweit patentierten Verfahren gewonnen werden. Beliebt ist
die Bach-Blütentherapie nicht zuletzt wohl deshalb, weil man die Indika-
tion ohne Bedenken selbst vornehmen kann, da Nebenwirkungen ausge-
schlossen seien. Die *Original Bachblüten Farbkarten* sollen helfen, die
richtige Essenz zur Selbstbehandlung zu finden und zu dosieren. Um die
Karten einzusetzen, benötigt man also auch noch diese Essenzen selbst.
Das Spiel besteht aus 2x38 Blatt mit farbigen Zeichnungen der Pflanzen,
aus denen die Blütenessenzen gewonnen werden; hinzu kommt eine
weitere Karte für die *Rescue Remedy*, die als »Erste Hilfe« wichtig ist. Die
Karten werden nicht, wie beim Kartenlegen üblich, nach einem bestimmten Schema gelegt und dann gedeutet. Vielmehr kommt es darauf an, mit
Hilfe eines kleinen Zeremoniells intuitiv eine einzige Karte herauszusu-
chen. Die Blütenessenz der auf dieser Karte gezeigten Pflanze wird dann,
»in der bekannten Verdünnung von 4 Tropfen auf ein Glas Wasser,«

geschluckt. Das Begleitheft enthält auch Anweisungen, um mit Hilfe von »Affirmationen«, d. h. ermunternden und ermahnenden Sprüchen auf den Karten sowie der Farbsymbolik ihrer Rückseiten in eine Meditationsübung einzusteigen. Vgl. Nr. 80 und 203.

195
Biedermeier Aufschlagkarten
Original Ende 19. Jahrhundert; Nachdruck 1986
Verlag: Piatnik
32 Blatt. KT dt./frz./kroat./engl./ital./ungar., BT dt./engl./frz.

Kurz vor der Wende zum 20. Jahrhundert, in einer Zeit, die von wirtschaftlicher Dynamik und Veränderung der geistigen und moralischen Werte bestimmt war, entstand der Mythos des Biedermeier. Er war geprägt vom Wunschbild eines bürgerlichen Daseins im Zeichen der Ruhe und Geborgenheit. Die scheinbare Beschaulichkeit der Biedermeierzeit (1815-1848) wird von den *Biedermeier Aufschlagkarten* beschworen. Dabei ist es wohl mehr als ein Zufall, daß sie zu Ende des 19. Jahrhunderts in der Hochburg der Habsburger Monarchie entstanden, die noch mehr als andere alte Reiche von Auflösungserscheinungen bedroht war. Aus den besonderen Verhältnissen des österreichisch-ungarischen Vielvölkerstaates erklärt sich die Beschriftung jeder Karte in so vielen Sprachen. Ihre Bilder huldigen einer Epoche, in der die Frauen noch schlicht und anmutig, die Männer kernig und kantig, sowie Gut und Böse eindeutig voneinander zu unterscheiden waren. Ideeller Mittelpunkt der Bildfolge ist die Karte »Beständigkeit« oder »Das Auge Gottes«. Die Abhängigkeit einiger Motive der K. u. K.-Kartendeutung von denen der Hohenzollernschen Konkurrenz (Nr. 220) ist allerdings unübersehbar. Typisch Wiener Charme ist es aber wohl, die spärlich bekleidete Göttin Fortuna diskret am Betrachter vorbeischauen zu lassen und sie nicht nur mit einem Füllhorn von Goldmünzen, sondern auch mit Rosen und Gänseblümchen verschwenderisch umgehen zu lassen.

196
Carte Portafortuna
Verlag: Saleni
52 Blatt. KT u. BT ital.

Während die dritte industrielle Revolution den Siegeszug des wissenschaftlichen Weltbildes ein für allemal zu besiegeln scheint, feiert der Okkultismus wieder einmal fröhliche Urständ. Auch die *Carte Portafortuna* (*Glücksbringer-Karten*) tragen dem Geist unserer Zeit Rechnung, indem sie Hilfsmittel bereitstellen, mit denen die Schicksalsmächte in allen Lebenslagen günstig zu beeinflussen sind. Auf jedem Blatt dieses Kartenspiels in den herkömmlichen französischen Spielfarben Kreuz, Pik, Herz und Karo ist ein Gegenstand oder ein magisches Symbol abgebildet, das Glück bringen oder Schaden abwenden soll. Hier findet man allbekannte Dinge, die nach altem Volksglauben mit magischer Kraft geladen sind: das vierblättrige Kleeblatt, das Hufeisen, den Marienkäfer, das Hirschgeweih, die Zahl 13 und vieles andere mehr. Bei solchen Talismanen, deren spezielle Wirksamkeit dem heutigen Menschen entfallen ist, hilft die Information auf einem Faltblatt weiter. So erfährt man, daß die uralte Zauberformel *Abracadabra*, als »Schwindeschema« aufgezeichnet, Krankheiten zum Verschwinden bringt. Das »Siegel König Salomos« (*Sigillum Salomonis*; von nichtsahnenden Zeitgenossen heutzutage »Davidsstern« genannt) wird empfohlen, um die bösen Geister fernzuhalten, und das Bildnis eines geknoteten Stricks, um jemandes Liebeslust zu entfachen. Wie die Karten einzusetzen sind, wird der Phantasie überlassen. Sind sie vielleicht heimlich unter jemandes Türschwelle zu schieben, wie man es im Mittelalter mit Zauberformeln machte?

197
Chinesisches Horoskop
1988 Silvia Maddonni
Verlag: France Cartes
47 Blatt. KT frz./engl., BT frz./engl./dt.
Keine Frage: »Chinesische Astrologie« ist up to date. Im Reich der Mitte ist es alter Brauch, jedes Jahr der »Herrschaft« einer von zwölf Tierarten zu unterstellen. Ganz ähnlich wie im Abendland mit Hilfe der zwölf Sternzeichen, werden dadurch die Charaktereigenschaften von Menschen analysiert. Das Kartenblatt des *Chinesischen Horoskops* besteht aus 17 »Grundkarten« und 30 »variablen Karten«. Erstere zeigen die 12 in Frage kommenden Tierarten und die 5 Elemente (im alten China glaubte man an einen Aufbau des Universums aus den 5 Grundbausteinen Wasser, Feuer, Holz, Metall und Erde). Mit Hilfe einer Tabelle findet ein jeder »sein« Tier heraus. Die dazugehörige Karte wird mit einer der 5 Elementenkarten kombiniert. Die 30 »variablen Karten« widmen sich 6 verschiedenen Themen: »Jahreszeit«, »Atmosphäre«, »Verhalten«, »Gesundheit«, »Geschmacksrichtung« und »Farbe«. Das *Chinesische Horoskop* zu stellen ist nicht schwer: Hat man seine Tier- und Elementenkarte bestimmt, zieht man aus den 6 Themenbereichen der variablen Karten je eine Karte. Die gesamte Konstellation aller 8 Karten ergibt dann mit Hilfe einer Liste

mit den Bedeutungen der einzelnen Karten die gewünschte Antwort. Das Verfahren mag etwas mechanisch sein, doch ist die Verbindung der chinesischen Horoskop-Tiere mit den 6 Bereichen der variablen Karten nicht ohne psychologischen Reiz — ganz zu schweigen von der technisch exzellenten, in der Aussage subtilen Grafik Silvia Maddonnis, die ihre Fähigkeiten als Illustratorin eines esoterischen Kartenspiels hier ja nicht das erste Mal unter Beweis stellt.
Vgl. Nr. 95 und 202.

198
Der Chiromant Madame Indiras
1981 »Madame Indira«
Verlag: Grimaud
36 Blatt. Ohne KT, BT frz./engl./dt.
»Madame Indira« (s. auch Nr. 240) ist eine französische Wahrsagerin, die neben der Betreuung ihrer Klientel die Muße hatte, zwei moderne esoterische Kartenspiele zu entwerfen. Ihr *Chiromant* verbindet das Kartenlegen mit der Handdeutung, obwohl damit nicht etwa Handdeutung im eigentlichen Sinn, sondern ganz normales Kartenlegen praktiziert wird. Indem die Wahrsagebedeutungen auf den Karten auch durch Hände mit charakteristischen Linien illustriert sind, wird nebenbei ein Einblick in die Chiromantie gegeben. Der Reiz des Spiels liegt nicht nur in dieser seltenen Verbindung zweier unterschiedlicher Weissagungsarten (vgl. auch Nr. 217), sondern ebenso in seiner gekonnten Grafik. Ähnlich wie beim **Tarot of the Witches** (Nr. 185) und beim **Oracle Dessuart** (Nr. 234) werden Menschen vor einer kargen, sehr weiten Landschaft gezeigt. Sie bevölkern eine mittelalterliche Lebenswelt mit teils abendländischen, teils orientalischen Zügen. Alles ist kompromißlos in popig-modernem Stil gemalt. Eine unbestimbare Spannung liegt in der Luft, freischwebend zwischen Nostalgie und Futurismus. Wenn dieses Orakelspiel eine geheimnisvolle Schwingung freisetzt, so ist das nicht nur der Galionsfigur »Madame Indira« zu verdanken, sondern mindestens ebensosehr dem anonymen Maler oder der Malerin der Karten.

199
Constellation
1986 Umâ Mukanda und B. Brugne
Verlag: Héron
32 Blatt. KT u. BT frz.
Hinter dem Pseudonym Umâ Mukanda verbirgt sich eine Malerin, die ihre künstlerische Betätigung als Äußerung ihrer Begabung als Medium

ansieht. In der Tat wirken die Bilder, die die Karten dieses Spiels schmücken, wie Boten aus einer Welt des Ominösen, irgendwo zwischen romantischer Traumvision und pathetischem Fieberzustand. Doch welche Botschaft hat uns die Künstlerin aus dem Jenseits mitzuteilen? Welche Stimmung will sie mit ihren Bildern hervorrufen? Ihre Vorstellungswelt zeigt teils Anklänge an die antike Mythologie, teils an die Astrologie, teils wird sie jedoch in einer gestaltlosen Farbmélange verborgen. Da kann man auch mit viel Grübelei nicht erahnen, was vielleicht gemeint sein könnte. Zweifellos kann die Verrätselung der Motive eines Orakelspiels auch reizvoll sein; doch dann sollten Kartentitel bzw. Anleitung eine Fährte legen, die zur Lösung des Rätsels führen kann. Hier jedoch ist weder das eine noch das andere der Fall. Die Titel geben, ganz im Stil herkömmlicher französischer Orakelspiele, Oberbegriffe für konkrete Wahsagebedeutungen ab. Sie stehen aber nur selten im erkennbaren Zusammenhang mit dem Kartenbild. Auch die Gebrauchsanleitung enthält nichts, was zur Erklärung der Bilder beitragen könnte (außer der Adresse der Malerin). Immerhin werden vier verschiedene Legemethoden vorgestellt.

200
Creative Whack Pack
1989 Roger von Oech und George Willett
Verlag: U. S. Games
64 Blatt schwarzweiß. Beschriftungen d. Karten u. BT engl.

»Kreativität«, so meint Roger von Oech, »ist die Fähigkeit, dieselbe Sache anzuschauen wie die anderen, aber doch etwas anderes zu sehen als sie.« Um allerdings dieses andere, das gewisse Etwas, in den Dingen sehen zu können, muß man auch sich selbst mit anderen Augen sehen lernen. Ohne einen Anstoß zur *Selbsterfahrung gelingt das meist wohl nicht. Spöttelt doch schon der Volksmund: »Ein leichter Klaps auf den Hinterkopf fördert das Denkvermögen.« Diesen Klaps (engl. *whack*) nach allen Regeln der psychologischen Kunst auszuteilen, hat sich Roger von Oech vorgenommen. Mit Büchern und Seminaren über »Kreativitätstraining« hat er sich in den USA einen Namen gemacht. Jetzt leistet er auch mit dem *Creative Whack Pack* seelische Fluchthilfe aus dem »Gefängnis des Altgewohnten«, in dem er die meisten von uns sitzen sieht. Das Spiel besteht aus vier Kartengruppen, deren jede einen besonderen Teil der Persönlichkeit mobilisieren soll: Der »Forscher« in uns entdeckt brachliegende Möglichkeiten, der »Künstler« formt die neuen Ideen daraus, der »Richter« bewertet sie und entscheidet, was damit zu tun sei. Der

»Krieger« schließlich setzt sie in die Wirklichkeit um. Jede der Karten in diesen vier Gruppen ist mit einem kurzen Text und einer einfachen Zeichnung ausgestattet, um den Weg zu weisen, wie ein bestimmtes Hemmnis zu überwinden ist. Nicht mit dem erhobenen Zeigefinger, sondern mit einer guten Portion Mutterwitz macht von Oech einseitige Sichtweisen und eingefahrene Denkgewohnheiten bewußt. Anschauliche Beispiele, Zitate berühmter und erfolgreicher Menschen und kurze Merksätze dienen dabei als Leitfaden. In allem wird spürbar, daß von Oech ein gehöriges Maß an Menschenkenntnis und viel Erfahrung in der praktischen Beratungsarbeit besitzt. Selbst schwierigere Aufgaben werden locker, aber ohne ins Unverbindliche oder Banale abzuleiten, angegangen.

201
Le Devin

1988 J. P. Broche
Verlag: Héron
54 Blatt. KT u. BT frz.

Eine grenzenlose Vielfalt scheint im Bereich des Tarot und der Orakelspiele zu herrschen. Doch es gibt einige grundlegende Konzeptionen, die hinter dem Dschungel der Ideen und Stile stehen. Von großem Einfluß waren die französischen Wahrsagekarten des 19. Jahrhunderts (vgl. Nr. 204, 222, 225, 247). Ihr gedankliches Leitprogramm liegt manchem aktuellen Orakelspiel zugrunde (vgl. Nr. 199, 221, 228, 236). Auch ein Kartenblatt wie *Le Devin* (»Der Wahrsager«) gehört diesem Typ an. Die aktuelle Esoterikergeneration mag sich redlich darum mühen, dem Kartenlegen ein sozialpädagogisches Gesicht zu verleihen. Mit diesen Karten jedenfalls wird nicht therapeutische Selbstanalyse, sondern handfeste Schicksalskunde getrieben. Der Erklärungstext ist knapp, und die Kartentitel sind vielsagend. Sie liegen ganz auf der Linie der Populärpsychologie des 19. Jahrhunderts, die noch weit davon entfernt war, zwischen Ich, Es und Über-Ich zu unterscheiden. Stattdessen wurde die Menschheit beim Kartenlegen in blonde, brünette und schwarzhaarige Exemplare eingeteilt, um ihre innewohnenden Tendenzen zu erkennen. Wie von einem französischen Orakelspiel nicht anders zu erwarten, sind die Motive geschmackvoll gestaltet. Der Illustrator J. P. Broche fühlt sich künstlerisch der berühmten Schule von Nancy verpflichtet, die den französischen Jugendstil (*Art nouveau*) prägte. Doch reine *Art nouveau* stellen seine Bilder nicht dar; sie liegen eher zwischen *Art nouveau* und und *Art déco*. Viele Motive gehören in die 20er/30er Jahre: *Le Militaire* erscheint wie eine jugendliche Ausgabe des Generals de Gaulle, *Prudence* wie eine Szene aus Hollywoods berühmter »Schwarzer Serie«, und *Le Consultant* erinnert an Humphrey Bogart zu Beginn seiner Karriere. Die Vermischung von Stilen und Inhalten aus unterschiedlichen Zeiten ist eben das Merkmal dieses Genres, in dem aus einem Schmelztiegel der Ideen immer wieder neue, phantastische Ideen emporsteigen.

202
Dragon Mystique

1976
Verlag: Mystic World Enterprises
62 Blatt. KT u. BT engl.

Die *Dragon Mystique* (»Drachen-Mystik«) war das erste Orakelspiel, das Bestandteile volkstümlicher Astrologie des Fernen Ostens in die abendländische Kartenlegerei einführte. Ähnlich wie beim **Chinesischen Horoskop** (Nr. 197) steht die Ermittlung des eigenen Horoskop-Tieres mit Hilfe einer Tabelle am Anfang der Befragung des Orakels. Wenn man dabei zu einem ganz anderen Resultat gelangt als beim *Chinesischen Horoskop*, so liegt das an der Gleichschaltung des chinesischen Mondjahres mit dem Sonnenjahr unseres Kalenders. Der Unterhaltsamkeit dieses Spiels tut das jedenfalls keinen Abbruch. Nach der Bestimmung des persönlichen Horoskop-Tieres ordnet man die Frage, die man stellen möchte, einem von zehn Lebensbereichen (Wünsche, Liebe, Vereinbarungen, Suche, Reichtum, Reise, Tagesprognose, Karriere, Verhandlungen und Wetter) zu. Über eine Reihe von Zwischenschritten wird man zur Antwort geführt. Sie besteht aus einem einzigen Satz, der einer Sammlung von Orakelsprüchen auf den 50 Textkarten des Spiels entnommen wird. Im Grunde genommen ist dieses Wahrsagekartenspiel eine Art *Losbuch, d. h. eine verspielte Orakelei mit Hilfe einer Spruchsammlung, wie man sie auch im Mittelalter kannte. Aus solchen Spruchsammlungen wurde damals die Antwort auf die gestellte Frage mit Hilfe astrologischer, numerologischer und geomantischer Verfahren ausgewählt. So ist es im Prinzip auch bei der *Drachen Mystik*, doch leider krankt sie an einem kleinen technischen Problem: Um die Orakelsprüche verfügbar zu machen, werden aus bestimmten Karten perforierte »Lesefenster« ausgebrochen. Da diese offensichtlich zu klein geraten sind, mußten die Sprüche teilweise arg verstümmelt werden.

203
Die Botschaft der Edelsteine
1988 Antje und Helmut G. Hofmann
Verlag: Hugendubel
52 Blatt. KT dt.; im Set mit Begleitbuch von A. u. H. G. Hofmann: Die Botschaft der Edelsteine.

So manche Lebensweisheit und Heilmethode, die kürzlich noch im Archiv der Geschichte verstaubte, steht heutzutage plötzlich wieder im Mittelpunkt des Interesses. Dazu gehört auch die »Edelsteintherapie«. Der Glaube an die magischen Kräfte der Edelsteine ist uralt. Nach Paracelsus gehörten sie (in pulverisierter Form) zu jedem Rezept, und auch *Zedlers Großes vollständiges Universallexikon aller Wissenschaften und Künste*, der Brockhaus des 18. Jahrhunderts, erwähnt fünf Edelsteinarten (Granat, Saphir, Hyazinth, Karneol und Smaragd), die damals noch in deutschen Apotheken geführt wurden ([38] 8. Bd., S. 210). Um die *Botschaft der Edelsteine* zu vermitteln, nutzen Antje und Helmut G. Huber die Möglichkeiten des Kartenlegens. Es geht ihnen dabei nicht um Wahrsagerei, sondern um Meditation. Der spielerische Umgang mit den Karten, auf denen Farbfotos von Edelsteinen zu sehen sind, soll Gemüt und Seele lockern, um die »feinstofflichen Ausstrahlungen« der Steine zu erspüren. Gleichzeitig wird in Verbindung zwischen Karten und Text des Anleitungsbuches Wissenswertes über die abgebildeten 52 Steinsorten vermittelt. Dabei werden auch wissenschaftliche Informationen, wie Härtegrad, chemische Formel und Zusammensetzung, erwähnt. Im Mittelpunkt aber stehen die Steine als Meditationshilfe und die ihnen zugeschriebenen psychosomatischen Heilkräfte. Die Karten dienen dabei als »Edelsteinersatz«. Eine Edelsteintherapie im eigentlichen Sinn kann der Set natürlich nicht leisten, da ja die Steine selbst dazu nötig wären. Im Zusammenspiel von Karten und Buch stimmt man sich innerlich auf jene subtilen Kräfte ein, um die es hier geht.
Vgl. Nr. 80 und 194.

204
Épître aux Dames
Original um 1820; Faksimile-Ausgabe o. J.
Verlag: Éditions Dussere
32 Blatt. KT u. BT frz.

Zwei Männer waren die Anreger des Kartenlegens (*Court de Gébelin, *Étteilla), zum Idol dieser Kunst aber wurde eine Frau: Marie Anne Adelaïde *Lenormand, die von einer armen Wäscherin zur Beraterin der Größen aus Politik und Gesellschaft wurde. Nicht zufällig führten die

Wahrsagekarten in Frankreich den Beinamen *Épître des Dames* (Epistel der Frauen). Um 1820 erschien sogar ein besonderes Wahrsagekartenspiel, das diesen Namen trug. Es widmet sich jener romantischen Seite des Lebens, deren Ausgestaltung nach dem konservativen Weltbild von jeher das Vorrecht der Frauen ist. Offensichtlich wurde dieses Spiel für Damen der galanten Welt gefertigt. Elegante Kavaliere und behütete Jungfrauen, gleichermaßen in Erwartung amouröser Abenteuer wie einer guten Partie, mit Amors Pfeil durchbohrte Herzen und eine Taube, die den Brief zum Liebsten trägt: gibt es deutlichere Bekenntnisse zu einem Liebesleben, das in der heutigen Zeit fast ausgestorben zu sein scheint? Bemerkenswert die selbstverständliche Hingabe, mit der alle Figuren ihren Part in fester Rollenverteilung und auf vorgezeichneten Bahnen spielen: die Damen in Glockenrock, mit Schnürtaille und flatternden Rüschen, die Herren mit Zylinder, Dreispitz oder Nachthaube auf dem Haupt. Sie alle bewegen sich wie auf dem Laufsteg einer Modenschau des frühen 19. Jahrhunderts, und zwar so natürlich und anmutig, daß Sehnsucht nach dieser vermeintlich heilen Welt aufkommt, in der der Kampf der Geschlechter offensichtlich noch mit Samthandschuhen ausgefochten wurde.

Feine Aufschlagkarten
S. Nr. 215.

205

Tarot des Fleurs

1989 Valériane de Surrel
Verlag: France Cartes
61 Blatt. KT frz./engl., BT frz./engl./dt.

»Die Welt der Blumen und Pflanzen ist unermeßlich reich. Innerhalb dieser Welt ist jede Pflanze, jede Blume Überbringerin einer ganz bestimmten Botschaft.« Mit diesen Worten gibt Valériane de Surrel zu verstehen, daß sie mit ihrem Kartenspiel die Sprache der Blumen in die Sprache der Menschen übersetzen will. Die Bilder des Spiels zeigen naturgetreue farbige Zeichnungen von 61 *Pflanzen (nicht nur Blumen). Um ihnen Sinn und Bedeutung zu geben, wird auf eine ganze Reihe volkstümlicher Überlieferungen zurückgegriffen. Bemerkenswert ist das Bemühen um klare Sprache und Nachvollziehbarkeit der Art und Weise, wie es zu den jeweiligen Deutungen kam: sei es als Ableitung aus dem Äußeren einer Pflanze, sei es aufgrund einer biologischen Eigenschaft oder sei es wegen ihrer Verwendbarkeit für einen bestimmten Zweck. So verbindet die Spielautorin die genaue Beobachtung biologischer Eigenschaften mit der Einfühlung in das »Wesen« eines jeden Gewächses. Die

empfohlenen Legemethoden sind, der gefühlsbetonten Stimmung dieses Spiels angemessen, sehr schlicht und auch für Anfänger des Kartenlegens geeignet.
Vgl. Nr. 80.

206

Geomantia

1989 »Collegium Curiosum«
Verlag: Selbstverlag
2 Orakelspiele im Set mit Orakelscheibe, 16 verschlüsselten Orakelkarten und Begleitbuch: Geomantia. Limitierte Aufl. v. 200 Ex.

Collegium Curiosum nannte sich im 17./18. Jahrhundert eine Vereinigung von Gebildeten, die gemeinsam ihrem Interesse an der Geomantie nachgingen. An das Wirken dieses Kreises knüpft der Orakelset *Geomantia* an. *Geomantie heißt eine uralte *Divination, die im 12. Jahrhundert aus Arabien in das Abendland gelangte. Sie verwendete astrologische Symbolik und Deutungstechniken, ersetzte die astronomischen Berechnungen jedoch durch das »Punktieren«. Man zeichnete 16 Reihen Punkte mit einem Stock in den Sand (von daher die Bezeichnung Geomantie, d. h. Weissagung aus der Erde) oder mit dem Stift auf ein Blatt Papier, und zwar ebenso willkürlich und mechanisch, wie man etwa ein Kartenspiel mischt. Nach bestimmten Regeln wurden aus diesen Punkten symbolkräftige Figuren abgeleitet, die ebenfalls aus Punkten bestehen. Sie wurden mit den Sternzeichen, den Planeten und den vier Elementen in Verbindung gebracht und tragen Namen wie »Erlangung« und »Verlust«, »Freude« und »Trauer«, »Drachenschwanz« und »Drachenhaupt«. Diese Figuren wurden *Skidys* genannt und, wie die Himmelskörper beim Erstellen eines Horoskops, den zwölf »Häusern« (Lebensbereichen) zugeordnet. Der Set *Geomantia* präsentiert eine moderne Bearbeitung zweier geomantischer Orakel aus dem späten 17. Jahrhundert. Das erste, die »Kleine Punktierkunst«, erinnert daran, »daß die Schicksalsmächte sich keineswegs immer mit bitterem Ernst, sondern durchaus auch einmal mit hintergründigem Lächeln mitteilen können.« Auf 16 mögliche Fragen erhält man Auskunft, indem das Punktieren mit der Numerologie verbunden wird. Mit Hilfe einer »Schlüsselzahl« wird die Antwort des Orakels aus einer großen Menge von Buchstaben entschlüsselt, die auf 16 Karten untergebracht sind. Das zweite Orakel, der »Geomantische Spiegel«, ist ernsthafterer Art. Dabei werden die *Skidys* auf einer runden, mit den Sternzeichen und den Symbolen der vier Elemente geschmückten Orakelscheibe in die 12 astrologischen Häuser eingetragen. Wie bei den bekannten »Zauberscheiben« für Kinder (Printatoren) sind diese Eintragungen löschbar, und die Scheibe kann erneut benutzt werden. Gedeutet

wird dieses geomantische Horoskop mit Hilfe des beigelegten Büchleins, das jede denkbare Position der 16 *Skidys* in den 12 Häusern kurz und bündig interpretiert. Es bleibt dem Benutzer überlassen, ob er sich mit einer einfachen Antwort begnügt oder eine ganze Konstellation von *Skidys* deutet.
Vgl. Nr. 207.

207
Géomantic

1988 Linda Maar und Colette Silvestre-Haeberlé
Verlag: France Cartes
64 Blatt. KT u. BT frz./engl.

Linda Maar und Colette Silvestre-Haeberlé (s. auch Nr. 105 und 165) wählten die Form eines Wahrsagekartenblatts, um die alte *Geomantie für Menschen von heute interessant zu machen. Vom Kartenlegen herkommend, sind sie der Meinung, daß Bilder hilfreich sein können, um die Geomantie (vgl. Nr. 206) zu erlernen und auszuüben. *Géomantic* ist als Kartenblatt so eingerichtet, daß es nach den Regeln der Geomantie zu benutzen ist. Seine äußere Gestaltung lehnt sich an ein berühmtes chiromantisches Kartenspiel (Nr. 217) an. Die Fläche jedes einzelnen Blattes ist in Sektoren unterteilt, um die notwendigen Informationen und Deutungshilfen bereitzustellen: Oben links befindet sich das Diagramm eines *Skidys*, oben rechts seine astrologische und elementarische Entsprechung und unten sein Name. Zentral in der Mitte steht ein Bild, das die »Atmosphäre, die Stimmung, das vorherrschende Gefühl« des *Skidys* übermitteln soll. Die geometrisch-abstrakte Form der verwendeten Bildmotive paßt durchaus zum analytischen Charakter des geomantischen Orakels. Doch sind diese Bilder damit wirklich noch eine Verständnishilfe? Fast bedürfen sie selbst der Erklärung. Die Geomantie wurde jahrhundertelang ohne solches Beiwerk ausgeübt. Eine so altehrwürdige Praktik bringt es nun einmal mit sich, daß bei ihrer Ausübung mehr auf Systematik als auf Bilder zurückgegriffen wird. Diesem Charakter wird *Géomantic* auch durchaus gerecht, wie der sorgfältig aufgebaute Begleittext beweist. So liegt die Stärke dieses Orakelspiels nicht in der Neuerung, sondern in der Bewahrung von Geist und Methodik der alten Geomantie.

208
Gong Hee Fot Choy

1935 Margaret Ward und George R. Bennett
Verlag: U. S. Games
52 Blatt. Ohne KT u. BT; ergänzende Literatur von Margaret Ward: Gong Hee Fot Choy (U. S. Games).

Margaret Ward präsentiert eine Methode des Kartenlegens, die Elemente chinesischer und europäischer Wahrsagerei miteinander verbinden will. Bei den dabei verwendeten Karten handelt es sich um ein reguläres europäisches Blatt in den französischen Farben Kreuz, Pik, Herz und Karo mit jeweils drei Figurenkarten (*King, Queen, Jack*) sowie einer Textkarte (engl.), die beim Kartenspielen als Joker dienen kann und eine Kurzinformation zu den *Gong Hee Fot Choy Playing Cards* enthält. Die Figurenkarten zeigen Repräsentanten des alten China, wie Mandarine, Krieger und buddhistische Mönche. Zur Wahrsagerei werden 32 Karten verwendet; das Buch Margaret Wards teilt mit, wie dabei mit Hilfe astrologischer und numerologischer Deutungen Fragen zum großen und kleinen Glück aller Menschen in Morgen- und Abendland beantwortet werden können.

209
Gypsy Witch Fortune Telling Cards
Original wahrscheinlich um 1900, Nachdruck o. J.
Verlag: U. S. Games
52 Blatt. KT u. BT engl.

Der Ruhm der Marie Anne *Lenormand drang im 19. Jahrhundert auch bis in die Neue Welt. Die *Gypsy Witch Fortune Telling Cards* sind gewissermaßen die amerikanische Antwort auf den esoterischen Bestseller im Europa jener Zeit, die sogenannten **Mlle. Lenormand Wahrsagekarten** (Nr. 224). Die Fläche jedes Kartenblatts ist in Sektoren eingeteilt, die in Wort und Bild Hilfestellungen beim Kartenlegen geben. Obwohl Thematik und Aufbau der Bilder generell europäischen Wahrsagekartenspielen folgen, gibt sich in mancher Kleinigkeit doch die Heimat dieses Spiels zu erkennen. Die praktische Seite des Lebens besitzt dort, wie es scheint, einen großen Stellenwert; für die Beschwörung der »guten alten Zeit« hat man demgegenüber wenig Sinn. Natürlich bedeutet auch in einem amerikanischen Orakelspiel die Abbildung eines Herzens Liebe und Freude; aber neben der überlieferten Darstellung dieses Körperorgans, auf der Amor seinen Pfeil abschießt (Karte 42), findet sich auch eine weniger romantische, dafür um so realistischere Gestaltung, die direkt einem Handbuch für Anatomie entnommen zu sein scheint (Karte 39). Die Soldatenherrlichkeit, der auf allen europäischen Wahrsagekartenspielen des 19. Jahrhunderts gehuldigt wird, verschwindet hier völlig in der Versenkung. Zur nüchternen Grundstimmung paßt auch, daß die kurzen Erklärungstexte auf den Karten nicht gereimt sind, stattdessen aber praktische Tips für etwas schwierigere Legemethoden enthalten. Mit einem mystisch klingenden Namen dem Spiel den Anstrich von Zauber und Magie zu geben war sicherlich ein zukunftsweisender geschäftlicher Schachzug. Man kann also sagen, daß die *Gypsy Witch Fortune Telling Cards*, obwohl ohne europäische Vorbilder undenkbar, doch typisch amerikanisches Profil zeigen.

210

L'Horoscope Belline

1964 »Magus Belline«
Verlag: Grimaud
52 Blatt. KT frz./engl., BT frz./engl./dt.

Der Pariser Wahrsager »Magus Belline« ist ein Mann, der sich vortrefflich darauf versteht, seinen eigenen Ideen das Gepräge ehrwürdiger Überlieferung zu verleihen (s. Nr. 15 und 232). Doch im Fall des *Horoscope Belline* gab er sich selbst als Urheber zu erkennen. Die Motive wirken ausgesprochen neuzeitlich; sie sind hoch stilisiert und sehr bunt. Das *Horoscope Belline*, so erfährt man, wurde in der Absicht geschaffen, leicht verständliche Karten und eine problemlos benutzbare Orakelmethode zur Verfügung zu stellen. Es ist im Grunde eine Modernisierung und Vereinfachung des *Oracle Belline*. Der Begriff »Horoskop« erweckt den Eindruck, als ob das Kartenlegen hier nach astrologischen Gesichtspunkten erfolge. Das ist jedoch nicht der Fall. An astrologischer Symbolik bieten die beiden anderen Spiele Bellines wesentlich mehr. Nur eine der hier vorgeschlagenen Legemethoden hat überhaupt etwas mit Astrologie zu tun, indem sie das Schema der zwölf Himmelshäuser als Deutungsraster verwendet. An weihevollen Worten ermangelt es der Bellinschen Kartenmystik wahrlich nicht. Dennoch ist Magus Belline kein Verächter handfester magischer Kost. In ungezwungener Nachbarschaft zur meditativen Vergeistigung findet sich im *Horoscope Belline* die »Nummern- oder Pferde-Wettmethode«, die ihrem Benutzer kräftige Gewinne am Totalisator verheißt (vgl. Nr. 226).

211

I Ching Cards

1971 Helen Walker
Verlag: U. S. Games
78 Blatt. KT u. BT engl.

Das I-Ging oder das »Buch der Wandlungen«, eines der ältesten Weisheitsbücher der Menschheit, galt schon dem chinesischen Philosophen Konfuzius als gedankliches Abbild von kosmischem Geschehen und menschlichem Leben. Seit geraumer Zeit fesselt es auch Geistesgrößen des Abendlandes. Gottfried Wilhelm von Leibniz untersuchte seine mathematische Struktur, Carl Gustav *Jung seine psychologische Symbolik, und Hermann Hesse schätzte es als Mittel kontemplativer Schau. Von jeher ist es auch als Schicksalsorakel populär gewesen. Die dabei zugrunde gelegte Methode beruht auf der universellen Polarität von *Yin* und *Yang*, wie sie die taoistische Weltanschauung lehrt. Diese beiden Gegenkräfte treten in verschiedenen Kombinationen von 8 Trigrammen (Zeichen, die aus drei Strichen bestehen) in 64 Hexagrammen (Zeichen, die aus zwei Trigrammen bestehen) zueinander. Jedes der Hexagramme ist ein Orakel für sich. Früher verwendete man zur Befragung des I-Ging Schafgarbenstengel oder Holzstäbchen, die geworfen und abgezählt wurden, um das Orakel zu ermitteln. Heute ist es üblich, dazu drei Münzen zu verwenden. Der äußeren Form nach ist das I-Ging meist ein Buch; bei den *I Ching Cards* dagegen sind die 64 Hexagramme und ihre Bedeutungen auf 64 Karten untergebracht. Die Gestaltung jeder einzelnen Karte trägt den Aufgaben eines ökonomischen Informationsträgers Rechnung: Die Vorderseite zeigt das Hexagramm selbst, seinen chinesischen Namen (in lateinischer und chinesischer Schrift), dessen englische Übersetzung sowie eine Kurzdeutung der zwei Trigramme, aus denen es besteht. Auf der Rückseite findet sich eine ausführlichere Beschreibung der Bedeutung des Hexagramms sowie seine verschiedenen Wahrsagebedeutungen im Zusammenhang bestimmter Konstellationen des Orakels. Auf 10 weiteren Karten wird mit Hilfe tabellarischer und grafischer Darstellung der Umgang mit den 64 Orakelkarten erläutert. Drei Münzen liegen bei. In ihrer betonten Sachlichkeit liegen die *I Ching Cards* in der Mitte zwischen einem eher meditativen (Nr. 212) und einem mehr okkulten Ansatz (Nr. 238), um die Geisteswelt des I-Ging zu erschließen.

212
I Ging 2000
1984 Oliver Perrottet
Verlag: Tierra Verlag
64 Bildkarten. Ohne KT; im Set m. Begleitbuch v. O. Perrottet: I Ging 2000.
Wie schon im Titel angedeutet, will das *I Ging 2000* das uralte chinesische Ideensystem des I-Ging in zeitgemäßer Form präsentieren. Das Besondere daran ist, daß dies nicht allein durch Belehrung über den bekannten Zeichensatz der 8 Trigramme und 64 Hexagramme geschieht (s. Nr. 211). Mit Hilfe von 64 Bilderkarten steht dem Benutzer des Sets der Weg des gefühlsmäßigen Erfassens einer fremdartigen und faszinierenden Geisteswelt offen. Diese Karten sind mit sehr schlichten Motiven (meist Landschaftsbildern) ausgestattet; deren Gestaltung ist jedoch durch-

dacht. Mit fein abgestuften Farbgebungen erwecken sie unterschiedliche Gefühle und Stimmungen; ihre Klarheit und Einfachheit fordert zur Sammlung und Einkehr auf. Eine verinnerlichte Geisteshaltung ohne jede Geheimniskrämerei spricht auch aus dem Text des Begleitbüchleins. Respekt gegenüber einer ehrwürdigen Tradition wird fühlbar. Schritt für Schritt wird man in die Benutzung des *I Ging 2000* eingeführt; Kernstück des kleinen Kurses sind 11 »Spielvorschläge«, die man genausogut »Meditationen« nennen könnte. Aber statt zugkräftiger Etiketten wollte man hier einmal wirkliche Substanz bieten. Wer auf Ex-und-Hopp-Orakelei steht, sollte entweder auf eine weniger anspruchsvolle Version des I-Ging zurückgreifen (Nr. 238) oder vielleicht doch lieber gleich die Finger von diesem echten und tatsächlich sehr alten Weisheitsbuch lassen.

213
Tarot der Isis
1985 Erna Droesbeke von Enge
Verlag: Amber Studio
36 Blatt. KT u. BT dt.

Isis, die kuhköpfige ägyptische Göttermutter und Weltbeherrscherin, regte die Wegbereiter der Tarot-Esoterik, von *Court de Gébelin bis zu Aleister *Crowley, immer wieder zu Höhenflügen der Interpretationskunst an. Auch Erna Droesbeke von Enge fühlte sich von der Göttin berufen. Ihr endlich einen kompletten Tarot zu weihen schien nur recht und billig. Daß letztlich kein Tarot daraus wurde, sondern ein ganz normales Wahrsagekartenspiel, mag die große Schicksalsherrin der Antike huldreich verzeihen. Schließlich sind solche feinen Unterschiede im alten Ägypten, allen anderslautenden Gerüchten zum Trotz, noch nicht gemacht worden. Auch dürfte es dem Ansehen der Isis als Bringerin von Kulturgütern nur wenig schaden, daß sie selbst in diesem Spiel ziemlich im Hintergrund bleiben muß. Ist die große Göttin, deren Bruder und Gemahl Osiris auf grausame Weise umgebracht wurde, nicht ganz andere Sorgen gewöhnt? Aber etwas wird unter den Göttern Ägyptens doch Stirnrunzeln hervorrufen: Nicht ein einziger Repräsentant aus ihrer vielköpfigen Schar ist im *Tarot der Isis* vertreten! Lediglich die Sphinx hat ihren Pflichtauftritt, dazu noch »Maät«, die Personifizierung der vom Schöpfergott gesetzten Ordnung. Das ist bei aller künstlerischen Freiheit doch ein bißchen wenig für einen »Tarot der Isis«. Was also kann der Künstlerin den Zorn der ägyptischen Götterwelt ersparen? Offenbar nur eines: daß die Götter auch die Erklärungen zum Werk Erna Droesbeke von Enges zur Kenntnis nehmen. Dann nämlich werden sie ein Zauberwort kennenlernen, das die Welt des Tarot gegenwärtig in einen Nebel der Wunder und Mysterien taucht: *Archetypen. Besteht vielleicht die Möglichkeit, daß sie dadurch zu seelischen Tiefenerlebnissen stimuliert und vom guten Sinn des *Tarot der Isis* doch noch überzeugt werden?

214
Le Jaro
1983 André Voisin
Verlag: France Cartes
78 Blatt. Ohne KT, BT frz./engl.
*Selbsterfahrung und innere Entwicklung werden heute in ein Set gepackt und als Komplettlösung verkauft. Bei soviel handlichem Umgang mit der Esoterik wirkt ein komplexes Spiel wie *Le Jaro* fast wie sperriges Stückgut. Es beginnt damit, daß der Benutzer zum *Brainstorming* animiert wird: Er soll sich seiner Gefühle gegenüber den Kartenbildern bewußt werden und alle Eindrücke niederschreiben. Die oft gehörte Rede von der »Sprache der Bilder« wird hier einmal ernst genommen, so ernst, daß auf jede Erklärung der Motive verzichtet wurde. Sie sollen ganz für sich selbst sprechen, ohne daß man durch Deutungshilfen beeinflußt wird. Natürlich ist da manch harte Nuß zu knacken, zumal diese Bilder keine eindeutigen Interpretationen ermöglichen. Es handelt sich um einfache Zeichnungen, die Menschen und Ereignisse, Alltägliches und Rätselhaftes, Konkretes und Symbolhaftes zeigen. Im Begleitheft findet man eine Fülle von Anregungen, was mit *Le Jaro* alles unternommen werden kann: vom einfachen Assoziationsspiel, über Kartenlegen, bis hin zum Psychodrama in der Gruppe. Der Übergang von Spiel zu Ernst ist fließend und hängt vor allem von der Bereitschaft ab, tiefergehende Empfindungen und Gedanken zuzulassen. All dies beweist, daß *Le Jaro* weniger ein Orakelspiel ist als ein psychologisches Instrument, mit dem das Medium des Spiels zur Selbstreflexion und Bewußtseinserweiterung genutzt wird.

215
Jeu du Destin Antique
Original um 1890; Faksimile-Ausgabe 1986
Verlag: Piatnik
32 Blatt. Ohne KT, BT dt./frz./engl.
Dieses Spiel ruft, wie schon sein Name (»Altertümliches Wahrsagespiel«) verheißt, Erinnerungen an alte Zeiten wach. Auch an der Schwelle zum 20. Jahrhundert wurde die Vergangenheit zur heilen Welt verklärt (vgl. Nr. 195). Der Gestalter dieser Karten hatte dabei keine bestimmte Epoche im Auge, sondern entnahm der Geschichte, was ihm gerade gefiel. Der lorbeerbekränzte römische Cäsar steht neben dem Renaissance-Herrscher, der als Zeichen des Welteroberungswillens die Hand auf einen

Globus legt. Auch Menschen in der Tracht des 19. Jahrhunderts sieht man hier; hochgestellte Persönlichkeiten gesellen sich zwanglos zu einfachen Leuten, Liebe zu Streit, Hoffnung zu Verzweiflung. In dieser kunterbunten Mischung und in der Einteilung der Kartenfläche in verschiedene Sektoren mit einzelnen Bildern weist das *Jeu du Destin Antique* Ähnlichkeiten mit dem **Großen Lenormand-Spiel** (Nr. 222) auf. Doch hier geht es nicht um bedeutungsschwangere Symbolik, sondern um Alltagspsychologie. Dies war ein Spiel für Kreise, in denen das Kartenlegen ein galantes und geistreiches Vergnügen, aber keine Geheimwissenschaft war.

216
Le Jeu Divinatoire Arkaes I

1986 S. A. R. L. Arkaes (Hrsg.)
Verlag: Héron
72 Blatt. KT u. BT frz.
Wohl jeder hat schon einmal den Gedanken gehegt, das Leben sei ein Puzzle, aus einzelnen Teilen zusammensetzbar nach einem verborgenen Plan. Aber wären Sie darauf gekommen, diesen Gedanken in ein großes Bild umzusetzen, es auseinanderzuschneiden und zur Grundlage eines Wahrsagespiels zu machen? Die besten Ideen sind einfach — nur muß man darauf kommen! *Le Jeu Arkaes I* ist in seiner äußeren Gestaltung ganz auf der Höhe der Zeit: Mit *Airbrush* und Aquarell wird in warmen, leuchtenden Farben ein kosmisch-sphärisches Gebilde entfaltet. Fabelwesen wie Einhorn und Drache treten in fließenden Übergängen mit Sternzeichensymbolen und blühenden Blumen in Aktion. Die Gebrauchsanleitung ist von äußerster Knappheit und vermittelt unverhüllte Neigung zu okkultem Ernst. Sie liefert keine fertigen Orakelsprüche, sondern fordert zu tätiger Mitarbeit bei der Entschlüsselung des Orakels heraus. Zur Erleichterung sind auf jeder Karte (einem Ausschnitt aus dem großen Ganzen) mit schöner lateinischer Schreibschrift, in goldenen Buchstaben, Tips für die Deutung vermerkt.

217
Jeu de la Main

Original Ende des 19. Jahrhunderts; Neubearbeitung 1969
Verlag: Grimaud
56 Blatt. KT frz./engl., BT frz./engl./dt.
Paris 1890. Die Innenpolitik hat eine neue Krise: Édouard Drumont, Leitfigur der Ultra-Rechten und überzeugter Esoteriker, geht gegen den General Boulanger, seinen Hauptrivalen um die Führung der Opposition, in die Offensive. Drumont erhebt in aller Öffentlichkeit einen frappieren-

den Vorwurf: Die Linien der linken Hand des Generals, so meint er, ließen keinen Zweifel daran, daß er ein Hochverräter sei. Aus jenen Jahren, als die Affäre Boulanger die französische Öffentlichkeit erschütterte, stammt das *Jeu de la Main*, das »Spiel der Hand«. Auf diesen Karten findet man weder mystische Bilder noch irgendwelchen symbolischen Zierat, sondern nur Hände. Das *Jeu de la Main* stellt sich ganz in den Dienst einer uralten Wahrsagepraktik, der *Chiromantie (Handlesekunst). Es ist gewissermaßen ein Kurzlehrgang in der Lehre des Adolphe Desbarolles (1801-1886). Dieser war ein persönlicher Bekannter Éliphas *Lévis und gilt allgemein als Vater der modernen Chiromantie. In Anlehnung an spätmittelalterliche Vorbilder entwickelte Desbarolles eine kunstvolle Methode der Charakterdeutung, die an der Schnittstelle zwischen wissenschaftlicher und esoterischer Psychologie steht. Der anonyme Gestalter des *Jeu de la Main* setzte sich zum Ziel, die Handlesekunst mit der Kartenlegerei zu verbinden. Dazu verknüpfte er die französischen Spielfarbenzeichen Kreuz, Pik, Herz und Karo mit astrologischen Konstellationen, der Kartenlegerei à la *Étteilla und der Kasuistik der Chiromantie. *Le Jeu de la Main* ist ein Beispiel dafür, wie grundverschiedene esoterische Überlieferungen unter dem Dach der Kartendeutung miteinander vereinigt werden können.

218
Karten der Kraft
1989 Jamie Sams, David Carson und Angela Wernecke
Verlag: Windpferd
53 Blatt. KT dt.; im Set mit Begleitbuch von J. Sams und D. Carson: Karten der Kraft.
Die *Karten der Kraft* sind als »Einweihungsspiel in die Medizin der Tiere« gedacht, wie von ihren Schöpfern zu erfahren ist. Zu dieser schamanistischen Tradition, die von den indianischen Volksstämmen überliefert werde, gehöre »alles, was persönliche Macht, Stärke und Verstehen verleiht.« Jamie Sams ist, wie verbürgt wird, gebürtige Irokesin, zudem »Medizin-Lehrerin« und Mitglied der »Lehrer-Loge des Wolfs-Clans der Seneca«. Ohne die weit ausholenden Erklärungen im dazugehörigen Buch würde man die *Karten der Kraft* möglicherweise für eine Ausgabe von *Brehms Tierleben* halten. Freilich: Die Schlichtheit kann ja auch die Stärke eines esoterischen Kartenspiels sein. Hier ist jeder Tierart eine Karte gewidmet, und das Begleitbuch dient als Lexikon einer Tier-Charakterologie. Den Zugriff auf diesen Wissensschatz ermöglicht das Legen der *Karten der Kraft*. Wie üblich beim Kartenlegen, geht es dabei um die Klärung von Lebenssituationen, das Erkennen von Schicksalstendenzen usw. Zufall oder nicht: jedenfalls sind dabei Regeln anzuwenden, die so gar nichts Indianisches an sich haben: Das »Druiden-Orakel« etwa ist eine verkürzte

Form des »Keltischen Kreuzes« von A. E. *Waite. Bei einer immerhin auf die Spielidee bezogenen Legemethode werden die »9 Totem-Tiere« des Ratsuchers bestimmt. Dabei (und übrigens auch bei der Variante des »Medizinrades«) spielen die vier Himmelsrichtungen eine Rolle, ganz ähnlich wie bei den **Mah Jongg Fortune-Telling Cards** (Nr. 227). Auch die *Karten der Kraft* stützen sich also auf die Tarot-Medizin der Bleichgesichter.
Vgl. *Indianer.

219
Das Keltische Baumorakel
1988 Liz und Colin Murray und »Vanessa Card«
Verlag: Hugendubel
25 Blatt. KT dt./kelt.; im Set mit Begleitbuch von Liz und Colin Murray: Das keltische Baumorakel.

Zunehmend wird das alte Kulturvolk der *Kelten von der modernen Esoterik entdeckt. Auch das *Keltische Baumorakel* präsentiert sich als von dieser Überlieferung veredelt. Es ist mehr als nur ein Orakelspiel, fast schon ein Exkurs in die keltische Naturmythologie und Alphabetmystik, den Liz und Colin Murray zusammengestellt haben. Der Glaube an die Zauberkraft der Buchstaben ist uralt. Im *Keltischen Baumorakel* wird eine keltische Lautreihe, das »Ogham-Alphabet«, zum Ausgangspunkt eines Kartenlegesystems. Die Autoren haben sich lange mit der Gedankenwelt der Kelten beschäftigt; sie sind tief in die Vergangenheit eingedrungen. Das Begleitbuch hat Wissenswertes über die reichhaltigen Glaubensvorstellungen zu berichten, die sich einst mit den Bäumen unserer europäischen Heimat verbanden. Darüber haben es die Autoren jedoch nicht versäumt, ihr Set mit zeitgemäßen Accessoires auszustatten, z. B. der Kopiervorlage eines »Protokollblattes« für die *Divination sowie einem besonderen Notizblock mit einem vorgedruckten Deutungsraster. Ihre Karten zeigen Bäume und einige Pflanzen, gemalt wie in alten Biologiebüchern, gefühlvoll gerahmt durch »keltische« Ornamentik. Man wird zu einem »Rundgang durch den keltischen Wald« eingeladen. Wie sich denken läßt, geht es dabei darum, alle Teile des Sets (Karten, Buch, Deutungsmuster) zum Funktionieren zu bringen. Ein wenig Forschergeist braucht man schon dazu, vor allem im Umgang mit Korrespondenztabellen, grafischen Schaubildern und anderen geheimwissenschaftlichen Selbstverständlichkeiten. Doch mit gutem Willen und einer Portion Assoziationskraft dürfte die Verbindung zwischen keltischer Naturmythologie und postmoderner Alltagspsychologie kein Problem sein.

220

Kipper Wahrsagekarten

Original letztes Drittel des 19. Jahrhunderts; Neubearbeitung 1977
Verlag: F. X. Schmidt
36 Blatt. KT u. BT dt.

In der Mitte des 19. Jahrhunderts erreichte die Beliebtheit der Kartenlegerei in Deutschland ihren ersten Höhepunkt. Zunächst hatte man dazu deutsche Bearbeitungen französischer Orakelspiele benutzt (s. *Lenormand). Um aber den steigenden Bedarf nach Wahrsagekarten zu befriedigen, wurden zunehmend einheimische Blätter auf den Markt geworfen. Zum wohl bekanntesten deutschen Wahrsageblatt wurde »*Fr. Kipper's berühmte Wahrsagekarte*«, die in der Gründerzeit des Wilhelminischen Kaiserreiches entstand. Vor allem das Bürgertum erwärmte sich für die esoterische Zukunftserforschung (vgl. Nr. 195). Ob vor der Mustertapete im gepflegten Wohnzimmer, ob auf sauberen Straßen in der Pferdekutsche; die Männer stets hochgereckt, die Damen stattlich und die Kinder mit rosigen Wangen: *Kippers Wahrsagekarten* versammeln wahre Prachtexemplare deutscher Lebensart, sorgsam in Pose gebracht wie auf Familienfotos der damaligen Zeit. Man erwartete vom Kartenlegen keine geistreiche Erbauung, sondern die Beantwortung handfester Fragen zu den Urthemen des menschlichen Daseins. Glück und Unglück, Geburt und Tod, Erwerb und Verzicht, Liebe und Haß bestimmen Bilder und Bedeutungen der *Kipper Wahrsagekarten*. Einem gängigen Vorurteil entsprechend ist die »falsche Person« (Karte 8) eine Frau. »Viel Geld gewinnen« (Karte 11) scheint eine der stärksten Sehnsüchte des Spießbürgers zu sein. Und wo unter gesteiften Hemdbrüsten und wallenden Unterröcken so manches verborgene Feuer brennt, lugt gelegentlich auch schon einmal die Doppelmoral durch die Ritzen treuherziger Wohlanständigkeit hervor. Der würdige Herr mit Zylinder und grauen Schläfen ist in »seinen Gedanken« (Karte 16) in amouröse Abenteuer vertieft. Vielleicht träumt er von der spärlich bekleideten Jungfer, die ihre Scham mit einem Füllhorn voller Goldmark bedeckt und insofern auf doppelte Weise »Grosses Glück« (Karte 26) verkörpert? Da hat es wohl auch seinen geheimen Sinn, daß der Klapperstorch Soldatenstiefel trägt, wenn er »ein kleines Kind« (Karte 18) bringt. *Kippers Wahrsagekarten* sind also nicht nur lebensnah gestaltete Wahrsagekarten, sie haben heutzutage auch echten Unterhaltungswert und liefern ein beachtliches Sittengemälde jener Zeit, nicht unähnlich dem viel berühmteren *Neuruppiner Bilderbogen*.

221
Le Lame del Profeta
1988 »Centro Studi di Cartomanzia«
Verlag: Ideabag
44 Blatt. KT u. BT ital.

Obwohl weihevoll als *»Lamen« bezeichnet, sind diese Karten doch ein recht schlichtes Orakelspiel. Es ist in modernem, plakativem Stil gestaltet. Trotz des zeitgemäßen Designs steht es inhaltlich ganz in der Tradition der Wahrsagekartenspiele des 19. Jahrhunderts (vgl. Nr. 201). Auf jeder Karte findet sich ein leicht verständliches Motiv, das einen Vorgang, eine Situation oder einen psychischen Zustand bezeichnet. Im Zusammenhang mit dem Kartentitel wird die Bedeutung jeder Karte meist sofort klar. Das Bild eines Tresors erscheint zum Beispiel zusammen mit dem Titel »Reichtum«. Pferd und Reiter, die ein Hindernis nehmen, bedeuten »Gefahren«, ein Anker »Sicherheit« usw. Auf jeder Karte sind darüberhinaus mögliche Veränderungen ihrer Bedeutung vermerkt (je nachdem, ob sie richtig oder verkehrt herum liegt).

Lenormand
(Nr. 222 bis 224)

Marie Anne Adelaïde Lenormand (1768-1843) gilt als die neuzeitliche Prophetin schlechthin. In Frankreich war sie zu Lebzeiten eine Art Institution, und ihre Weissagungen betrafen nicht nur ihre persönliche Klientel, sondern auch die politische Zukunft. Als Beraterin der Reichen und Mächtigen überlebte sie die Revolution, die Napoleonische Zeit und die Restauration. Ihrer magnetischen Persönlichkeit ist es zuzuschreiben, daß das Kartenlegen in der Salongesellschaft des 19. Jahrhunderts heimisch wurde (vgl. Nr. 247). Ihr Ruf drang weit über die Grenzen Frankreichs hinaus, sogar bis nach Amerika (vgl. Nr. 209). Die Überzeugung, daß »weibliche Intuition« bei der *Divination wichtiger sei als »männlicher Intellekt« ist durch das Wirken der Lenormand genährt worden; eine ganze Reihe von berühmten Kartenlegerinnen des 19. Jahrhunderts, wie Mlle. Aldegonde Perenna (vgl. Nr. 56) und Mlle. Julia Orsini (vgl. Nr. 57), profitierte davon. Mlle. Lenormand hinterließ zwar umfangreiche Memoiren, aber nicht ein einziges Buch über die Methoden des Kartenlegens. Immerhin wissen wir, daß sie nicht weniger als vierzehn verschiedene Kartenspiele, gewöhnliche Spielkarten ebenso wie esoterische, zum Wahrsagen verwendete. ([21] S. 413) In ihre Klientenberatung flossen auch chiromantische, astrologische und numerologische Aspekte mit ein. Seit 1845 kursierten in Frankreich, später auch in anderen Ländern, verschiedene Wahrsagekartenblätter unter dem Namen der großen Sibylle. Welche Beliebtheit diese Spiele erreichten, beweist die resignierte Bemerkung des deutschen Volkskundlers Wuttke, der einen verzweifelten Abwehrkampf gegen die damalige Esoterikwelle führte. Im Jahre 1869 schrieb er: »Die Karten der Lenormand haben in Deutschland einen großartigen Absatz gefunden ... und sind neben einigen bekannten, der Unzucht sanfte Kissen polsternden Schriften der gewinnreichste Artikel des Buchhandels geworden« ([37] S. 345). Die Karten, von denen er hier spricht, dürften die in Deutschland so beliebten *Mlle. Lenormand Wahrsagekarten* (Nr. 224) gewesen sein.

222 (Lenormand)
Grand Jeu de Mlle. Lenormand
Original 1845; Nachdrucke in der heutigen Form seit ca. 1900
Verlag: Grimaud
54 Blatt. Ohne KT, BT frz./engl./dt.

Das *Große Lenormand-Spiel* steht am Anfang eines neuen Typs von Wahrsagekartenspielen. Den bisherigen esoterischen Blättern war gemeinsam, daß jede Karte ein einziges Bildmotiv, ein Spielfarbzeichen und einen Kartentitel trug (z. B. Nr. 204 und 247). Die Fläche jedes einzelnen Blatts des *Großen Lenormand-Spiels* ist dagegen in nicht weniger als sieben Sektoren eingeteilt, von denen vier je ein Bild und drei symbolische Gestaltungen zeigen. Damit wird jede Karte zum kompakten Informationsträger als Teil eines vielschichtigen Deutungssystems. Möglicherweise wurde mit diesem Aufbau tatsächlich versucht, methodische Bezugspunkte der Mlle. Lenormand darzustellen. Dieses Spiel entstand immerhin erst zwei Jahre nach ihrem Tod, als es noch viele Enthusiasten gab, die von ihr persönlich Anregungen erhalten haben könnten. Inzwischen ist die ursprüngliche Bedeutung von zwei Sektoren auf den Karten des *Großen Lenormand-Spiels*, nämlich der Verbindungen von geomantischen Zeichen und Buchstaben rechts oben und der Sternenkonstellationen oben in der Mitte, in Vergessenheit geraten. Als zentrale Motive dienen auf diesen Karten Begebenheiten aus der griechischen Mythologie sowie Darstellungen von Stufen des »Großen Werkes« der Alchemie. Die kleineren Bilder zeigen Szenen aus dem täglichen Leben, so wie man es auch auf anderen Wahrsagespielen jener Zeit vorfindet. Auch Blumen spielen auf diesen Karten durchgehend eine Rolle (im Sektor unten in der Mitte). Hier liegt eine direkte Anknüpfung an Mlle. Lenormands Verfahrensweisen vor, zu denen es gehörte, den Ratsuchenden auch nach seiner Lieblingsblume zu befragen. ([21] S. 413; vgl. [4] S. 318) Der äußere

Aufbau des *Großen Lenormand-Spiels* wurde richtungweisend für viele Wahrsagekartenspiele. Seither ist es gebräuchlich, die Kartenfläche in Sektoren zu unterteilen, um neben dem zentralen Bildmotiv noch weitere Informationen unterzubringen, sei es in Wort, Bild oder Symbol. Der Popularisierung des Kartenlegens kam es sehr zustatten, daß damit das Nachschlagen in Büchern und Anleitungen weitgehend entfiel.

223 (Lenormand)
Petit Lenormand
Verlag: Grimaud
37 Blatt. KT frz./engl., BT frz./engl./dt.
Dieses Spiel zeigt dieselben Motive wie das *Grand Jeu de Mlle. Lenormand*, jedoch wurde es auf 36 Blatt reduziert (zuzüglich einer Karte, die den Ratsuchenden repräsentiert). Darüberhinaus sind die beiden Sektoren der Kartenfläche, die ursprünglich Sternenkonstellationen und geomantische Zeichen bzw. Buchstaben enthielten, durch aufgedruckte Wahrsagebedeutungen ersetzt, um den Umgang mit den Karten zu erleichtern.

224 (Lenormand)
Mlle. Lenormand Wahrsagekarten
Original Mitte des 19. Jahrhunderts; Nachdrucke in verschiedenen Versionen aus laufender Produktion.
Verlage: AG Müller, ASS, Piatnik, Verlag für die Frau
36 Blatt. Mit und ohne gereimte u. ungereimte Beschriftungen der Karten, BT in versch. Sprachen (dt., engl., frz.).
In Deutschland war das *Tarock bis in das 20. Jahrhundert hinein ein sehr beliebtes Kartenspiel. Tarock-Karten blieben allerdings dem Spielvergnügen vorbehalten, und der esoterische *Tarot faßte erst richtig Fuß, als das Tarock aus der Mode kam. Indessen machte die Verbreitung des Kartenlegens im Laufe des 19. Jahrhunderts nicht vor den Grenzen Deutschlands halt. Hier benutzte man dazu spezielle Kartenblätter mit leicht verständlichen, lebensnahen Illustrationen. Um die Mitte des Jahrhunderts entstand ein neues Wahrsagekartenspiel. Es wurde unter dem Namen der berühmten Lenormand auf den Markt geworfen und schlug bald alle Auflagenrekorde für Produkte dieser Art. Noch heute erscheint es in verschiedenen Versionen unter der Bezeichnung *Mlle. Lenormand Wahrsagekarten*. Obwohl von den Herstellern stets die Behauptung erhoben wird, dies seien »die Karten der berühmten Lenormand«, dürfte dieses Spiel eher in Deutschland als in Frankreich entstanden sein. Hierzulande

erfreute es sich unter Kartenlegerinnen noch bis weit in das 20. Jahrhundert hinein größerer Beliebtheit als Tarot-Karten. Im Gegensatz zum *Großen Lenormand-Spiel* besitzen die *Lenormand-Wahrsagekarten* ein sehr volkstümliches Gepräge. Jedes Blatt zeigt ein Bild mit einem alltäglichen Gegenstand, einem schicksalhaften Ereignis oder einem markanten Charaktertyp. Ein Sektor der Kartenfläche enthält entweder das verkleinerte Abbild einer normalen Spielkarte oder eine gereimte Wahrsagebedeutung. Die Motive sind im Prinzip immer dieselben und von großer Einprägsamkeit: Das Kleeblatt bedeutet Glück, ein stattliches Haus Sicherheit, die Schlange Falschheit, der Blumenstrauß Freude usw. Aus der französischen Kartenlegerei wurde die Regel übernommen, daß die einzelnen Karten zu Bedeutungs-Verbindungen zusammentreten, d. h. daß die Nachbarschaft »guter« oder »schlechter« Karten sich positiv oder negativ auf die Grundbedeutung einer Karte auswirkt. Von einer Veränderung der Grundbedeutung in dem Fall, daß die Karte verkehrt herum liegt, ist dagegen nicht die Rede.
Vgl. Nr. 201.

225
Livre du Destin
Original Ende des 19. Jahrhunderts; Nachdrucke aus laufender Produktion
Verlag: Grimaud
32 Blatt. KT frz./engl., BT frz./engl./dt.
Mit dem *Livre du Destin* wird die Reihe der künstlerisch hochwertigen Wahrsagekartenspiele, die seit Anfang des 19. Jahrhunderts in Frankreich erschienen, abgeschlossen. Mittlerweile begann das Kartenlegen den Ruf einer Lieblingsbeschäftigung der Noblen und Reichen einzubüßen. Zum letzten Mal werden hier mit gepflegtem Pinselstrich elegante Damen und Herren vorgeführt, um die verschiedenen Kapitel des »Buches des Schicksals« (*Livre du Destin*) zu illustrieren. Ein wenig fehlt bereits jene lebendige Ausdruckskraft, die vergleichbare Spiele aus den Jahrzehnten zuvor auszeichnet (vgl. Nr. 204 und 247). Altbekannte Gestalten wie der »Höfling«, die »braunhaarige Frau« oder der »Soldat« wirken doch etwas gestelzt, mehr wie typisierte Vertreter der Ständegesellschaft als wie Menschen aus Fleisch und Blut. Dennoch: Künstlerisches Filigran, ausgewogene Farbkomposition und jene Mischung aus Anmut und klarer Bildsprache, die französische Kartenspiele dieser Art auszeichnet, verleihen diesem Blatt das gewisse Etwas. Die Aussage jedes Motivs läßt sich problemlos in die Lebenswelt des 20. Jahrhunderts übertragen.

226

Tarot du Loto/Oracle Hippique

1982 Frédéric Maisonblanche und Jane Denant

Verlag: Grimaud

49 Blatt. KT u. BT frz.

Der *Lotto-Tarot* von Frédéric Maisonblanche (s. auch Nr. 190) wendet sich an »alle Menschen, die an Glücksspielen teilnehmen, namentlich am Lotto und Pferdetoto.« Kein Zufall also, daß die Bilder auf den Karten die Gewißheit vermitteln, der treueste Freund des Menschen sei das Pferd. Vom Aussehen her haben sie weniger mit Tarot, dafür aber um so mehr mit Kinderfilmen oder Pferde-Comics gemeinsam. Sinn und Zweck einer so gefühlsbetonten Symbiose zwischen Mensch und Tier auf einem esoterischen Kartenspiel ist es, daß sich alle Betrachter dieser Bilder auf die »archetypische« Beziehung zwischen Mensch und Pferd besinnen. Es heißt, dann würden intuitive Kräfte frei, die beim Setzen im Pferdetoto Glück brächten. Um derart subtile seelische Vorgänge auch wirklich unter Kontrolle zu bekommen, kann man sich aber nicht allein auf die Sprache der Bilder verlassen. Also wird auch noch eine numerologische Methode herangezogen. Sie beschert den Wettenden mittels einer einfachen Rechenoperation eine »Glückszahl«. Mit ihrer Hilfe und zusammen mit den Kennziffern von Karten, die nach einem bestimmten Verfahren aus dem *Lotto-Tarot* gezogen werden, wird eine weitere Zahl ermittelt. Diese Zahl ist die Startnummer des Pferdes, auf das gesetzt werden soll. Ob's denn wohl hilft? Bisher jedenfalls scheinen die Buchmacher noch keinen Grund zu der Annahme zu sehen, daß auffällig viele Hauptgewinne am Totalisator mit Hilfe des *Lotto-Tarot* erzielt wurden. Aber vielleicht schließen sie sich ja schon aus Vorsicht einer Maßnahme an, die in Bayern bereits im 15. Jahrhundert unumgänglich schien. Die Donaustadt Nördlingen, in der der süddeutsche Hochadel dem Pferdesport frönte, erließ schon im Jahre 1463 eine Rennordnung, in der es heißt: »Item alle ding, die gevarlich und vnnatürlich sein mit zabern vnd andern sachen, sind verbotten.« (Alles, was gefährlich ist und nicht mit rechten Dingen zugeht, weil es mit Hilfe von Zauberei und ähnlichem bewirkt wurde, ist verboten.)

227

Mah Jongg Fortune Telling Cards

1983 Derek Walters

Verlage: Thorsons u. U. S. Games

Set mit 146 Mah Jongg-Karten, Spielgeld, 3 Würfeln. BT engl. u. jap.; ergänzende Literatur von Derek Walters: Fortune Telling by Mah Jongg (U. S. Games).

Mah Jongg ist ein sehr altes chinesisches Gesellschaftsspiel für vier

Personen, bei dem es darum geht, durch geschicktes Sammeln bestimmter Kombinationen aus einer Gesamtheit von 144 Spielziegeln möglichst viele Punkte zu erreichen. Die Idee, Mah Jongg mit Karten zu spielen, ist eigentlich nicht weit hergeholt. Weist doch die Spielmechanik des Mah Jongg Gemeinsamkeiten mit europäischen Kartenspielen, vor allem mit dem Rommée, auf. Bei den *Mah Jongg Fortune Telling Cards* (Mah Jongg Wahrsagekarten) geht es jedoch, wie schon der Name sagt, um die Umgestaltung des Mah Jongg zum Orakelspiel. Maßgebend waren dabei die Prinzipien des Kartenlegens. Jede einzelne der *Mah Jongg Fortune Telling Cards* besitzt somit eine Grundbedeutung, die sich in der Nachbarschaft bestimmter anderer Karten ändern kann. Den verschiedenen Kartengruppen (ursprünglich: Ziegelgruppen) des Mah Jongg werden Lebensbereiche zugeordnet, ganz ähnlich wie den Spielfarben beim Kartenlegen. Bambuskarten etwa verweisen auf Bildung und Handwerk sowie langfristige Ziele, Kreiskarten auf Geld, Handel und alltägliche Geschäfte. Die Legemethode greift auf Begriffe zurück, die aus dem Regelwerk des Mah Jongg stammen. Sie beruht aber im Prinzip auf altbekannten Schemata des Kartenlegens. In den Anhang des Anleitungsheftes wurde auch eine Beschreibung der herkömmlichen Spielregeln des Mah Jongg mit aufgenommen.

228
I Misteri della Sibilla

1982 Ettore Maiotti
Verlag: Dal Negro
54 Blatt. KT u. BT ital.

Schon mit seinem Namen ruft das Spiel *I Misteri della Sibilla* (»Die Geheimnisse der Sibylle«) Erinnerungen an die Wahrsagekartenspiele des 19. Jahrhunderts wach (vgl. Nr. 247 und *Lenormand). An volkstümliche Wahrsagekarten der damaligen Zeit (Nr. 224 und 225) lehnen sich Auswahl und Gestaltung der Motive an. Allerdings ist ihre italienische Herkunft unverkennbar. Der Künstler gibt sich einer verklärenden Rückbesinnung auf die Zeit der Jahrhundertwende hin. Mit weich aquarellierten Bildern erzählt er davon, wie beschaulich der Alltag jenseits der Alpen damals noch war. Da der Bildzyklus auch als Ganzes stilistisch absolut geschlossen wirkt, entsteht der Eindruck einer heilen Welt, die zufrieden in sich selbst ruht. Alle spießbürgerliche Enge hingegen, die Orakelspiele dieser Art im 19. Jahrhundert ungewollt zur Schau stellten (vgl. Nr. 195 und 220), wird schmeichlerisch fortgelassen. So ermöglichen es die *Misteri della Sibilla*, das Kartenorakel im alten Stil zu befragen, ohne sich vom Beigeschmack des Altväterlichen gestört zu fühlen.

229
Morgan's Tarot
1970 Morgan Robbins und Darshan Chorpash
Verlag: U. S. Games
88 Blatt schwarzweiß. KT u. BT engl.

Um das Jahr 320 gelangte Bodhidharma, ein buddhistischer Mönch aus Südindien, nach China. Dort begründete er eine Meditationsschule, die noch heute unter dem japanischen Namen *Zen* bekannt ist. Einer seiner ersten Gesprächspartner im Reich der Mitte war der Kaiser Wu aus der Dynastie der Liang. Dieser fragte ihn: »Was ist die ursprüngliche Wahrheit der heiligen Lehre des Buddha?« Bodhidharma antwortete: »Sie ist unermeßlich leer und überhaupt nicht heilig.« Auf Paradoxien wie in einem solchen *Zen-Ko'an* (ein Dialog zwischen Meister und Schüler, in dem eine Frage des Schülers schließlich vom Meister ad absurdum geführt wird) muß sich gefaßt machen, wer *Morgan's Tarot* Fragen stellt. Er sollte bereit sein, sich Wahrheiten zu öffnen, die vom Verstand nicht erfaßt werden können. Im Zusammenspiel von Bildern, Kartentiteln und Kommentar werden lockere Sprüche, verspielte Bilder- und Buchstabenrätsel und verblüffend-groteske Gedankenfetzen serviert, hinter denen sich eine Nachdenklichkeit unkonventioneller Art verbirgt. Mit *Tarock und *Tarot im herkömmlichen Sinne hat all das äußerlich natürlich kaum noch etwas zu tun. Es gibt keine Großen und keine Kleinen Arcana, keine Spielfarben, und auch die Anzahl der Karten ergibt sich allein aus dem Bestreben der Gestalter, ihre ureigene Botschaft zu übermitteln. Im Anleitungsteil wird eine der gebräuchlichen Methoden des Kartenlegens vermittelt. Doch dies sind weniger Wahrsagekarten als Meditations- oder *Selbsterfahrungskarten. Warum auch nicht einmal den großen und kleinen Problemen des Daseins mit einem Augenzwinkern begegnen?

230
OH Karten
1976 E. Raman und J. Schlichter
2x88 Blatt. KT u. BT dt.

Die Gestalter der *OH Karten* sind der Auffassung, daß Spontaneität und Phantasie für die *Selbsterfahrung anregender sind als langatmige Erklärungen. Dem tragen Aussehen und Verwendung der zwei Kartensätze in ihrem Spiel Rechnung. Der eine zeigt Aquarellbilder mit einfachen Szenen aus dem alltäglichen Leben. Bei dem anderen trägt jede Karte einen einzigen Begriff; in der Zusammenschau ergeben alle 88 Begriffe ein Gefühls- und Tätigkeitspanorama, das grundlegende Bereiche der menschlichen Existenz umfaßt. Die Bildkarten sind kleiner als die Begriffskarten, so daß erstere auf letztere gelegt werden können, um gedankliche Verbindungen zwischen einem Bild und einem Begriff herzustellen. Die Anleitung schildert mehrere Wege, wie sich die beiden Kartensätze in der Benutzung des Spiels gegenseitig ergänzen können. Eigentlich genügt aber auch schon die freie Assoziation, um einzusteigen. Wie psychologisch bzw. wie verspielt man an die Sache herangeht, ist jedem selbst überlassen. Die Variationsmöglichkeiten der Karten sind unbegrenzt, und jede von ihnen ist eine Aufforderung, über sich selbst nachzudenken und vielleicht auch zu sprechen. Das Zusammenspiel zwischen Bildern und Begriffen auf diesen Karten wird zu einer »psychologischen Patience«.

231
Oracle Alma Bose
1982
Verlag: Grimaud
67 Blatt. KT u. BT frz./engl.

Es ist schon außergewöhnlich, daß es in diesem Spiel nicht zwei, sondern drei »Signifikatoren« (Karten, die die ratsuchende Person darstellen) gibt: eine für männliche und eine für weibliche Heterosexuelle sowie eine für Schwule und Lesben. Damit soll keineswegs ein abweichendes Geschlechtsrollenverhalten verherrlicht, sondern einfach daran erinnert werden, daß zum Liebesleben des Menschen auch die gleichgeschlechtliche Liebe gehört. Die Bilder der Karten sind von zurückhaltender Neutralität; sie zeigen vorwiegend Landschaften oder Architektur. Auch die Deutungen erfassen das Gefühlsleben ganz normaler Menschen der heutigen Zeit. Die Kartenfläche wurde nach Art traditioneller französischer Orakelkarten in Sektoren unterteilt (vgl. Nr. 222), um neben dem Hauptmotiv auch noch Symbole zeigen zu können, die auf die Bedeutung einer Karte Bezug nehmen. Das Anleitungsheft widmet sich ohne Umschweife der Praxis des Kartenlegens, wobei Fragen aus dem Bereich der zwischenmenschlichen Beziehungen im Mittelpunkt stehen. Besondere Aufmerksamkeit wird der Veränderung der Grundbedeutung jedes Bildes in der Nachbarschaft bestimmter anderer Karten gewidmet. Beim praktischen Umgang mit den Karten wird man solche Hilfen zu schätzen wissen. Das *Oracle Alma Bose* beweist, daß das große Thema der Liebe auch im Rahmen eines Orakelspiels mit Zartgefühl *und* Ehrlichkeit behandelt werden kann.
Vgl. Nr. 90.

232
Oracle Belline

1961 »Magus Belline«
Verlag: Grimaud
52 Blatt. KT frz., BT frz./engl./dt.

Was wäre das Kartenlegen ohne die vielen Legenden und ohne manche geistreiche Flunkerei? Nur Gehirnakrobatik für Schreibtisch-Esoteriker, aber nie und nimmer Stimulanz für die Vorstellungskraft eines Millionenpublikums. Das wußte auch »Magus Belline« (s. auch Nr. 15 und 210), ein französischer Wahrsager mit Glanzzeit in den fünfziger und sechziger Jahren unseres Jahrhunderts. Er beherrschte nicht nur die Kunst, mit Hilfe bunt bedruckter Pappdeckel das Unvorhersehbare sichtbar zu machen (jedenfalls war dies die Meinung namhafter französischer Tageszeitungen wie *France Soir* und *Le Figaro*), sondern er besaß auch ein beachtliches Erzähltalent. Eine seiner Geschichten, die sich haarscharf an der Nahtstelle von Dichtung und Wahrheit abzuspielen pflegten, handelt von der Herkunft des *Oracle Belline*. Er schreibt, die Originale dieser geheimnisvollen Karten seien durch eine Verkettung »sinnvoller Zufälle« in seinen Besitz gelangt. Anhand von beigefügten schriftlichen Unterlagen habe er auch ihren Vorbesitzer ermitteln können: einen Wahrsager mit Namen Edmond, der um 1845 mit diesen Karten berühmten und wohlgeborenen Persönlichkeiten Glück und Unglück vorausgesagt habe. So weit, so gut. Es gab tatsächlich zu jener Zeit in Paris einen stadtbekannten Hellseher namens Edmond. Allerdings praktizierte er nach allem, was man weiß, nicht für hochgestellte Damen und Herren, sondern inmitten der Pariser Halbwelt (vgl. Nr. 15). Diesem Milieu wäre das Erscheinungsbild des *Oracle Belline* durchaus angemessen. Seine Motive haben viel mit volkstümlichen Wahrsagespielen des 19. Jahrhunderts (vgl. *Lenormand) gemeinsam. Sollte das *Oracle Belline* tatsächlich von Edmond stammen? Oder will Magus Belline, der für sein geschicktes *Corriger la fortune* berühmt ist, uns nur wieder einmal zum Narren halten? Wir wissen es nicht, und würde er selbst die Antwort geben, so wäre damit wahrscheinlich gleich ein neues Rätsel aufgegeben.

233
Oracle de la Bible

1986 Marion und Robert Einbeck
Verlag: Grimaud
64 Blatt. KT frz./engl., BT frz./engl.

Der Anbruch des Wassermann-Zeitalters macht es möglich: Die Heilige

Schrift wird wieder zum Orakelinstrument. Nach der Christianisierung der mitteleuropäischen Völker war das Bibelorakel ein noch lange Zeit geübter, wenn auch vom Heiligen Stuhl nicht besonders gern gesehener Brauch. Nun wird er von Marion und Robert Einbeck wieder zum Leben erweckt. Dabei versteht es sich von selbst, daß das Bibelorakel heute anders verläuft als im Mittelalter. Es findet nicht mehr im Gottesdienst unter Leitung eines Geistlichen statt, sondern beim Kartenlegen. Und in der Bibel zu lesen braucht man dabei auch nicht mehr, denn das haben Marion und Robert Einbeck bereits für uns erledigt. Dem Geist des wissenschaftlichen Zeitalters entsprechend, legten sie dem *Oracle de la Bible* das geballte Wissen eines der Hauptwerke akademischer Bibelkunde zugrunde: die »Konkordanz der Jerusalemer Bibel«. Sie verrät allen, die es wissen wollen, wie oft und an welcher Stelle der Heiligen Schrift ein beliebiges Wort vorkommt. Die Titel der 64 Karten dieses Spiels sollen den »64 grundlegenden gedanklichen Konzepten der Bibel« entsprechen. Ausgewählt wurden diese »Konzepte« anhand der Bibelkonkordanz, und zwar »nach Maßgabe der Häufigkeit ihres Vorkommens« in der Heiligen Schrift. Wenn das keine salomonische Entscheidung war, um endlich den Streit der Theologen zu beenden, welche Bibelworte die wirklich grundlegenden sind! Vor die Prophetie allerdings haben die Urheber des *Oracle de la Bible* die Tüftelei gestellt. Beim Legen der Karten müssen die Einzelwörter der Kartentitel zu sinnvollen Sätzen zusammengefügt bzw. ergänzt werden. Um sich für diese Knobelei mit genügend Wortmaterial auszurüsten, kann man auf eine Liste von Synonymen (Wörtern gleicher oder ähnlicher Bedeutung) zu den 64 Kartentiteln zurückgreifen. Sollten vielleicht auch noch die Illustrationen der Karten als Hilfe gedacht sein? Dem Charakter dieses Bibelorakels als esoterischem Denksport angemessen, zeigen sie ausschließlich abstrakt-geometrische Figurationen.

234
Oracle Dessuart
1986 »Magier« Dessuart und Patrice Serres
Verlag: France Cartes
52 Blatt. KT frz./engl., BT frz./engl./dt.

Wenn Tarot- und Orakelspiele ohne das obligatorische Erklärungsheftchen verkauft würden, wären die allermeisten von ihnen genauso unverständlich wie das sprichwörtliche Buch mit den sieben Siegeln. Zu den wenigen, deren Bilder jedoch auch ohne erläuternde Worte zu verstehen sind, gehört das *Oracle Dessuart*. Das ist nicht zuletzt einer pfiffigen Idee der Gestalter zu verdanken. Was sie auf ihren Karten zeigen, wurde ohne

Ausnahme aus seiner gewohnten Umgebung gerissen und »in die Wüste geschickt«. Vor dem kargen, urtümlichen Hintergrund immer derselben Sandlandschaft erscheint eben alles ohne die Schminke der Zivilisation. Das zentrale Motiv einer Karte ist stets etwas Typisches aus dem Leben der heutigen Zeit. Jeder kennt ähnliche Charaktere und Situationen, Objekte und Vorgänge entweder aus persönlichem Erleben oder wenigstens aus dem Fernsehen. In gewolltem Gegensatz zum öden Hintergrund steht der popige Malstil von Patrice Serres; er unterstreicht die Vorliebe postmoderner Weltbürger für *Action* und zur Schau gestellte *Coolness* ebenso wie den Kult, den sie um Sex, Sport und Motorisierung machen. Liebe und Feundschaft, Einsamkeit und Trauer, Traum und Phantasie überleben scheinbar nur noch in den Nischen einer kurzweiligen, beweglichen und lauten Welt, sozusagen als Kontrapunkte mitten in sie hineingesetzt. So entsteht kaleidoskopartig das Panorama einer Zivilisation, die unbekümmert den Schritt in das nächste Jahrtausend macht, auch wenn sie nicht weiß, ob die Reise jemals wieder aus der Wüste herausführen wird. Die Art und Weise, diese Karten zu benutzen, ist denkbar einfach; auch die etwas holprige deutsche Übersetzung der Gebrauchsanweisung ist letztlich kein Manko, denn schließlich sprechen die Bilder für sich.

235
L'Oracle de Mercurale
1983 Maurice Guingard
Verlag: Grimaud
42 Blatt. KT frz., BT frz./engl.
Die Geheimnisse der Welt und der Seele in abstrakter Gesetzlichkeit darzustellen war das Ziel von Maurice Guingard. »Merkur« ist in der Alchemie eine Tarnbezeichnung der *materia prima*, der »Jungfernerde«, d. h. des Ausgangsstoffes bei der Herstellung des Steines der Weisen. Auch für Paracelsus war Merkur nicht nur ein Planet, sondern in erster Linie ein geistig-seelisches Prinzip, das einen der »drei Weltbausteine« bildet. Von dort ist es nur noch ein Schritt zum »Weltbaumeister« der Freimaurer, für den in England, dem Ursprungsland der Feimaurerei, die geheimnisvolle Abkürzung T.G.G.O.T.U (*The Grand Geometrician of the Universe*) stand. Nicht zufällig beherrschen geometrische Figurationen das *Oracle de Mercurale*; beruft sich doch auch Maurice Guingard auf die Freimaurerei als Quelle seiner Inspiration. Er geht dabei einen anderen Weg als Paul Beauchard mit dem **Symbolischen Freimauertarot** (Nr. 69): keine glühenden Farben, keinerlei romantischen Schnörkel, stattdessen an den Kubismus und Expressionismus erinnernde Bilder von kühler

Sachlichkeit. Obwohl die Benutzung dieser Karten die Einarbeitung in eine verzwickte Symbolik erfordert, ist Maurice Guingard alles andere als ein Prophet des Intellektualismus. Mit dem *Oracle de Mercurale* möchte er ein Beispiel für ein positives Denken geben, das sich abseits der spirituellen Trampelpfade einen eigenen Weg sucht.

236
L'Oracolo della Sibilla

1980 Giorgio Tavaglione
Verlag: U. S. Games
52 Blatt. KT ital., BT engl.

Die »Sibyllen« des Altertums, den Göttern geweihte Frauen, die im Zustand der Entrückung zukünftige, meist unerfreuliche Ereignisse voraussagten, genießen noch heute einen besonderen Ruf. Sie müssen auch Stuart R. *Kaplan inspiriert haben, einen Genius zu beauftragen, der ihnen in der Esoterik des 20. Jahrhunderts Ehre machen würde. Das Auge des großen Talentspähers in Sachen Tarot-Design fiel auf Giorgio Tavaglione, der seine Fähigkeiten als Künstler und Esoteriker schon unter Beweis gestellt hatte (Nr. 52). Tavaglione enttäuschte die in ihn gesetzten Erwartungen auch dieses Mal nicht und gestaltete Karten, die das Wirken von gleich acht griechischen Sibyllen in romantischen, leicht melodramatischen Bildern beschwören. In einer längeren Einführung erfährt man einiges über das antike Orakelwesen, in dem diese Frauen eine wichtige Rolle spielten. Eine moderne Sibylle jedoch, die im Grunde mehr mit dem *Oracolo della Sibilla* zu tun hat als alle ihre historischen Vorläuferinnen zusammen, wird mit keinem Wort erwähnt: Marie Anne *Lenormand, zu Lebzeiten die »Sibylle von der Rue Tournon« genannt. Sie inspirierte nicht nur Aufbau, Inhalt und praktische Verwendung jener Art von Wahrsagekartenblättern, der auch dieses Spiel Tavagliones zugehört. Sie betrachtete sich selbst darüberhinaus als Reinkarnation der Sibylle von Cyme (Kumae), einer der berühmtesten Sibyllen des Altertums.
Vgl. Nr. 201.

237
Orakelsprüche

Original 1830; Faksimile-Ausgabe o. J.
Verlag: Edition Leipzig
36 Blatt. Beschriftungen der Karten u. BT dt.

In der ersten Hälfte des 19. Jahrhunderts, als das Kartenlegen sich in

Windeseile über ganz Europa verbreitete, hatte es noch nicht eindeutig den Charakter einer esoterischen Disziplin angenommen. Die Übergänge zum Kartenspiel waren fließend, und der Blick in die Karten stand für viele an der Grenze zwischen Ernst und geselliger Unterhaltung. In einem solchen Geiste bediente man sich auch dieser *Orakelsprüche*. Es sind 36 Bilderrätsel auf ebenso vielen Karten, die in ein Pfänderspiel einbezogen werden können. Die Lösung jedes Rätsels kann eine sinnreiche Weisheit enthalten, bisweilen auch eine kleine Pikanterie oder eine gelinde Respektlosigkeit. In jedem Fall dürften die *Orakelsprüche* mit Spannung erwartet und teils mit Gelächter, teils mit Nachdenklichkeit aufgenommen worden sein.

238
Oriental Fortune Telling
1970
Verlag: [Hongkong?]
32 Blatt. Beschriftungen der Karten engl.

The Oriental Fortune Telling (*Die Orientalische Weissagung*) beruht auf dem chinesischen *I-Ging, dessen 64 Hexagramme hier auf 32 beidseitig bedruckten Karten untergebracht sind. Darunter findet man Wahrsagebedeutungen für 11 Bereiche des menschlichen Daseins: Allgemeine Glückstendenzen, Geschäft, Verhandlung, Geld, Liebe, Heirat, Verlorenes, erwartete Personen, Reise, Umzug, persönliche Wünsche. Davon wird kaum befriedigt sein, wer die tiefgründige Doppeldeutigkeit des traditionellen I-Ging-Orakels als Anstoß zur Meditation schätzt. Bei dieser *Orientalischen Weissagung* geht es schlicht und ergreifend darum, auf konkrete Fragen konkrete Antworten zu geben. Die Methode ist so einfach, daß sich sogar das sonst obligatorische Begleitheft erübrigt. Alle notwendigen Anweisungen sind auf zwei Karten untergebracht; überhaupt wurde die Ausstattung des kleinen Sets mit großem Sinn fürs Praktische vorgenommen: Der Kartenstapel ist oben rechts gelocht, eine Kordel wurde hindurchgezogen, so daß der sonst unvermeidliche Kartensalat bei der Suche nach der Karte mit dem richtigen Orakelspruch entfällt. Sieben schwarze, rot markierte Holzstäbchen dienen zum Orakelwurf.

239
Pandora Cards

1989 Richard A. Blake und Louise Janitsch Blake
Verlag: U. S. Games
55 Blatt Mini. KT u. BT engl.

Um die Männer für den von Prometheus begangenen Raub des Feuers mitten aus dem Kreise der Götter zu bestrafen, ließ der Göttervater Zeus von Hephaistos die erste Frau erschaffen. Ihr Name war Pandora, das heißt »die Allbeschenkte«, weil sie von allen Göttern reich mit Reizen beschenkt worden war. Mit Pandora, so will es die griechische Sage, kam das Übel in die Welt. Die *Pandora Cards* stellen sich aber nicht in den Dienst eines chauvinistischen Mythos. Sie beschäftigen sich mit einem Übel, das der Volksmund etwas drastisch als »inneren Schweinehund« zu titulieren pflegt. Die Kartentitel zeigen es: »Verrat«, »Argwohn«, »Dummheit«, »Halsstarrigkeit«, »Rückgratlosigkeit«, »Selbstsucht« — so geht es immerfort über 52 Stationen. Nur ein vereinzeltes Kartenpaar läßt in der Dunkelheit menschlicher Schwächen und Laster einen Lichtstreif am Horizont erkennen: »Hoffnung« ist darauf zu lesen. Und was sehen wir auf den Bildern aller Kärtchen? Immer wieder dasselbe kleine Teufelchen, das sich das Leben selbst schwer macht. Die Streiche, die es sich und seinen Mit-Teufelchen spielt, würden Don Quixote nicht weniger als Donald Duck zur Ehre gereichen. Aus kleinen und großen Katastrophen Rückschlüsse auf sich selbst zu ziehen, heißt eben auch, einmal über sich selbst zu lachen. Eine Gebrauchsanleitung gibt es für die *Pandora Cards* nicht. Schließlich soll hier nichts gelernt, sondern mit der *Selbsterfahrung begonnen werden. »Falls Sie ein Ritual benötigen,« so heißt es, »dann denken Sie sich doch einfach eins aus.«

240
Tarot Persan de Madame Indira

1981 »Madame Indira«
Verlag: Grimaud
36 Blatt. Ohne KT, BT frz./engl./dt.

Madame Indira ist eine (nach Auskunft ihres Verlages natürlich erfolgreiche) französische Wahrsagerin (s. auch Nr. 198). Ihre geistige Heimat ist, wie schon der Titel dieses Spiels und ihr eigener Künstlername besagen, in der indo-islamischen Welt zu suchen. Souverän überbrückt Madame Indira die Kluft zwischen Morgen- und Abendland. Wenn dabei die Jahrhunderte und die Länder ein wenig durcheinanderpurzeln, auch wenn ihr *Persischer Tarot* eigentlich gar kein Tarot, sondern ein Kartenspiel ganz anderer Art ist, ändert das doch nichts an der seherischen

Begabung Madame Indiras. Noch viel weniger tut es dem künstlerischen Können Abbruch, mit dem dieses Spiel gestaltet wurde. Selbst Figuren, die man hierzulande eher aus Zeichentrickfilmen oder vielleicht noch aus *Meckis wunderbaren Reiseberichten* kennt, wirken auf dem *Tarot Persan de Madame Indira* magisch und geheimnisvoll. Exotische Gestalten, dem Unheimlich-Hintergründigen zugetan, in ihren Absichten schwer erkennbar, paradieren auf diesen prächtigen Karten. Fragen drängen sich auf: Finden der finstere Ayatollah auf der Pik-Zwei und die Hexe auf der Vier der »Eulen« zu unheiliger Allianz zusammen? Und gelingt der »Haremsdame mit Kind«, neben dem Pik-König liegend, eine »erfolgreiche Fruchtbarkeitsoperation«? (Hier allerdings wird man die Frage an die Übersetzer der Anleitung weitergeben müssen, ob damit noch Fortpflanzung nach herkömmlicher Art oder bereits eine künstliche Befruchtung gemeint ist.) Die Hintergründe aller Motive sind in schillernden, kalten Farben gehalten. Es entsteht der Eindruck gedämpften Lebens ohne Lachen und Weinen, wo die Geister, der Überlieferung zufolge, ihre Chance wittern ... Madame Indira ist eben trotz postmodernen Stylings noch eine Sibylle alten Stils: Sie speist uns nicht mit esoterisch verbrämter Sozialpädagogik ab, sondern greift tief in die okkultistische Trickkiste.

241
Le Petit Cartomancien
Original Ende des 19. Jahrhunderts; Nachdruck 1966
Verlag: Grimaud
36 Blatt. Beschriftungen der Karten u. BT frz.

Auch in der Spielkartenkunst haben die bedeutenden Werke ihre Ausstrahlung auf die weniger bedeutenden. *Le Petit Cartomancien* (»Der kleine Kartenleger«) ist dafür ein Beispiel. In den achtziger und neunziger Jahren des vorigen Jahrhunderts kam in Frankreich die Esoterik wieder einmal groß in Mode (vgl. Nr. 24, 138, 217). Es bestand deshalb ein erhöhter Bedarf an Wahrsagekarten, so daß der Spielkartenhersteller Grimaud sich zur Neuauflage der **Sibylle der Salons** (Nr. 247) entschloß. Dem Geist der Zeit angemessen, sollte es eine einfachere, benutzerfreundlichere Ausgabe werden als das Original des Karikaturisten Grandville. Deshalb wurde das Blatt von 52 auf 36 Karten reduziert, das Format verkleinert und auf jeder Karte nicht nur der Titel, sondern auch eine recht ausführliche Deutungshilfe aufgedruckt. Zudem brachte man die Ordnungszahlen der Karten mit der Abfolge der Spielfarbenwerte in Übereinstimmung. Die Bilder des Originals wurden genau kopiert, allerdings erreichte der Grafiker des *Petit Cartomancien* bei weitem nicht die künstlerische Ausdruckskraft eines Grandville. *Le Petit Cartomancien* ist ein typisches Produkt einer Phase, in der Esoterik zum volkstümlichem Denksport wurde. Es sollte seinen Gebrauchszweck als handliches Taschenorakel erfüllen, und mehr nicht.

242

Psy Cards

1984 Maggie Kneen
Verlag: Network
40 Blatt. KT u. BT engl.

Soll man annehmen, die *Psy Cards* hätten etwas mit dem parapsychologischen »Faktor Psi« zu tun? Keineswegs. Im einführenden Text wird sogleich klargestellt: »Mit den Psy Cards kann man nicht hellsehen. Sie sagen nicht die Zukunft voraus. Sie besitzen keinerlei magische oder okkulte Kräfte.« Vielmehr soll dieses Spiel ein Anreiz zur *Selbsterfahrung sein. Es geht darum, mit Hilfe eines eingängigen Bildmaterials Bereitschaft zu wecken, über Träume und Phantasien, Freuden und Ängste, Wünsche und Blockierungen »frei von der Leber weg« zu sprechen. Der Hinweis auf die Archetypenlehre C. G. *Jungs fehlt dabei natürlich nicht. Diesem psychologischen Hintergrund soll der Aufbau des Kartenblatts gerecht werden. Von Bedeutung sind zunächst einmal vier sogenannte *Direction Cards* (»Richtungskarten«): Jede trägt eines der Wörter *Yes, No, Now, Never* (Ja, Nein, Jetzt, Niemals). Damit kann eine schnelle Entscheidung über die gestellte Frage herbeigeführt werden. Doch das bedeutet nicht, daß die *Psy Cards* nur etwas für eilige Leute wären. Fünf Gruppen zu je sieben Karten behandeln die »Grundlagen«, »Archetypen«, »Symbole«, »Charaktere« und »Ereignisse« des menschlichen Daseins. Eine Fülle an Grübelmaterial erwartet den Benutzer. Falls er darüber in die Lage gerät, daß die ausführliche Erörterung seines Problems eine Entscheidung noch schwerer macht, als sie vorher schon war, können wiederum die *Direction Cards* weiterhelfen. Nicht allein die Methodik der *Psy Cards* ist originell; auch die Bildmotive sind nicht ungeschickt gewählt. Sie berühren existenzielle Grundfragen und dürften jedem etwas sagen. Die Grafikerin hat sich dafür entschieden, alle Personen und Ereignisse in eine mittelalterliche Umgebung zu versetzen, obwohl das kaum der Jungschen Erkenntnis entspricht, daß die Archetypen des kollektiven Unterbewußtseins auch von der jeweiligen Umwelt des Individuums geprägt werden. Dieser nostalgische Stil ist wohl einfach ein Entgegenkommen gegenüber dem Zeitgeschmack; jedenfalls sind die Karten mit Sorgfalt und Geschick gemalt.

243
Rajneesh Neo Tarot
1984 »Bodhisattva« Ma Deva Waduda und Ma Prem Pujan
Verlag: Rajneesh Foundation International
60 Blatt. KT u. BT engl.

In der Liste der Orakelspiele darf ein Name nicht fehlen: Bhagwan Shree
Rajneesh, der Mega-Guru der späten siebziger und frühen achtziger
Jahre. Das Beiwort »Neo« im Titel dieses Spiels verweist darauf, daß es
einen Vorgänger hatte. Er enstand in den siebziger Jahren, in der Blütezeit
der Bhagwan-Bewegung, als man sich noch »ganz entspannt im Hier und
Jetzt« vervollkommnete, und wurde respektlos *Zen Poker* genannt. Durch
den *Rajneesh Neo Tarot* indessen weht ein anderer Wind. Eine neue
Geistesart hatte Einzug gehalten unter denen, die immer noch an den
Meister glaubten. Bilder, die wie eine Kinderbibel für Erwachsene anmu-
ten, erzählen von einer ebenso verträumten wie kargen Welt, in der
persönlicher Verzicht, ja klösterliche Disziplin offenbar wieder als spirituelle Werte gelten. Dem entspricht auch die *message*, die Bhagwan den
Karten mitgab: Kinder, glaubt ja nicht, die Enthüllung der Zukunft habe
irgendetwas mit Erleuchtung zu tun! Was wirklich hilft, verrät gleich die
erste Karte des *Rajneesh Neo Tarot*: Meditation über das Bild des Meisters (mit Rolex am Handgelenk). Diese Karte spricht für sich, alle
weiteren werden durch eine Episode oder einen Lehrtext aus dem Fundus
der berühmten *lectures* von Bhagwan erklärt. Diese Sammlung vereinigt
die Weisheit von Sufis und Hindus, Zen und Tantra, Tagore und Diogenes
auf engstem Raum. Erzählerisches Talent hebt Bhagwan immer noch über
die meisten seiner Kollegen hinaus, auch wenn er die Bühne, die er einst
beherrschte, bereits verlassen hat. Mit dem *Rajnesh Neo Tarot* verhilft er
übrigens einer alten europäischen Orakelmethode wieder zu Ehren. Auch
viele *Losbücher des Mittelalters boten Besinnliches und Erbauliches in
Versen und Prosa für jede Lebenslage, verbunden mit einem Orakelspruch. Den anspruchsvollen Höhepunkt der Verschmelzung von Orakelwesen und literarischer Kunst schuf Jörg Wickram (1505-1560), der
Schöpfer des deutschen Prosaromans, mit seinem *Losbuch*. So gebührt
Bhagwan, einem Weisen aus dem Morgenlande, das originelle Verdienst,
eine vergessene Tradition der Esoterik des Abendlandes wieder einmal
in Erinnerung gebracht zu haben.

244

Die Schule des Tarot für Einsteiger

1974 Henry de Surrey
Verlag: Grimaud
32 Blatt. Beschriftungen der Karten u. BT dt.

Kleine Hilfen sind Henry de Surrey nicht genug, um *Einsteigern in das Kartenlegen das Wahrsagen zu ermöglichen. Ihm ist es mit der Absicht ernst, die *Divination zu einer absolut idiotensicheren Sache zu machen. *Die Schule des Tarot* wurde bereits im Jahre 1974 in Frankreich unter dem Titel *Cartomantic* veröffentlicht. Der Begriff »Tarot« dient der deutschen Ausgabe allein als werbewirksames Etikett, denn diese »Schule des Tarot« ist einfach ein Skatblatt, dessen Spielfarbensymbole in die linke obere Ecke verbannt wurden. Damit war Platz für zahlreiche Beschriftungen geschaffen. Sie geben die nötigen Hilfestellungen, damit niemand in die Gefahr gerät, beim Kartenlegen etwa selbst kreativ werden zu müssen. Es reicht, die Bedeutung einer Karte einfach abzulesen, und zwar in allen erdenklichen Kombinationen mit anderen Karten. Das Angebot an Legemethoden im Begleitheft ist recht umfangreich, aber noch umfangreicher sind die Ausführungen Henry de Surreys über die »Philosophie« und die »geschichtlichen Hintergründe« des Tarot. Diese Sammlung von Platitüden und zu historischen Fakten erklärten Legenden sucht selbst im Gaukelreich okkultistischer Geschichtsschreibung ihresgleichen. Aber können kleine Unvollkommenheiten die Verdienste Henry de Surreys um die esoterische Kultur unserer Tage schmälern? Immerhin ist er der Vater einer doch sehr zeitgemäßen Errungenschaft: des vollautomatischen Kartenlegens.

245

Secret Dakini Oracle

1977 Nik Douglas, Penny Slinger und Meryl White
Verlag: U. S. Games
65 Blatt. KT u. BT engl.; ergänzende Literatur von Nik Douglas, Penny Slinger: Das geheime Orakel der Dakinis, Berlin 1986.

Zu den wenigen Wahrsagekartenblättern der siebziger Jahre, die auch heute noch beliebt sind, gehört das *Secret Dakini Oracle* (»Das Geheime Orakel der Dakinis«). Ungewöhnlich war daran zum Zeitpunkt seines Erscheinens, wie sorglos und unbefangen mit Hilfe eines Kartenspiels Dinge mitgeteilt wurden, die selbst ein Meditationsschüler in Indien nur nach mühevollen Prüfungen erfuhr. Heute, im Zeitalter der »Chakra-Orgel«, die für ein paar Hunderter die »Kundalini-Power« steigen läßt, sieht die Sache aber schon anders aus. Warum also ist dann das *Geheime Orakel der Dakinis* noch aktuell? Der Grund liegt darin, daß hier der Tantrismus (*Tantra), ein Reizthema der Esoterik, mit Hilfe des Kartenlegens zu einer allgemein akzeptablen Angelegenheit gemacht wird. Dabei ist die kurze Erläuterung der Chakra-Lehre auf ein paar Textkarten von geringerer Bedeutung, und die allzu erzwungene Angleichung der ersten 22 Karten an die Großen Arcana des Tarot fällt kaum nachteilig ins Gewicht. Eher schon ist es die künstlerische Gestaltung, die zur bleibenden Akzeptanz dieses Spiels beiträgt. Sie nutzt die Collage (vgl. Nr. 66 und 175), um ungleichartige bildliche Elemente zusammenzufügen und gegensätzliche gedankliche Bezugspunkte miteinander zu versöhnen. Die Bilder des *Secret Dakini Oracle* vereinigen die Wunder Indiens und die psychedelische Subkultur Amerikas zu einer munteren Mischung west-östlicher Gemeinsamkeit.

246

Sefirota
1988 »Piccatrix«
Verlag: Selbstverlag
Set mit Spielplan, Astro-Dis, 4 Spieltalismanen, 25 Orakelkarten (dt.), BT dt.

Dem unprofessionellen Outfit zum Trotz (viel Luft in der Verpackung!), gibt *Sefirota* eine verblüffende Möglichkeit zum Einstieg in die Welt des Tarot. So manches, was sonst nur aus Büchern zu erfahren ist, wird hier spielend, mit den Karten in der Hand, entdeckt. In einem Gesellschaftsspiel mit Tarot-Karten (gleich welcher Art) durchwandern vier Teilnehmer den Baum der Sefirot (vgl. Nr. 85), um die »Krone des Lebens« zu erlangen. Aufgrund ihrer Sternzeichen und mit Hilfe des »Gesetzes der Polarität« treten sie in Beziehungen zueinander. Jeder geht seinen Weg und lernt bei seinen Spielzügen nebenbei die Verbindungen der Tarot-Karten mit dem Baum der Sefirot sowie mit den Sternzeichen und Planeten kennen. Das dabei zugrunde gelegte Ordnungssystem beruht von der kabbalistischen Seite her auf A. E. *Waite, von der astrologischen Seite her dagegen auf *Papus. Gesetzt wird mit einem Talisman aus Leder, auf den ein magisches Emblem geprägt ist. Wer allerdings der Meinung ist, es dürfe über Tarot nicht gelacht werden, sollte seinen Platz am Spieltisch lieber anderen überlassen: Manche Anweisungen der Ereigniskarten (»Karma-Botschaften«) sind ein satirischer Seitenhieb gegen allzu verbissene Bemühungen, 78 bunt bedruckte Pappdeckel zum Weisheitsbuch der Menschheit hochzustilisieren. Die Anleitung enthält zwei Spielvarianten (eine für Einsteiger, eine für Fortgeschrittene).

247
Die Sibylle der Salons
Original 1828 Grandville; Nachdrucke aus laufender Produktion
Verlag: Grimaud
52 Blatt. KT frz./engl., BT frz./engl./dt.

Eines der bedeutendsten Orakelspiele im Frankreich des 19. Jahrhunderts heißt nicht zufällig *Die Sibylle der Salons*. Mit diesem Namen wird auf die Zelebrität der Wahrsagekunst, Marie Anne Adelaïde *Lenormand angespielt. Sie wurde von ihren Zeitgenossen nur »die Sibylle aus der Rue Tournon« genannt. *Die Sibylle der Salons* vermittelt einen ausgezeichneten Eindruck vom Fluidum, mit dem das Kartenlegen umgeben war, als die Lenormand auf dem Zenith ihres Ruhmes stand. Es ist eines der wenigen esoterischen Kartenspiele, das von einem Künstler geschaffen wurde, dessen Name unsterblich geworden ist. Grandville (1803-1847), mit bürgerlichem Namen Jean Isidore Gérard, einer der großen Karikaturisten der Geschichte, Erneuerer der französischen Buchillustration und in seinem Spätwerk ein früher Vorläufer des Surrealismus, zeichnete die 52 Blätter der *Sibylle der Salons* im Alter von fünfundzwanzig Jahren. Ein Esoteriker war Grandville nicht. Dennoch kam ihm die Aufgabe, ein Kartenspiel zum Wahrsagen zu schaffen, nicht ungelegen. Denn im 19. Jahrhundert erwartete man von einem Orakelspiel, daß es markante Charaktertypen und repräsentative Lebenssituationen vorführte. In Büchern nachzuschlagen, um die Karten zu deuten, lag kaum jemandem. Beobachtungsgabe, Charakterisierungskunst und zeichnerische Perfektion zeichnet die Bilder der *Sibylle der Salons* aus. Wir erleben Menschen, die ihren Pflichten und Berufen, ihren harmlosen und heimlichen Vergnügungen nachgehen; wir sehen sie in der Familie und bei der Arbeit, im Spiel wie im Streit, wir folgen ihnen auf Liebespfaden, zum Militär und in den Urlaub auf das Land. Mit Witz und Einfühlungsvermögen offenbart Grandville Sehnsüchte, kleine Narreteien und die Komplikationen des Alltags. Sein Engagement gegen spießbürgerliche Engherzigkeit und Heuchelei verhindert nicht, daß er menschliche Schwächen stets liebenswürdig an den Pranger stellt. Seine Waffen gegen eine Lebenseinstellung, die die Ruhe als erste Bürgerpflicht begreift, sind nicht Sarkasmus und Boshaftigkeit, sondern Charakter- und Situationskomik. Einem Genre, das vom Flair des Ominösen mehr als vom künstlerischen Genie lebt, schenkte Grandville mit der *Sibylle des Salons* ein Werk, bei dem der Schritt von der angewandten zur großen Kunst wahrhaftig nur ein ganz kleiner ist. Um so unverständlicher ist es, daß sein Name auf der aktuellen Ausgabe dieses Spiels noch nicht einmal im Kleingedruckten erscheint.
Vgl. Nr. 241.

248

Der Stein der Weisen

1984 D. S. Schwertberger
Verlag: AG Müller
40 Blatt. KT u. BT dt./frz./engl.

Gedankentiefe mag sich in einem esoterischen Kartenspiel durch eine komplexe Symbolik kundtun. Sie kann aber auch aus eindringlichen Bildern sprechen, die selbst in großer Schlichtheit noch den Geist von Mystik und Magie atmen. Doch dazu bedarf es der Inspiration und des künstlerischen Könnens gleichermaßen. Über beides verfügte D. S. Schwertberger (genannt »De Es«), immerhin ein direkter Schüler von Ernst Fuchs, als er den *Stein der Weisen* schuf. Diesem Wahrsagespiel ist bescheinigt worden, daß es »simpel« sei ([29] S. 128). Doch ist es nicht oft ein einfacher Weg, der zum Kern der Sache führt? Ganz so einfach sind die Bilder dieser Karten nun wirklich nicht; die Tatsache, daß immer dasselbe bildliche Thema variiert wird, ist vielmehr ein bewußt eingesetztes Stilmittel. Schwertberger wählte ein wahrhaftig archaisches Leitmotiv für seinen Bildzyklus: die Ahnenstatuen der Osterinsel mit ihren bulligen Schädeln aus Tuffstein. Mit Hilfe technisch brillanter Malerei in Monumente aus kaltglänzendem Marmor und Granit verwandelt, mit dem charakteristischen Gesichtsausdruck von Unnahbarkeit und unerkennbarem Geheimnis, beherrschen sie eine Welt aus Stein, die zur Metapher des Seelenlebens des modernen Menschen wird. Ein wenig schaudern läßt das Ganze schon, doch fatalistisch erscheint es nicht. Es ist wohl kein Zufall, daß der Zyklus mit der Karte ORDNUNG beginnt, einer symmetrischen Konstellation von Gesteinsbrocken über einer Art kosmischer Ursuppe; und er endet mit der Karte LÖSUNG, einem versteinerten Fragezeichen vor einer massiven Gesteinsmauer. »Die Frage ist die Antwort« heißt es schon im Zen-Buddhismus, und gewiß werden die Fragen an das Schicksal auch mit Hilfe des *Steins der Weisen* nicht weniger.

249

Sternzeichen Wahrsagekarten

1989 Ursula Hornsteiner
Verlag: Altenburg-Stralsunder
55 Blatt. KT u. BT dt.

Mit diesem Spiel soll Menschen ohne Vorkenntnisse die Möglichkeit zur *Selbsterfahrung durch Kartenlegen und Astrologie gegeben werden. Es enthält 41 Karten mit teils abstrakt, teils lebensnah gemalten Bildern. Damit werden Seelenzustände, Charaktertypen und Alltagssituationen dargestellt (35 »Lebenskarten« und 6 »Charakterkarten«). Die Interpretation wird durch jeweils zwei Begriffe erleichtert, die sich oben und unten auf jeder Karte befinden. Hinzu kommen Textkarten mit der Gebrauchsanleitung sowie 6 »Aszendentenkarten«, die jeweils vier Sternzeichen zeigen. Mit Hilfe der letzteren wird durch eine einfache Legeweise die »Schicksalstendenz des Tages« ermittelt. Kernstück der Methode sind fünf Legetechniken (»Ich-Findung«, »Astro-Kreis«, »Lebens-Tarot«, »Partner-Tarot«, »Magisches Kreuz«), bei denen Lebens-, Charakter- und Aszendentenkarten in unterschiedliche Verbindungen zueinander treten. Die Deutung bleibt dem Einfühlungsvermögen überlassen, denn die sonst obligate Liste mit vielen Bedeutungsvarianten gibt es hier nicht. Die Benutzer des Spiels sollen zur freien Assoziation angeregt werden. Es gibt eine besondere Version der *Sternzeichen-Wahrsagekarten* für jedes astrologische Tierkreiszeichen.

250
Le Tavole Runiche
1988 »Centro Studi di Cartomanzia«
Verlag: Ideabag
24 Blatt. KT u. BT ital.
Laut Verlagsinformation wurden die *Tavole Runiche* (»Runentafeln«) ausgearbeitet, um beim Kartenlegen »in jeder Prophezeiung die Ideenwelten der nordischen Mythologie und der Zahlenmagie zusammenfließen zu lassen.« Das muß man wohl als bare Behauptung hinnehmen, denn ein tieferer gedanklicher Zusammenhang besteht weder mit der Numerologie noch mit irgendeiner Mythologie. Runen sowie einige Motive aus der nordischen Sagenwelt, mehr Vignetten als komplette Bilder, bilden die Dekoration dieser schlichten Karten. Doch sie haben weder auf die Legemethode noch auf die Wahrsagebedeutungen Einfluß. Letztere sind oben und unten auf die Karten gedruckt und geben handfeste Auskünfte wie etwa: »Vorzeichen allgemeiner Besserung«, »Omen froher, glückbringender Ereignisse« oder »Schulden stehen ins Haus, Ruin droht«. So wird die Tradition volkstümlicher Wahrsagespiele aus dem 19. Jahrhundert fortgesetzt. Gerade in Italien lebt diese zur Zeit wieder auf.
Vgl. Nr. 201.

251
Tarot Tzigane
1984 Tchalaï
Verlag: Grimaud
38 Blatt. KT Romani, BT frz./engl.

Von allen Tarot- und Orakelspielen, die mit den *Zigeunern in Verbindung gebracht werden, kann der *Tarot Tzigane* offenbar als einziger den Anspruch erheben, daß er tatsächlich von einem Zigeuner stammt. Hinter dem Namen Tchalaï verbirgt sich eine Persönlichkeit, die mit einem Bein in der Kultur der Sinti und Roma, mit dem anderen (als Schriftsteller und Journalist) in der französischen Künstler- und Intellektuellenszene steht. »Tarot« bedeutet für Tchalaï ganz allgemein Kartenlegen. Deshalb ist auch der *Tarot Tzigane* kein Tarot-Spiel im eigentlichen Sinn, sondern ein Wahrsageblatt besonderer Art. Seine schlichten, aber plakativen Zeichnungen zeigen Angehörige von vier Zigeunerstämmen, Themen ihrer Mythologie und Sagenwelt sowie viel folkloristisches Kolorit. Vor leuchtend gelbem, blauem, grünem oder rotem Hintergrund, überdacht mit dekorativer Ornamentik und einem geheimnisvoll klingenden Wort in Romani fordern diese Motive zur Enträtselung heraus. Tchalaï bleibt die entsprechenden Antworten nicht schuldig. Ein Großteil seiner gedanklichen Anknüpfungspunkte stammt allerdings nicht von den Zigeunern, sondern aus dem Allgemeingut der Tarot-Esoterik. Schon etwas spezieller ist die Einflechtung der von Helena P. Blavatski stammenden Saga des »Königs der Welt« und seiner Residenz Shamballa in Zentralasien. Große Namen der französischen Esoterik, wie René Guénon und Joseph-Alexandre St. Yves-d'Alveydre, sind Tchalaï in diesem Zusammenhang sehr wohl bekannt. So entstand ein bunter Potpourri von Sagen, Mythen und Legenden, der überdies vom Charisma der Wahrsagekunst des »Fahrenden Volkes« zehrt.

252
Wahrsagekarte No. 1
1986 Georgine Margareta Witta Kiessling-Jensen
Verlag: Ouroboros
82 Blatt schwarzweiß. Ohne KT, BT dt.; handgefertigte, limitierte Aufl. v. 35 Ex.; von der Künstlerin numeriert und signiert.

Dieses Spiel entstand anläßlich einer Ausstellung im *Spilkammeret in Roskilde, Dänemark. Es ist ein Dokument der Nutzung des Kartenlegens, um über sich selbst und die eigene Umwelt Klarheit zu gewinnen. Die Motive gehen auf Tagebuch-Vignetten zurück, einfache Skizzierungen alltäglicher Dinge aus der Lebenswelt der Autorin. Jede dieser Skizzen wurde durch Fotokopieren vergrößert, und jeweils ein Ausschnitt daraus bildet das Motiv einer Karte. Um jede einzelne Vignette auch als Ganzes zu zeigen, ist ein Extrablatt beigelegt. Die Benutzung des Spiels verlangt Einfühlungsvermögen und Imagination, ebenso die Bereitschaft, der Autorin (s. auch Nr. 178 und 179) in ihre subjektive Gedankenwelt zu folgen.

253
Yi-King
1978 Paul Iki und Monique Arnold
Verlag: Grimaud
80 Blatt. Beschriftungen d. Karten u. BT frz.

Das I-Ging fand in den siebziger Jahren unseres Jahrhunderts Eingang in das Kartenlegen (Nr. 238) und hat seither die Entstehung mehrerer Wahrsagekartenspiele angeregt (Nr. 211 und 212). Trotz des etwas mißverständlichen Untertitels *Tarot Oriental* bemühte sich Paul Iki bei der Ausgestaltung seines *Yi-King* um geistige Übereinstimmung mit dem traditionellen I-Ging. Die zeitgemäße Aufmachung als Kartenspiel soll den Einstieg in eine fremdartige Gedankenwelt erleichtern. Bei der Arbeit mit dem *Yi-King* ist Konzentration erforderlich. Die Methode ist nicht ganz einfach, aber dafür auch geeignet, feinere psychologische Aspekte einzubeziehen. Der Kartensatz enthält nicht nur 64 Karten mit den 64 Trigrammen, sondern auch zweimal 8 Karten mit den 8 Trigrammen des I-Ging. Bei der Befragung des Orakels ergänzen sich diese beiden Kartensätze gegenseitig; zudem spielt ein *Tableau Initiatique* (»Initiationstafel«) eine wichtige Rolle. Jede Karte ist mit Beschriftungen versehen, um die Deutung zu erleichtern. Die Illustrationen wurden der traditionellen chinesischen Aquarellmalerei nachempfunden und sind recht dekorativ. Drei *Yin-Yang*-Münzen dienen zum Orakelwurf. Um das *Yi-King* nutzbringend zu verwenden, benötigt man einige Übung. Es dürfte aber auch nicht so schnell seinen Reiz verlieren. Im Begleitheft wird neben der Gebrauchsanweisung auch ein gewisser Einblick in den geschichtlich-legendarischen Ursprung des I Ging gegeben.

254
Zigeuner Wahrsagekarten
Original erstes Viertel des 20. Jahrhunderts; Nachdrucke aus laufender Produktion
Verlag: Piatnik
36 Blatt. KT dt./frz./kroat./engl./ital./ungar., BT dt./engl./frz.

Dieses Spiel setzt die Tradition der typischen Wahrsagekarten des 19.

Jahrhunderts fort (vgl. Nr. 201). Die Themen decken sich mit denen der **Biedermeier Aufschlagkarten** (Nr. 195); auch die Bildunterschriften sind identisch. In der Mehrsprachigkeit hat sich ein Stück Zeitgeist der K. u. K.-Monarchie erhalten. Doch trägt man hier eine Mode, die sich erst nach 1900 durchsetzte: die Damen nicht mehr mit Schnürtaille, Polstern und Reifengestellen unter den Röcken, sondern in taillenlosen »Reformrökken«; die Männer teils im Smoking mit selbstgebundener Krawatte, teils in sportlicher Gürteljacke. Beim Kartenlegen selbst blieb natürlich alles beim alten, was für den Hersteller noch heute den Vorteil hat, daß die *Biedermeier Aufschlagkarten* und die *Zigeuner Wahrsagekarten* mit derselben Gebrauchsanleitung verkauft werden können. Mit den *Zigeunern haben diese Karten allerdings nichts zu tun; angesichts der vielgerühmten Wahrsagekünste des Fahrenden Volkes wurde eine solche Bezeichnung eben schon frühzeitig als werbewirksam erkannt.

Kleiner Wegweiser durch die Welt des Tarot

Stichwörter aus *Verzeichnis 1* sind durch den Vermerk (T), Stichwörter aus *Verzeichnis 2* durch den Vermerk (O) gekennzeichnet. Wird auf Stichwörter im *Wegweiser* selbst weiterverwiesen, sind diese **fett** gedruckt.

Agrippa von Nettesheim (1486-1535)
(T): Tarot Numérologique
»Ägyptischer« Tarot s. auch **Court de Gébelin, Thot, »Buch Thot«**.
(T): Ägyptischer Tarot, Tarot of the Ages, Tarot Egipcio Adivinatorio, Cagliostro Tarot, Deutsches Original Tarot, Egipcios Kier Tarot, Tarocchi Egizi, Egyptian Tarot, Étteilla (Nr. 56 und 59), Tarot Orakelspiel Rå, Papus Tarot, Tarot of Transition, Oswald Wirth Tarot
(O): Tarot der Isis
Alchemie
(T): Alchemical Tarot, Deva Tarot, Symbolisches Freimaurertarot, Hermetic Tarot
(O): Lenormand (Nr. 222), L'Oracle de Mercurale
Anfänger s. **Einsteiger**.
Antike
(T): Delphisches Tarot, Minotarot, Il Tarocco Mitilogico, Tarocco Neoclassico Italiano, Das Spiel der Spiele Tarot
(O): Lenormand (Nr. 222), L'Oracolo della Sibilla, Pandora Cards
Antiquitäten
(T): Tarocco delle Collezioni
Arcanum Lat. das Geheimnis, Mehrz. *arcana*. Die Rede von den »Großen Arcana« und »Kleinen Arcana« des Tarot lehnt sich an die Ausdrucksweise alter Mysterienkulte, wie z. B. der Alchemie, an. Durch Paul Christian wurde der Begriff Arcanum in die Tarot-Esoterik eingeführt. Seinem Schüler Ély Star (Eugène Jacob) ist die Differenzierung in Große und Kleine Arcana bereits geläufig ([32]). Als Große Arcana versteht man die 22 Hauptkarten des Tarot. Als Kleine Arcana werden entweder alle restlichen Karten des Spiels oder nur die Zahlenkarten in den vier Spielfarben bezeichnet. Siehe auch **Christian, »Lamen«**.
Archetypen s. auch **Jung**.
(T): Cartomancie de l'An 2000, Delphisches Tarot, Linol Tarot
(O): Tarot der Isis, Tarot du Loto
Arienti, Vito Italienischer Sammler, Herausgeber und Verleger von Tarot-Karten, der sich sowohl durch die Neuveröffentlichung historischer Tarock-Spiele wie auch moderner Tarots einen Namen machte. Arienti prägte das eigenständige Gesicht des zeitgenössischen italienischen Tarot-Designs entscheidend mit, indem er künstlerisch anspruchsvolle Projekte förderte. Siehe auch **Folchi, Cassari**.
Ariosophie
(T): Deutsches Original Tarot
(O): Aquarian Rune Pack
Art déco
(T): Aquarian Tarot, Omaggio a Erté, Oswald Wirth Tarot
(O): Le Devin
Astrologie s. auch **Christian**.
(T): Ansata Tarot, Astrologisches Mandala Tarot, Balbi Tarot, Cagliostro Tarot, Deutsches Original Tarot, I Tarocchi Egizi, Étteilla (Nr. 56), Symbolisches Freimaurertarot, Hermetic Tarot, Jungianisches Tarot, Kabbalistisches Tarot, Marseiller Tarock (Nr. 105), Prager Tarot, Zolar's Astrological Tarot
(O): Astrocards, Astrodice, Astrojeu, Chinesisches Horoskop, Dragon Mystique, Geomantia, Gong Hee Fot Choy, Sternzeichen Wahrsagekarten
Atlantis
(T): Tarot of the Ages, Marseiller Tarock, Tarot Numérologique
Bachblüten-Therapie s. **Pflanzen**.
Beardsley, Aubrey (1872-1898)
(T): Tarocco della Felicita
Bhagwan
(T): Flying Hearts Tarot
(O): Rajneesh Neo Tarot
Bibel
(T): Engel Tarot, Tarot of the Witches
(O): Oracle de la Bible
Biedermeier
(O): Biedermeier Aufschlagkarten
Blavatski, Helena Petrovna (1831-1891)
(T): Deutsches Original Tarot
(O): Tarot Tzigane
Blumen s. auch **Pflanzen**
(T): I Fiori Divinatorie, Sacred Rose Tarot
(O): Tarot des Fleurs
»Buch Thot« Bezeichnung für die 78 Karten des Tarot. Sie stammt von dem mysteriösen Grafen von M., der in Court de Gébelins Buch ([6]) erstmals eine Methode des Kartenlegens

beschrieb, die von Tarot-Karten Gebrauch macht. Mit der Rede vom »Buche Thot« wurde die Urheberschaft des Tarot dem Gott Thot untergeschoben. Siehe auch **Court de Gébelin, Thot**.

Buddhismus
(T): Deutsches Original Tarot, Knapp-Hall Tarot, Ukiyoe Tarot
(O): Morgan's Tarot, Rajneesh Neo Tarot
Cagliostro, Giuseppe Balsamo (1743-1795)
(T): Cagliostro Tarot
Case, Paul Foster (1884-1954)
(T): B.O.T.A. Tarot, Morgan-Greer Tarot, Royal Fez Moroccan Tarot
Cassari, Elisabetta (geb. 1955)
(T): Future Solleone Tarot, Gli Arcani di Elisabetta, Solleone Tarot
China s. auch **I-Ging**.
(T): Chinese Tarot
(O): Chinesisches Horoskop, Dragon Mystique, Gong Hee Fot Choy, Mah Jongg Fortune Telling Game, Morgan's Tarot Cards
Chiromantie
(O): Der Chiromant Mme. Indiras, Jeu de la Main, Lenormand
Christian, Paul Eigtl. Pitois, Jean-Baptiste (1811-1877), französicher Trappisten-Mönch, Journalist, Übersetzer, Historiker und Astrologe. Er beeinflußte die Tarot-Esoterik unauffällig, aber nachhaltig, indem er sie theoretisch und praktisch mit der Astrologie verknüpfte. Auch konzipierte er als erster die 22 Trümpfe als allegorische Darstellung der geistigen und seelischen Reifung des Individuums, als »Schritte zur heiligen Ganzheit des Menschen«. In diesem Zusammenhang führte er den Begriff der »Arcana« ein. Ferner beeinflußten Christians Vorstellungen über die Ikonographie eines idealen Tarot-Spiels die Gestaltung des »ägyptischen« Tarot und des Oswald Wirth Tarot. Siehe auch **Arcanum**, **Astrologie**, »ägyptischer« **Tarot**.
(T): Grand Tarot Belline, I Tarocchi Egizi, Egyptian Tarot, Étteilla (Nr. 57), I Tarocchi, Tarot of Transition, Oswald Wirth Tarot
Court de Gébelin Eigtl. Court, Antoine (1719-1784), führender Vertreter des französischen Protestantismus seiner Zeit, Königlicher Zensor, Altortumsforscher, Mystiker und Freimaurer. Das Essay *Du jeu des Tarots* im 8. Band seines von der Französischen Akademie der Wissenschaften mehrfach preisgekrönten Werkes *Monde primitif* (1773-82) markiert den Beginn der Tarot-Esoterik. Die Überzeugung, Tarot sei ein jahrtausendealtes Weis-

heitsbuch und im Grunde kein Kartenspiel, geht auf Court de Gébelin zurück. Er selbst bekundete, diese »Erkenntnis« sei ihm intuitiv gekommen, als er in einem Pariser Salon Tarock-Spielern zusah. Auf seinen Grundgedanken aufbauend, verliehen Generationen von Tarot-Esoterikern durch bildhafte Ausgestaltung, geheimwissenschaftliche Theoriebildung und psychologisches Raffinement dem Tarot den Nimbus einer archetypischen Bildfolge. Siehe auch **Christian**, **Lévi**, **Mathers**, **Tarock**, **Tarot**.
(T): Ägyptischer Tarot, Brotherhood of Light Tarot, Étteilla, Symbolisches Freimaurertarot, Kabbalistisches Tarot, Marseiller Tarock, Viéville Tarock, Zigeuner Tarot
(O): Épître aux Dames, Tarot der Isis
Crowley, Aleister (1875-1947) Eigtl. Crowley, Edward Alexander, von besonderer Ausstrahlungskraft umgebener Okkultist, in jungen Jahren Bergsteiger der Spitzenklasse, im Ersten Weltkrieg vorübergehend deutscher Geheimagent, *enfant terrible* der britischen Öffentlichkeit. Als Mitglied des Golden Dawn-»Ordens« (Deckname: Perdurabo, d. h. »Ich werde aushalten«) wurde Crowley zum Stein des Anstoßes, der. W. B. Yeats sowie andere Literaten und Künstler mit dem Chef dieser Kultgemeinschaft, S. L. Mathers, brechen ließ. Durch Crowley gelangten die streng gehüteten Geheimnisse des Golden Dawn an die Öffentlichkeit, darunter eine Systematik, die sowohl die Literatur wie die künstlerische Gestaltung des Tarot nachhaltig beeinflußte. Siehe auch **Golden Dawn**, **Mathers**, **Yeats**.
(T): Crowley Thot Tarot, Eclectic Tarot, Golden Dawn Tarot, Hermetic Tarot, Kabbalistisches Tarot, Gareth Knight Tarot, Mag-ik-kal Tarot, Waite Tarot, Tarocco del Tabacco, Tarot Orakelspiel Rå, Oswald Wirth Tarot
(O): Tarot der Isis
Dee, John (1527-1608)
(T): Magickal Tarot, Prager Tarot
Desbarolles, Adolphe (1801-1886)
(O): Jeu de la Main
Divination Von lat. *divinatio*, Sehergabe, Vorahnung. In der modernen Esoterik versteht man unter Divination die methodisch vorgenommene Weissagung, z. B. mit Hilfe der Tarot-Karten.
Dürer, Albrecht (1471-1528)
(T) I Tarocchi di Dürer, I Tarocchi di Mantegna
Dumas, Alexandre (1802-1870) s. auch **Lévi**.
(T): Grand Tarot Belline, I Tarocchi del Re Sole

Dumas, Alexandre (1824-1895)
(T): The Brotherhood of Light Tarot
Dummett, Michael Professor für Philosophie an der Universität Oxford. Im »Nebenberuf« erarbeitete er eine umfassende Studie zur Geschichte des Tarock ([8]), das Standardwerk zu diesem Thema schlechthin. Es enthält auch eine zusammenfassende Darstellung der historischen Entwicklung des Kartenlegens. Siehe auch **Hoffmann**.

Einsteiger
(T): Tarot Arista, Waite Tarot (Nr. 180), Starter Tarot, Taromantic
(O): Astrojeu, Tarot des Fleurs, Die Schule des Tarot für Einsteiger, Sefirota

Étteilla s. (T) Étteilla.
(T): Tarot Arista, Besançon Tarock (Nr. 18), Brotherhood of Light Tarot, Cagliostro Tarot, Enoil Gavat Tarot, El Gran Tarot Esoterico, Future Solleone Tarot, Kabbalistisches Tarot, Lombardisches Tarock (Nr. 92), Papus Tarot, Tarot of Transition, Oswald Wirth Tarot
(O): Épître aux Dames, Jeu de la Main

Expressionismus
(T): Celtic Tarot, Crowley Thot Tarot, Il Tarocco della Follia, Tarot Moretti, Pointner Tarot
(O): L'Oracle de Mercurale

Feinschmecker
(T): I Tarocchi del Buongustaio, Il Tarocco i Funghi, I Tarocchi di Gambedotti

Folchi, Amerigo
(T): Tarocco del Carnevale di Venezia, Omaggio a Erté, Tarocco della Felicita, Il Tarocco Mitologico, Tarocco Storico del Palio di Pistoia, Il Tarocco di Sissi

Frauen
(T): I 55 Tarocchi di Alan, Cagliostro Tarot, Tarot des Capétiens, Tarot of the Cat People, Crowley Thot Tarot, Tarot Universal Dali, Omaggio a Erté, El Gran Tarot Esoterico, Tarocco della Felicita, Tarot der Liebe, Motherpeace Round Tarot, Native American Tarot, Sacred Rose Tarot, I Tarocchi di Valentina Visconti, Waite Tarot, Barbara Walker Tarot
(O): Aimées Orakelkarten, Biedermeier Aufschlagkarten, Épître aux Dames, Kipper Wahrsagekarten, Lenormand, L'Oracolo della Sibilla, Pandora Cards

Freimaurer
(T): Symbolisches Freimaurertarot
(O): L'Oracle de Mercurale

Freud, Sigmund (1856-1939)
(T): Il Tarocco Mitologico, I Tarocchi di Andrea Picini

Geographie
(T): Bologneser Tarock, Il Gioco Geografico dell'Europa

Geomantie
(O): Geomantia, Géomantic, Lenormand (Nr. 222)

Germanen s. **Runen**.

Golden Dawn Esoterische Kultgemeinschaft, gegr. 1888 in London, aufgelöst 1903. Obwohl der Golden Dawn-»Orden« insgesamt nur ca. 150 Mitglieder zählte, war sein Wirken für die neuzeitliche Esoterik folgenreich. Ihm gehörten namhafte Literaten und Intellektuelle (William Butler Yeats, Charles Williams, Evelyn Underhill, Arthur Machen), Theaterleute und Honoratioren an, daneben führende Köpfe der neureligiös-spirituellen Bewegung wie Mathers, Crowley und Waite. Tarot war ein wichtiger Bestandteil in der mystischen Schulung der Mitglieder des Golden Dawn. Bei Weihehandlungen bildeten möglicherweise »Tarot-Ikonen« ein wichtiges Requisit. Ein »Golden Dawn Tarot« als regelrechtes Kartenblatt ist hingegen nicht nachweisbar. Seit 1891 wurden Abschriften des von S. L. Mathers verfaßten *Book T* an eine begrenzte Zahl von Mitgliedern ausgegeben. Diese Schrift gelangte erst im Jahre 1912 durch Aleister Crowley an die Öffentlichkeit. In ihrer durchdachten Systematik setzte sie der Tarot-Esoterik des 20. Jahrhunderts die Maßstäbe. Siehe auch **Crowley, Mathers, Waite, Yeats**
(T): Astrologisches Mandala Tarot, B.O.T.A. Tarot, Cagliostro Tarot, Crowley Thot Tarot, Deutsches Original Tarot, Egipcios Kier Tarot, Entropy Tarot, Hermetic Tarot, Jungianisches Tarot, Kabbalistisches Tarot, Gareth Knight Tarot, Golden Dawn Tarot, Lombardisches Tarock (Nr. 92 und 93), Magickal Tarot, Native American Tarot, Prediction Tarot, La Scala d'Oro, Waite Tarot

Grandville ((1803-1847)
(T) Tarocco Favoloso
(O) Le Petit Cartomancien, La Sibylle des Salons

Griechenland s. **Antike**.

Große Arcana s. **Arcanum**.

Gründerzeit
(O): Kipper's Wahrsagekarte

Guaïta, Stanislas Baron von (1861-1897) Vermögender französischer Bohémien, Neo-Rosenkreuzer, esoterischer Schriftsteller. Die Bedeutung von Guaïtas für die Tarot-Esoterik liegt nicht in seinem okkultistischen Monumentalwerk Le serpent de la Genèse (*Die Schlange der Schöpfung*; erschienen zwischen 1891 und 1949). Entscheidend ist vielmehr, daß er die treibende Kraft beim Entstehen des *Oswald Wirth Tarot* war. Dadurch wurde den Lehren von Éliphas Lévi und Paul Christian erstmals in einem Tarot-Spiel Ausdruck verliehen. Diese Karten prägten das Tarot-Design des 20. Jahrhunderts, indem sie die Konzeption des *Waite Tarot* erheblich beeinflußten. Siehe auch **Christian, Lévi, Waite, Wirth.**

(T): El Gran Tarot Esoterico, Oswald Wirth Tarot, Zigeuner Tarot

Gumppenberg, Ferdinand(o)

(T): Bologneser Tarock (Nr. 21), Tarocco della Corona Ferrea, Lombardisches Tarock (Nr. 92), Mestieri i Vedute di Milano, Tarocco Neoclassico Italiano

Hall, Manly Palmer

(T): Knapp-Hall Tarot

Handlesekunst s. **Chiromantie.**

Hexen

(T): Barbara Walker Tarot, Tarot of the Witches

(O): Tarot Persan de Madame Indira

Hippies s. auch **Leary.**

(T): Aquarian Tarot, Golden Dawn Tarot, Karma Tarot, Knapp-Hall Tarot, Morgan-Greer Tarot, Neuzeit Tarot, The New Tarot, Zigeuner Tarot

(O): Secret Dakini Oracle

Hoffmann, Detlef Professor für Kunstgeschichte, Leiter des Deutschen Spielkartenmuseums in Leinfelden-Echterdingen; zur Erforschung der Kulturgeschichte des Kartenlegens ([16]) sowie von Tarock und Tarot ([15], [17]) leistete er grundlegende Beiträge. Die Dokumentation der »Tarot-Renaissance« sowie der anspruchsvolleren zeitgenössischen Tarot-Grafik in Publikationen und Ausstellungen ([18]) bildet einen Schwerpunkt seiner Zusammenarbeit mit Margot Dietrich im Deutschen Spielkartenmuseum. Siehe auch **Dummett,** »**Tarot-Renaissance«.**

Holzschnitt

(T): Besançon Tarock (Nr. 16), Bologneser Tarock (Nr. 21), El Gran Tarot Esoterico, Tarocchi di Gambedotti, Linol Tarot, Lombardisches Tarock, Lombardisches Tarock (Nr. 92 und 94), Marseiller Tarock (Nr. 100, 102, 104, 106, 107, 109), Minchiate (Nr. 118 und 119), Tarot Moretti, Tarocco Neoclassico Italiano, The New Tarot, Piemonteser Tarock, Piemonteser Tarock (Nr. 141)

I-Ging

(O): I-Ching, I-Ging 2000, Oriental Fortune Telling, Yi-King

Imagerie Maat Eine Künstlerwerkstatt in Paris, die handgearbeitete Tarot-Spiele in geringen Auflagen herstellt und sich in ihrer Themenwahl und Arbeitsweise an den alten Kartenmanufakturen ausrichtet.

(T): Tarot des Capétiens, Tarot Charles VI, Tarot Français, Marseiller Tarock (Nr. 101)

Indianer

(T): Tarot of the Ages, Haindl Tarot, Maya Xultun Tarot, Native American Tarot

(O): Tarot Azteque, Karten der Kraft

Indien s. auch **Buddhismus.**

(T): Tarot of the Ages, Astrologisches Mandala Tarot, Deva Tarot, Enoil Gavat Tarot, Knapp-Hall Tarot, Marseiller Tarock (Nr. 112), Ravenswood Eastern Tarot

(O): Morgan's Tarot, Rajneesh Neo Tarot, Secret Dakini Oracle

Japan

(T): Angel Tarot, Entropy Tarot, Ukiyoe Tarot

Jugendstil s. auch **Folchi.**

(T): Alan's Tarot Cards, Art Nouveau Tarot, I Tarocchi della Follia, Hanson-Roberts Tarot, The Herbal Tarot, Morgan-Greer Tarot, Waite Tarot, I Tarocchi Romantici, Sacred Rose Tarot

(O): Le Devin

Jung, Carl Gustav (1875-1961) Schweizerischer Psychologe und Psychiater. Er ging von der Psychoanalyse Sigmund Freuds aus, entwickelte dann aber eigene Lehren. Sie bieten der Tarot-Esoterik eine Fülle von Anknüpfungspunkten, z. B. in den Begriffen der Individuation, des kollektiven Unterbewußtseins, des Archetypus und der Synchronizität. Die C. G. Jung-Rezeption erfolgt in der Welt des Tarot oft auf sehr spontane Weise und meist ohne eingehende Kenntnis des Werkes Jungs. Siehe auch **Archetypen, Freud.**

(T): Ansata Tarot, Astrologisches Mandala Tarot, Jungianisches Tarot, Motherpeace Round Tarot, Tarot Numérologique, I Tarocchi di Andrea Picini

(O): I Ching Cards, Psy Cards

Kabbala s. auch **Lévi, Mathers.**

(T) Balbi Tarot, B.O.T.A. Tarot, Cagliostro Tarot, Crowley Thot Tarot, Deutsches Original Tarot, Engel Tarot, Entropy Tarot, Étteilla (Nr. 56 und 59), Symbolisches Freimaurer Tarot, Golden Dawn Tarot, Haindl Tarot,

Jungianisches Tarot, Kabbalistisches Tarot, Magickal Tarot, Marseiller Tarock (Nr. 112), Merlin Tarot, Oswald Wirth Tarot, Prager Tarot, La Scala d'Oro, I Tarocchi
(O): Sefirota

Kaplan, Stuart S. Amerikanischer Sammler, Herausgeber und Verleger von Tarot- und Orakelkarten, Fachautor; die gegenwärtige »Tarot-Renaissance« verbindet sich unlösbar mit seinem Namen, da ein Großteil der Tarot-Publikationen der letzten zwanzig Jahre von ihm angeregt, mitkonzipiert und verlegt wurde. Seine materialreiche Tarot-Enzyklopädie ([20]) ist ein unentbehrliches Hilfsmittel für alle, die sich für die geschichtlichen Hintergründe von Tarock und Tarot interessieren. Kaplan verfaßte auch zahlreiche Begleithefte von Tarot-Spielen. In diesem öffentlichkeitswirksamen Bereich trug er mit mancher Eulenspiegelei zum Imagé des Tarot als jahrtausendealte spirituelle Antiquität bei. Siehe auch **Marteau, Tarock, Tarot, »Tarot-Renaissance«**.
(T): Brotherhood of Light Tarot, Cagliostro Tarot, Chinese Tarot, Egipcios Kier Tarot, Étteilla (Nr. 59), Marseiller Tarock (Nr. 106, 108, 109), Minchiate (Nr. 118), Papus Tarot, Prager Tarot, Ravenswood Eastern Tarot, Sacred Rose Tarot, Sizilianisches Tarock (Nr. 159), Starter Tarot, Ukiyoe Tarot, Visconti und Visconti-Sforza Tarock (Nr. 173 und 174), Waite Tarot (Nr.177), Tarot of the Witches
(O): L'Oracolo della Sibilla

Karl VI.
(T) Tarot des Capétiens, Tarot Charles VI, I Tarocchi di Valentina Visconti

Katzen
(T): Tarot of the Cat People, 22 Arcani »I Gatti«

Kelten
(T): I Tarocchi dell'Alba Dorata, Celtic Tarot, Merlin Tarot
(O): Keltisches Baumorakel

Kleine Arcana s. **Arcanum**.

Kupferstich
(T): Bologneser Tarock (Nr. 20 und 21), I Tarocchi Dürer, Étteilla (Nr. 57), Gioco Geografico dell'Europa, Lombardisches Tarock, Lombardisches Tarock (Nr. 93), I Tarocchi del Mantegna, Tarocchi con Personaggi Napoleonici, Tarocco Neoclassico Italiano, I Tarocchi del Re Sole

»Lamen« Von frz. *lame*, dünnes (Metall-) Plättchen, Lamelle. Spezieller Ausdruck für die Tarot-Karten, um die mystische Komponente des Tarot hervorzuheben. Dieser Wortgebrauch ist älter als die Rede von den *Arcana* des Tarot. Er geht offenbar auf Étteilla zurück ([25] S. 10). Es war eine von dessen Vorstellungen, das »Buch Thot« sei im alten Ägypten auf 78 Plättchen aus purem Gold eingeritzt worden. Siehe auch **Arcanum, »Buch Thot«, Étteilla**.

(T) The Brotherhood of Light Tarot, I Tarocchi Egizi, Egyptian Tarot
(O): Le Lame del Profeta

Lear, Amanda
(T): Tarot Universal Dali

Leary, Timothy
(T): Aquarian Tarot, Voyager Tarot

Lenormand, Marie Anne Adelaïde s. (O) Lenormand.
(T): Besançon Tarock (Nr. 18), Marseiller Tarock
(O): Aimées Orakelkarten, Épître aux Dames, Gypsy Witch Fortune Telling Cards, Jeu du Destin Antique, Kipper Wahrsagekarten, I Misteri della Sibilla, L'Oracolo della Sibilla, Die Sibylle der Salons

Lévi, Éliphas Eigtl. Constant, Alphonse-Louis (1810-1875), katholischer Geistlicher, Illustrator und Kirchenmaler, Sozialrevolutionär, vor allem aber »der größte Okkultist des 19. Jahrhunderts« und als solcher eine Schlüsselfigur der modernen Esoterik. Er gab dem Tarot die Dimension einer mystischen Philosophie und war der erste, der vom spirituellen Standpunkt aus das Kartenlegen als reines Instrument der Wahrsagerei verurteilte. Seine kabbalistischen Spekulationen bildeten den Ausgangspunkt einer weit gespannten Systematik, wie sie von seinem Schüler Paul Christian, Papus und der englischen Kultgemeinschaft des Golden Dawn entwickelt wurde. Obwohl selbst ein Maler (Lévi steuerte die Illustrationen zur Erstauflage von Alexandre Dumas' Welterfolg *Der Graf von Monte Christo* bei), hinterließ er lediglich zwei mit eigener Hand erstellte Entwürfe für Tarot-Karten (Abb. [33] S. 148 f.). Siehe auch **Christian, Dumas** *(père)*, **Étteilla, Golden Dawn, Guaïta, Kabbala, Papus**.
(T): Ansata Tarot, Grand Tarot Belline, Cagliostro Tarot, Deutsches Original Tarot, Deva Tarot, I Tarocchi Egizi, El Gran Tarot Esoterico, Étteilla (Nr. 57), Kabbalistisches Tarot, I Tarocchi Lanzichenecchi, Merlin Tarot, Prager Tarot, I Tarocchi del Re Sole, I Tarocchi, Oswald Wirth Tarot
(O): Jeu de la Main

Liebe
(T): Tarocco della Felicita, Tarot der Liebe, Minotarot, I Tarocchi di Picini
(O): Épître aux Dames, Oracle Alma Bose
Lionel, Frédéric
(T): Das Spiel der Spiele Tarot
Lithographie
(T): Bologneser Tarock (Nr. 21), Étteilla (Nr. 57), Lombardisches Tarock (Nr. 92), Piemonteser Tarock (Nr. 141)
Losbücher
(T): 22 Arcani Fumatori
(O): Astro Cards, Dragon Mystique, Rajneesh Neo Tarot
Märchen
(T): I Tarocchi dell'Alba Dorata, I 22 Arcani Fiabeschi, Hanson-Roberts Tarot, I Tarocchi di Pinocchio
Marteau, Paul (gest. 1966) Französischer Sammler und Verleger von Tarot-Karten, Fachautor. Wie heute Stuart R. Kaplan, vereinigte Marteau in seiner Persönlichkeit die Fähigkeiten eines geschäftstüchtigen Managers mit Kenntnissen in der Tarot-Esoterik. Er konzipierte eines der bekanntesten Tarot-Spiele der Welt, den *Ancien Tarot de Marseille*. Siehe auch **Kaplan**.
(T): Marseiller Tarock (Nr. 105)
Masken
(T): Tarocco del Carnevale di Venezia, Tarocco delle Collezioni, Sardinia La Magia nei Tarocchi
Mathers, Samuel Liddel (1854-1918) Einer der Gründer, später alleiniger Chef des Golden Dawn-»Ordens« (Deckname: Deo Duce Comite Ferro, d. h.»Mit Gott als Führer und dem Schwert als Kamerad«). Als spiritueller Lehrer einer zwar kleinen, aber einflußreichen Schar von Anhängern (u. a. W. B. Yeats, A. E. Waite und Aleister Crowley) war sein Wirken von hintergründiger, aber nachhaltiger Bedeutung. Mathers trat auch als Übersetzer von Werken der klassischen Kabbala aus dem Lateinischen und Altfranzösischen ins Englische hervor. Mit dem *Book T*, einer synoptischen Zusammenstellung der von ihm maßgeblich gestalteten kabbalistisch-astrologischen Tarot-Lehre des Golden Dawn, lieferte er den Esoterikern des 20. Jahrhunderts ein schier unerschöpfliches Materiallager der Symbole und Bedeutungen. Siehe auch **Crowley, Golden Dawn, Kabbala, Waite, Yeats**.
(T): Crowley Thot Tarot, Golden Dawn Tarot, Hermetic Tarot, Kabbalistisches Tarot, Waite Tarot, La Scala d'Oro, Das Spiel der Spiele Tarot

Meditation s. auch **Indien**.
(T): Deva Tarot, Engel Tarot, Knapp-Hall Tarot, Oswald Wirth Tarot (Nr. 183), Yeager, Meditation Tarot
(O): Original Bachblüten Farbkarten, Die Botschaft der Edelsteine, I-Ging 2000, Secret Dakini Oracle
Menegazzi, Osvaldo (geb. 1930) Italienischer Gestalter, Herausgeber und Verleger von Tarot-Karten; mit ebenso stilvollen wie eigenwilligen, meist in kleiner Auflage herausgegebenen Spielen wurde Menegazzi zum Inbegriff moderner Tarot-Illustration. Als Herausgeber und Verleger bietet er darüberhinaus jungen Grafikern die Möglichkeit, auch mit ungewöhnlichen Arbeiten öffentlich hervorzutreten.
(T): Tarocco degli Animali, Le Calzature Fantastiche, Torocco delle Collezioni, Le Conchiglie Divinatorie, Il Tarocco Favoloso, I Fiori Divinatori, 22 Arcani Fumatori, I Funghi Piu Belli del Monde, 22 Arcani »I Gatti«, Gioco Geografico dell'Europa, Le Mani Divinatorie, Tarocco della Musica, Tarocco con Personaggi Napoleonici, Tarocco dell'Orror, 22 Pittori in 22 Arcani, Sardinia La Magia nei Tarocchi, Tarocco del Tabacco
Mitelli, Giuseppe Maria (1634-1718)
(T): Bologneser Tarock (Nr. 20)
Mittelalter
(T): Arcus Arcanum Tarot, Besançon Tarock (Nr. 117), Celtic Tarot, Tarocco della Corona Ferrea, I Tarocchi Dürer, Eclectic Tarot, Tarocco Storico della Citta di Ferrara, Tarot Français, 22 Arcani Fumatori, I Tarocchi di Gambedotti, Tarocco Indovino, Linol Tarot, Marseiller Tarock (Nr. 105), Tarot Numérologique, Il Tarocco Storico del Palio di Pistoia, Royal Fez Moroccan Tarot, Solleone Tarot, Visconti und Visconti-Sforza Tarock, Tarot of the Witches
(O): Astro Cards, Carte Portafortuna, Der Chiromant Mme. Indiras, Dragon Mystique, Jeu de la Main, Tarot du Loto, Oracle de la Bible, Tarot Persan de Mme. Indira, Psy Cards, Rajneesh Neo Tarot
Mode
(T): Il Tarocco del Carnevale di Venezia, Cagliostro Tarot, Tarocco delle Calzature Fantastiche, Tarot of the Cat People, Omaggio a Erté, I Tarocchi Universali
(O) Épître aux Dames, Zigeuner Wahrsagekarten

Musik
(T): Tarocco della Musica
Napoleon
(T): Tarot d'Épinal (Nr.18), Tarocco con Personaggi Napoleonici, Tarocco Neoclassico Italiano
Naturwissenschaft
(T): Entropy Tarot, Voyager Tarot
New Age
(T): Ägyptischer Tarot, Aquarian Tarot, Cosmic Tarot, Delphisches Tarot, Deutsches Original Tarot, Eclectic Tarot, Engel Tarot, Flying Hearts Tarot, Gareth Knight Tarot, Neuzeit Tarot, The New Tarot, Das Spiel der Spiele Tarot
(O): Jeu Divinatoire Arkaes
Nostradamus
(T): Marseiller Tarock (Nr. 103)
Numerologie
(T): Tarot Arista, Balbi Tarot, Grand Tarot Belline, Étteilla (Nr. 56), Symbolisches Freimaurertarot, Tarot Numérologique, Pointner Tarot, Zolar's Astrological Tarot
(O): Astro Cards, Geomantia, Gong Hee Fot Choy, Horoscope Belline, Lenormand, Tarot du Loto, Le Tavole Runiche
Papus Eigtl. Encausse, Gérard Analect (1865-1916), französischer Arzt, charismatischer Esoteriker, Schriftsteller. Im Grenzgebiet zwischen esoterischen und politischen Geheimbünden spielte P. zwischen 1900 und 1914 eine schillernde Rolle. Sein berühmtes Tarotbuch Le Tarot des Bohémiens (*Der Tarot der Zigeuner*, [27]) verfaßte er im Alter von 23 Jahren; es war die erste umfangreiche Monographie über die Tarot-Esoterik seit Étteilla und wurde in Aufbau und Inhalt zu einem Vorbild für spätere Werke dieser Art. In *Le Tarot Divinatoire* (1909; *Der Tarot der Divination*) widmete Papus sich dem praktischen Kartenlegen. Es systematisierte die Methoden der französischen Kartenlegerinnen des 19. Jahrhunderts, denen der Ruf großer Meisterschaft vorauseilte und war mit den Original-Abbildungen des *Papus Tarot* illustriert. Siehe auch **Divination, Étteilla.**
(T): Ansata Tarot, Cagliostro Tarot, Deutsches Original Tarot, Enoil Gavat Tarot, El Gran Tarot Esoterico, Tarocco Egiziano, Tarot Numérologique, Papus Tarot, Pointner Tarot, La Scala d'Oro, Das Spiel der Spiele Tarot
(O): Jeu de la Main
Paracelsus (ca. 1493-1541)
(O): Die Botschaft der Edelsteine, L'Oracle Mercurale

Pferde
(T) Tarocco Historico del Palio de Pistoia
(O): Tarot du Loto
Pflanzen
(T): I Fiori Divinatori (Blumen), Il Tarocco i Funghi Piu Belli (Pilze), The Herbal Tarot (Kräuter)
(O): Original Bachblüten Tarot, Tarot des Fleurs (Blumen), Keltisches Baumorakel
Pop Art
(T): Aquarian Tarot, I Tarocchi di Andrea Picini
Raucher
(T) 22 Arcani Fumatori, Tarocco del Tabacco
Renaissance
(T): I Tarocchi Lanzichenecchi, I Tarocchi di Mantegna, Marseiller Tarock (Nr. 112), Medieval Scapini Tarot, Renaissance Tarot, La Scala d'Oro, I Tarocchi di Valentina Visconti, Visconti und Visconti-Sforza Tarock
(O): Jeu du Destin Antique
Runen
(T): Deutsches Original Tarot, Haindl Tarot, The Norse Tarot
(O): Aquarian Rune Pack, Le Tavole Runiche
Scherz und Satire s. auch **Menegazzi**.
(T): Cartomancie de l'An 2000, Tarocco Favoloso, Future Solleone Tarot, I Tarocchi degli Gnomi, Medieval Scapini Tarot, Minotarot, Tarocco dell'Orror, I Tarocchi di Pinocchio, Simplified Tarot
(O): Morgan's Tarot, Pandora Cards, Sefirota, La Sibylle des Salons
Schuhe
(T): Le Calzature Fantastiche
Science Fiction
(T): Tarot of the Cat People, Future Solleone Tarot, I Tarocchi Robot, Tharbon Tarocchi
Selbsterfahrung
(T): Delphisches Tarot, Jungianisches Tarot, Voyager Tarot, Waite Tarot (Nr.180)
(O): Creative Whack Pack, Le Jaro, Morgan's Tarot, OH Karten, Pandora Cards, Psy Cards, Sternzeichen Wahrsagekarten
Souvenirspiele
(T): Tarot de Bordeaux, Tarocco del Carnevale di Venezia, Tarocco Storico della Citta di Ferrara, Mestieri i Vedute di Milano, Tarocco Historico del Palio de Pistoia, Sardinia La Magia nei Tarocchi, Gli Arcani Maggiori della Storia die Venezia
Spilkammeret Privates Museum für Tarot-Karten und historische Kartenspiele in Roskilde, Dänemark. Unter der Schriftleitung von

K. Frank Jensen wird die Zeitschrift *Manteia* herausgegeben, in Europa das einzige Fachjournal für Tarot (in englischer Sprache).
(T): Alchemical Tarot, Waite Tarot (Nr. 178 und 179)
(O): Wahrsagekarte Nr. 1
Steinzeit
(T): Il Tarocco delle Origine
Surrealismus
(T): Ansata Tarot, Le Conchiglie Divinatorie, Tarot Universal Dali, Symbolisches Freimaurertarot, Haindl Tarot, JTG Tarot, Solleone Tarot
Talismane
(T): Tarot of Transition,
(O): Carte Portafortuna, Sefirota
Tantra
(T): Symbolisches Freimaurer Tarot, Barbara Walker Tarot, Yeager Meditation Tarot
(O): Rajneesh Neo Tarot, Secret Dakini Oracle
Tao s. auch **I-Ging**.
(T): Chinese Tarot Deck, I Tarocchi Lanzichenecchi, Tarot der Liebe, Renaissance Tarot
Tarock Von ital. *tarocchi*; seit ca. 1440 in Italien nachweisbares Kartenspiel, das als erstes Kartenspiel der Geschichte von Trümpfen (ital. trionfi) Gebrauch machte. Die Trümpfe im T. bilden eine Serie von 22 illustrierten Karten, die zu den 56 regulären Karten in den italienischen Spielfarben Stab, Becher, Schwert und Münze treten. Eine esoterische Bedeutung erlangte das T. erst gegen Ende des 18. Jahrhunderts. Siehe auch **Court de Gébelin, Tarot**.
(T): Besançon Tarock, Bologneser Tarock, Tarocco Storico della Citta di Ferrara, Flämisches Tarock, Lombardisches Tarock, Marseiller Tarock, Pariser Tarock, Piemonteser Tarock, Sizilianisches Tarock, Viéville Tarock, Visconti und Visconti-Sforza Tarock
Tarot Von frz. *le Tarot*; esoterische Fortentwicklung des historischen Kartenspiels Tarock mit Hilfe allegorisch-symbolischer Deutung von dessen Bildmotiven und innerer Struktur. Entgegen landläufiger Meinung ist die Tarot-Esoterik nicht aus den frühen Hochkulturen überliefert worden, sondern eine Errungenschaft der abendländischen Moderne. Ebensowenig ist sie das Werk anonymer okkulter Kreise, stattdessen wurde sie von eindeutig identifizierbaren historischen Persönlichkeiten entwickelt. Siehe auch **Christian, Court de Gébelin, Étteilla, Lenormand,**

Lévi, Mathers, Tarock.
(T): Étteilla, Marseiller Tarock, Visconti und Visconti-Sforza Tarock
(O): Lenormand
»Tarot-Renaissance« s. auch **Kaplan, Spilkammeret.**
(T): Aquarian Tarot, Balbi Tarot, Étteilla (Nr. 59), Knapp-Hall Tarot, Gareth Knight Tarot, The New Tarot, Piemonteser Tarock, Gli Arcani Maggiori della Storia di Venezia, Zigeuner Tarot
Thot Der ägyptische Gott des Mondes, der Schreibkunst und der Wissenschaft, auch Götterbote und Seelenführer. Zum »Schirmherrn« der Tarot-Esoterik wurde er durch Court de Gébelins Behauptung, das Kartenspiel Tarock sei ägyptischen Ursprungs. Siehe auch **»Buch Thot«, Court de Gébelin, Tarock, Tarot.**
Tiere
(T): Tarocco degli Animali (verschiedene), Tarot of the Cat People (Katzen), Le Conchiglie Divinatorie (Muscheln u. Schnecken), 22 Arcani »I Gatti« (Katzen)
(O): Karten der Kraft (verschiedene)
Vaillant, Jean-Alexandre (1804-1886) Völkerkundlicher und philologischer Privatforscher und Schriftsteller, Zigeuner-Kenner; er untermauerte den von Court de Gébelin lancierten Mythos, die Zigeuner hätten die Tarot-Karten in das Abendland eingeführt, mit »wissenschaftlichen« Argumenten ([34]). Viele seiner Gedanken liegen noch heutigen Versuchen zugrunde, die Zigeuner als ursprüngliche Bewahrer des »Buches Thot« auszugeben. Siehe auch **Court de Gébelin, Thot, Zigeuner.**
Waite, Arthur Edward (1857-1942) Esoterischer Schriftsteller und Privatforscher, Verfasser von über 30 Büchern zur Esoterik des Abendlandes. Obwohl eine Persönlichkeit von anderem Zuschnitt als Mathers und Crowley, war Waite mit diesen doch als Mitglied des Golden Dawn-»Ordens« verbunden (Deckname: Sacramentum Regis, d. h. »Das Sakrament des Königs«). Verwurzelt in der Gedankenwelt einer pittoresken Subkultur, aber mit viel Gefühl für das fromme Wunschdenken von Millionen, konzipierte er einen Tarot, der zum Super-Seller des 20. Jahrhunderts wurde. Siehe auch **Crowley, Golden Dawn, Mathers, Yeats.**
(T): Waite Tarot
Wikinger s. auch **Runen.**
(T): Tarot of the Ages, Norse Tarot
Wirth, Oswald (1860-1943) Schweizerischer Geistheiler, Freimaurer, esoterischer Schrift-

steller und begabter Hobby-Maler. Die Begegnung mit Stanislas de Guaïta veränderte sein Leben. Als Privatsekretär unterstützte er den ideenreichen, aber aufgrund seiner exzessiven Lebensweise wenig schaffensfreudigen Baron bei der Verwirklichung seiner esoterischen Projekte. Sichtbares Ergebnis dieser Zusammenarbeit sind die *22 Arcanes du Tarot Kabbalistique*, die dem 20. Jahrhundert als *Oswald Wirth Tarot* bekannt wurden. Siehe auch **Guaïta**.

(T): Oswald Wirth Tarot

Yeats, William Butler (1865-1939) Was hat der anglo-irische Dichter, Nobelpreisträger für Literatur 1923, mit Tarot zu tun? Yeats war eines der aktivsten Mitglieder der Londoner Kultgemeinschaft Golden Dawn (Deckname: Demon est Deus Inversus, d. h. »Der Dämon ist die umgewendete Gottheit«). Möglicherweise war er an der Entstehung des *Waite Tarot* nicht unwesentlich beteiligt ([12] S. 138). Den Spuren des Mythos Tarot in Yeats' literarischem Werk ist die britische Literaturwissenschaftlerin Kathleen Raine nachgegangen ([30]). Siehe auch **Crowley, Golden Dawn, Mathers, Waite.**

(T): Golden Dawn Tarot, Lombardisches Tarock (Nr. 93)

Zeitgeist

(T): Aquarian Tarot, The New Tarot, Cartomancie de l'An 2000, Cosmic Tarot, Delphisches Tarot, Deutsches Original Tarot, Neuzeit Tarot, La Scala d'Oro, Voyager Tarot, Zigeuner Tarot

(O): Biedermeier Aufschlagkarten, Carte Portafortuna, L'Oracle Dessuart, Jeu du Destin Antique, Jeu Divinatoire Arkaes I, Kipper Wahrsagekarten, Oracle de la Bible, L'Oracle de Mercurale, Die Schule des Tarot für Einsteiger, Zigeuner Wahrsagekarten

Zigeuner s. auch **Vaillant.**

(T): Zigeuner Tarot

(O): Gypsy Witch Fortune Telling Cards, Tarot Tzigane, Zigeuner Wahrsagekarten

Zwerge

(T): I Tarocchi dell'Alba Dorata, 22 Arcani Fiabeschi, I Tarocchi degli Gnomi

Literaturverzeichnis

[1] D'Allemagne, Henry René: Les Cartes à jouer du XVIème au XXème siècle. 2 Bde., Paris 1906.

[2] Bénézit, E.: Dictionnaire critique et documentaire des Peintres, Sculpteurs, Dessinateurs et Graveurs. 10 Bde., Paris 1976 (1911-23).

[3] Berti, Giordano; Vitali, Andrea (Hrsg.): Le carte di corte i Tarocchi. Gioco e magia alla Corte degli Estensi. Bologna 1987. (Ausstellungskatalog Ferrara 1987).

[4] Boiteau d'Ambly, Paul: Les Cartes à jouer et la cartomancie. Paris 1854.

[5] Christian, Paul (Pitois, Jean-Baptiste): The History and Practice of Magic. Trsl. by James Kirkup, Julian Shaw; ed. by Ross Nichols. London 1952 (Paris 1870).

[6] Court de Gébelin, Antoine: Monde primitif, analysé et comparé avec le monde moderne. (Huitième livraison) Paris 1781.

[7] Depaulis, Thierry (Hrsg.): Tarot, jeu et magie. Paris 1984. (Ausstellungskatalog der Bibliothèque Nationale).

[8] Dummett, Michael: The Game of Tarot from Ferrara to Salt Lake City. London 1980.

[9] Étteilla (Alliette): Manière de se récréer avec un jeu de cartes nommées Tarots. Premier cahier, Amsterdam 1783.

[10] Gilbert, R. A. (Hrsg.): The Sorcerer and his Apprentice. Unknown Hermetic Writings of S. L. McGregor Mathers and J. W. Brodie-Innes. Wellingborough 1983.

[11] – (Hrsg.): Hermetic Papers of A. E. Waite. The Unknown Writings of a Modern Mystic. Wellingborough 1987.

[12] – A. E. Waite. Magician of Many Parts. Wellingborough 1987.

[13] Graf, Eckhard: Mythos Tarot. Historische Fakten. Ahlerstedt 1989.

[14] Hargrave, Catherine Perry: A History of Playing Cards and a Bibliography of Cards and Gaming. Boston und New York 1930.

[15] Hoffmann, Detlef: Die Welt der Spielkarte. Eine Kulturgeschichte. München 1983 (Leipzig 1972).

[16] –; Kroppenstedt, Erika: Wahrsagekarten. Ein Beitrag zur Geschichte des Okkultismus. Bielefeld 1972. (Ausstellungskatalog des Deutschen Spielkartenmuseums).

[17] – ; Dietrich, Margot: Tarot – Tarock – Tarocchi. Leinfelden-Echterdingen 1988. (Bestands- und Ausstellungskatalog des Deutschen Spielkartenmuseums 2).

[18] – ; Dietrich, Margot: Tarot Art. Leinfelden-Echterdingen 1989. (Bestands- und Ausstellungskatalog des Deutschen Spielkartenmuseums 3).

[19] Hollenstein, Marion: Zur psychologischen Deutung des Tarock-Spiels. Zürich 1981. (Diss. Phil. Fak. Univ. Zürich).

[20] Kaplan, Stuart A.: The Encyclopaedia of Tarot. 2 Bde., New York 1978, 1986.

[21] Kiesewetter, Carl: Die Geheimwissenschaften. Leipzig 1895. (2. Teil der Geschichte des neueren Occultismus).

[22] Kurtzahn, Ernst: Der Tarot. Die kabbalistische Methode der Zukunftserforschung und der Schlüssel zum Okkultismus. Leipzig 1920.

[23] Lévi, Éliphas (Constant, Alphonse-Louis): Geschichte der Magie (2 Bde.). Basel 1978 (Paris 1860).

[24] McIntosh, Christopher: Éliphas Lévi and the French Occult Revival. London 1972.

[25] Millet-St-Pierre: Recherches sur le dernier sorcier et la dernière école de la magie. Havre 1859.

[26] Moderne Universalgeschichte der Geheimwissenschaften (4. Bd.). Düsseldorf 1979 (Paris 1975).

[27] Papus (Encausse, Gérard): Tarot der Zigeuner. Interlaken 1985 (Paris 1889).

[28] : Le Tarot divinatoire. Paris 1909.

[29] Pollack, Raquel: The New Tarot. Wellingborough 1989.

[30] Raine, Kathleen: Yeats, the Tarot and the Golden Dawn. Dublin 1976 (1972). (New Yeats Papers II).

[31] Schneider, Karin (Hrsg.): Ein mittelalterliches Wahrsagespiel: Konrad Bollstatters Losbuch. Wiesbaden 1978.

[32] Star, Ély (Jacob, Eugène): Mystères de l'horoscope. Paris 1888.

[33] Tegtmeier, Ralph: Tarot. Geschichte eines Schicksalsspiels. Köln 1986.

[34] Vaillant, Jean-Alexandre: Les Romes. Histoire vraie des vrais Bohémiens. Paris 1857.

[35] Westfehling, Uwe: »Tarocchi« Menschenwelt und Kosmos. Ladenspelder, Dürer und die »Tarock-Karten« Mantegnas. Köln 1988. (Ausstellungskatalog des Wallraff-Richartz Museums).

[36] Wirth, Oswald: Le Tarot des imagiers du moyen age. Paris 1927.

[37] Wuttke, Adolf: Der deutsche Volksaberglaube der Gegenwart. Berlin 1869.

[38] Zedlers Großes vollständiges Universallexicon aller Wissenschaften und Künste. 64 Bde., Suppl. 1-4. Halle und Leipzig 1732-1754.

Abbildungen

173

20

MOND und GAUKLER im Tarock (18./19. Jh.)

65

129

17

MOND und MAGIER im Tarot (19./20. Jh.)

57

176

14

Der MAGIER im »ägyptischen« Tarot (20. Jh.)

49

47

1

42

8

Der MAGIER in zeitgenössischen Künstler-Tarots (ca. 1972-85)

40

145

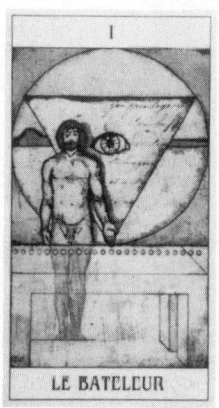

97

Der MOND (mit Frauengestalt) in der »Tarot-Renaissance« (1980-88)

150

10

29

154

31

54

Der MAGIER in der »Tarot-Renaissance« (1955–89)

26

185

43

6

156

45

MOND und MAGIER bei Menegazzi (1979-87)

35

27

71

Scherz und Satire mit dem MAGIER (1970-87)

157

76

60

166

229

137

204

220

221

188

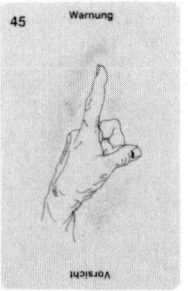

Aktuelle Wahrsagekarten (1977-89)

28 COSMIC CARROT

30 CASTLES IN THE CLOUDS

245

2
Falke

18
Luchs

218

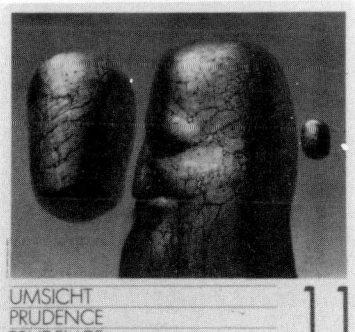

UMSICHT
PRUDENCE
PRUDENCE

11

BEWEGUNG
MOUVEMENT
MOVEMENT

25

248

Der Abdruck erfolgte mit freundlicher Genehmigung von:

ANSATA - Verlag, CH-3800 Interlaken, Schweiz
(8)

VERLAG HERMANN BAUER, D-7800 Freiburg i.Br.
(1) (42)

CARTA MUNDI, B-2300 Turnhout, Belgien
(65) (157)

EDITIONS DE L'EPHÉMERE, CH-1020 Renens, Schweiz
(97)

EDITIONS DUSSERRE, F-75014 Paris, Frankreich
(57) (204)

EDIZIONI LO SCARABEO, I-10144 Torino, Italien
(60) (76) (166)

IL MENEGHELLO, I-20125 Milano, Italien
(27) (35) (71) (137)

MODIANO, I-34147 Trieste, Italien
(20) (54) (129) (221)

AG MÜLLER, CH-8212 Neuhausen, Schweiz
(10) (17) (188)

NAIPES COMAS, E-08904 L'Hospitalet/Barcelona, Spanien
(40)

OUROBOROS, DK-4000 Roskilde, Dänemark
(6)

F.X. SCHMID, D 8210 Prien am Chiemsee
(220)

SCHMIDT-CRETAN GmbH, D-3000 Hannover
(14) (29)

U.S. GAMES SYSTEMS INC., Stamford, CT 06902, USA
(26) (31) (47) (49) (150) (154) (156) (173) (176) (185) (229) (245)

WIENER SPIELKARTENFABRIK F. PIATNIK & SÖHNE,
A-1141 Wien, Österreich
(43) (45) (145)

WINDPFERD VERLAGSGESELLSCHAFT mbH, D-8968 Durach-
Bechen
(218)

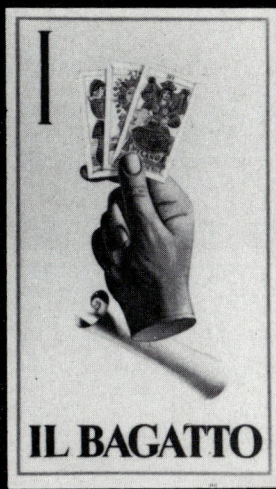

Ingrid Vallieres

Praxis der Reinkarnationstherapie

Konsequenzen und Tragweite

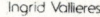

Die Reinkarnationstherapie geht von der Annahme aus, daß traumatische
Ereignisse aus früheren Leben ebenso Störungen verursachen können,
wie solche im gegenwärtigen Leben.
In der Reinkarnationstherapie sollen diese Erlebnisse mit allen ihren
Gefühlen und Schmerzen bewußt gemacht und wiedererlebt werden, um
sie und die daraus entstandenen Störungen aufzulösen.
Dieses Buch erschließt in überzeugender Weise das gesamte Spektrum
der Möglichkeiten dieser Therapie, wobei die Darstellung vieler Fallbei-
spiele den Erfolg und die Wirksamkeit dieser Technik belegen.

ISBN 3-925 342-77-X   252 S. Pb

Rudi Ph. Weilmünster

Praxis der Pyramidenenergie

Theorie – Einsatz – Experimente

Über die geheimnisvollen Kräfte der Pyramidenenergie ist viel geschrie-
ben worden. Sie soll Lebensmittel haltbar machen, Rasierklingen
schärfen, Wasser energetisieren, verjüngen, die Lebenskraft und Vitalität
stärken und vieles mehr. Endlich gibt es nun mit Hilfe dieses Buches die
Möglichkeit, solche Aussagen durch eigene Versuche zu überprüfen. Die
Möglichkeit eigener grenzwissenschaftlicher Experimente machen diese
Schrift zu einer Fundgrube für jeden Interessenten in diesem Bereich.
5. erweiterte Auflage

ISBN 3-925 342-76-1   90 S. Pb. mit vielen Abb.

Willi Franz

Handbuch der Kirlianfotografie

Die Technik der Kirlianfotografie in Theorie und Praxis

Die Technik zur Sichtbarmachung der Aura wird heute in der Medizin
ebenso eingesetzt, wie in Bereichen der Grenzwissenschaften. Jetzt liegt
endlich ein Buch vor, das es jedem Interesenten ermöglicht durch leicht
verständliche und systematische Anleitung eigene erfolgreiche Versuche
in diesem Bereich zu realisieren, um wirklich alle Möglichkeiten dieser
Technik auszuschöpfen. Ein Buch, auf das Ärzte, Praktiker und Laien
lange gewartet haben.

ISBN 3-925 342-69-9   100 S. Pb. mit vielen Abb.

VERLAG STEPHANIE NAGLSCHMID
Rotebühlstraße 87 A · 7000 Stuttgart 1 · Telefon 07 11/62 68 78
Telefax 07 11/61 23 23